改訂版

基礎からわかる人相学の完全独習

黒川兼弘

日本文芸社

まえがき

『人相学の完全独習』というテーマで本を書くに当たって、人はどのようにして相手の性格や本質を見抜くのかを改めて考えてみると、それはなかなか難しいことであるのに気づきました。子どもの頃から経験的、直感的に「この人は優しい人だ」「いい人だ」「面白い人だ」と感じながら、成長し生活していることから考えれば、人は誰でも生まれつき人相見であると言えます。人を簡単に見抜くことができるのであれば、他人にだまされたり、裏切られたりする人は、この世には一人もいないはずです。

ところが、現実の社会ではそうではありません。自分の心や性格をうまく隠し、別人を演じている人に、やすやすとだまされてしまう人もいます。また、見抜く側の目がくもっていれば、相手を見抜くことなどとてもできません。人間として大きな器と、いつも心を豊かに平常心を持ち、自分の名声や利益にとらわれず、無欲で相手を冷静に観察することが大切です。そうすることで、初めて相手の心の奥底にある行動の動機や性格的な癖を見抜き、思考パターンや行動パターンを知ることができるのです。しかしながら、これは誰にでもすぐできることではありません。

誰にでも取り組みやすい「人を見抜く方法」は、外面に表れている印象や雰囲気、センス、そして顔全体や顔の造作を形作っている一つひとつのパーツ、ほくろなどから、判断することが基本になるでしょう。人の顔は百人百様、千差万別で、人口の数だけそれぞれ異なった顔があります。しかし、よく観察し、分析、整理していくと、顔のパターンや共通点が見えてきます。その共通点と性格、考え方の関係性のデータを数千年にわたり積み上げて作られた学問が、人相学なのです。

顔や性格が一人ひとり違う理由は二つ考えられます。一つは、両親から受け継いだ遺伝子（DNA）によるもので、もう一つはその人の環境です。どういう星、国、土地、家に生まれたか、またどんな環境で育ったかなどによって、顔は変わってきます。もう少しマクロの視点から考えてみると、人間という生命体（小宇宙）は宇宙と同じ生命体からできていて、相互に影響し合っています。

太陽系の惑星も人間の生命分子、元素も同じ物質からできています。人が生まれる時、遺伝子は大きな環境である宇宙、特に太陽系の水星、金星、火星、木星、土星などの電磁波や重力波の影響を受け、その人の持って生まれた先天的な運が決まります。そして、後天的な運は太陽系の一つひとつの惑星から、毎日送り出される宇宙のリズム（宇宙生命エネルギー）によって影響を受けます。それらの影響はその人の生活において、精神的、肉体的、経済的な面に具体的現象として表れ、顔や顔つきにも表れてくるのです。これを一般的にバイオリズムと呼び、人間の身体、感情、知性に一定の周期を与えると考えられています。

世間で「ツキ」があるとかないとか言う、運の善し悪しが出てくる実相のひとつが顔です。顔は「五行百脈」と言って、身体のすべての神経が通っている敏感な場所なので、その人の状態がいちばん表れやすく、運がよくなると顔の表情も色艶がよくなり、目も輝いてきます。温かく明るい性格で笑顔をいつも絶やさない人は、周りに人が寄ってきて人間関係が広がり、苦労があってもその苦労を糧に成長していきます。

しかし、暗い性格で陰気な顔、恐い顔、厳しい顔をしている人には、他人は近寄ろうとせず、避けるので、人間関係も狭くなります。また、そういう人は自分の殻に閉じこもり、世の中のすべての苦労を自分一人で背負っているように思い込み、暗く孤独な人生を過ごすようです。

どんなに科学技術や人工頭脳やコンピュータが進歩しても、万葉の時代から現代まで変わることがないのが人間関係です。時代背景の変化にもかかわらず、男女の仲、親子関係、嫁姑の関係、上司と部下、同僚などとの関係の本質は同じで、その悩みや問題も変わりません。社会で成功した人たちの共通点はよい師、よい先輩に恵まれ、そうした人々との出会いが人生の転機となっていることです。よい人間関係で、人の運は開き、悪い人間関係で、運は閉じてしまいます。よい人間関係を作る第一歩は相手の顔から、その人の本質を見抜くことです。

「彼を知り己を知れば百戦するとも危うからず」「己を知る者の為に死す」という名言があるように、人に興味を持ち、相手を知って初めて人は誠意を尽くせるのです。世の中には自分の思い込みや独りよがりな考え方で、相手にありがた迷惑な親切をする人がよくいますが、相手の心や性格を知っていれば、生きた心遣いができ、本当に喜んでもらえます。

会社を辞める原因に職場の人間関係をあげる人が多いと聞きます。確かに現代はスマートフォンなどの使用により、リアルに人とのコミュニケーションをとることが難しい時代になっています。こういう時こそ、この本を参考に、顔や顔つきからその人の内面や性格の癖を見抜く力を養い、相手の立場を想像し、広い視点で人間関係を豊かにしていただきたいと思います。人が好きで人に会うことが楽しいと思えるようになっていただければ、筆者としては最高の喜びです。

黒川 兼弘

第三章

「目」を見ればその人物がわかる

第八章 「額」で知性と育ちを見る

第九章 「あご」で包容力と不動産運を見る

第十章 「その他の部位」でわかること

第十一章

「人相で職業の適性」を見る

付録

日本人相能力検定　模擬問題

第一章

誰にでもできる人相の簡単な見方

顔の基本的な見方

顔の三停で一生の運の流れを見る

顔は、髪の生え際から眉の上までの「上停」、眉の上から鼻先までの「中停」、鼻先からあごまでの「下停」に分けられます。

顔の縦の長さに対して、上停、中停、下停の三停【図1】が均等に三等分されていれば、バランスのとれた顔と言えます。

この顔の人は波乱もなく、穏やかで淡々とした一生を過ごすことができます。しかし、上停、中停、下停の三つの部分のバランスが悪い人は、人生に波乱があると見てよいでしょう。

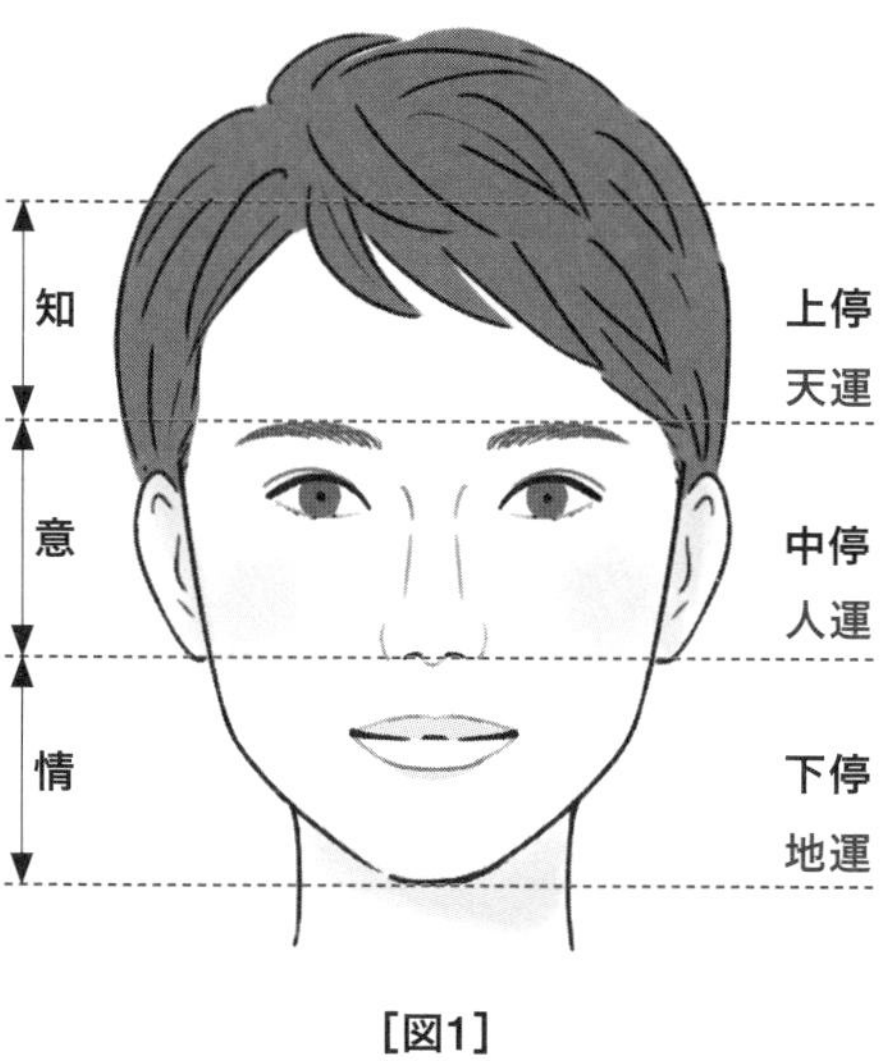

●上停は知力を見る

上停は天運と言い、祖先、両親、目上の人との人間関係や引き立てがあるか、初年運（十代以前から二十代の運）を見ます。この部分は知性を表し、頭脳、知力、貫禄、情緒、欲

[図1]

知　上停　天運

意　中停　人運

情　下停　地運

望、趣味なども見ることができます。

上停に指三本が入るくらいの広さがあれば、標準の額で【図2】、それ以上額が広い人は、人間としての器も度量もあると見ます。額がすっきりして広く、艶があれば、よい家庭環境や両親のもとに生まれ、恵まれた環境で育てられたと見ます。額が狭い人は父母との縁が薄く、目上からの引き立てもないことが多いでしょう。

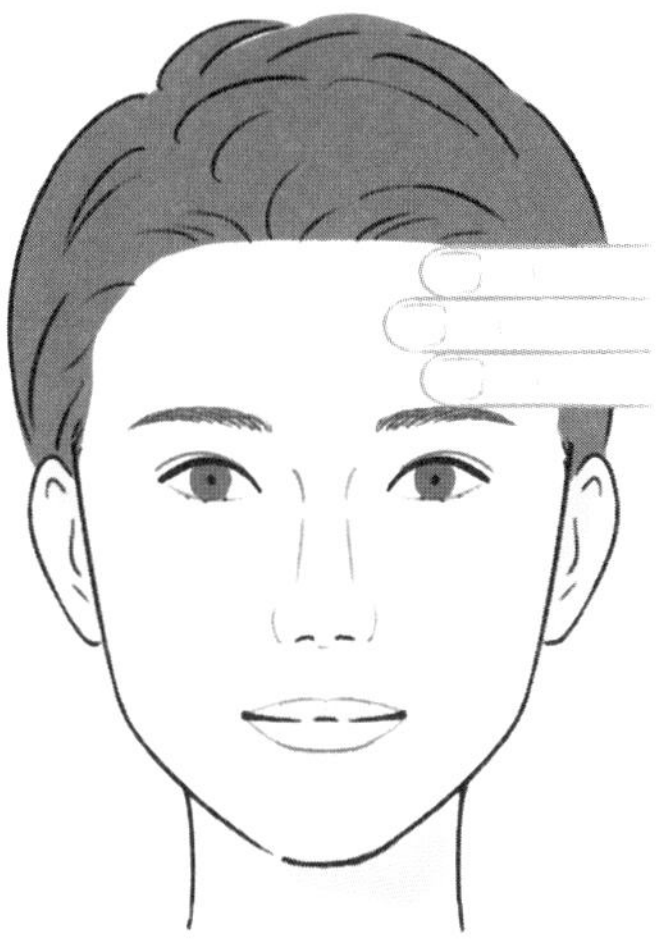
[図2]

●中停は意志力を見る

中停は人運《じんうん》と言い、意志力を表します。自分の力と、社会に出てからどれだけ活躍できるか、そして、中年運（三十代から五十代の運）を見ます。

他には、体力、気力、実行力、積極性、生活力、金銭、人気、愛情の深さを見ます。

中停は眉、目、鼻、頬、耳の各部分を含みます。目と目の標準の間隔は間にもう一つ目が入る広さで【図3】、鼻と耳は同じ長さであればよいとされます【図4】。

[図3]

[図4]

中停が貧弱な人は思考が優先し、実行力に欠けるため現実に対応できず、社会的、金銭的に恵まれません。

●**下停は感情を見る**

下停は地運《ちうん》と言い、情を表します。生命力の強さ、愛情の深さ、そして晩年運（六十代以降の運）を見ます。他には自分の子孫、部下、土地、住居、家庭運を見ます。

下停が豊かな人は部下、土地、住居に恵まれ、寿命も長く、老後は子ども、孫に恵まれ、満ち足りた余生を送ることができます。下停が貧弱な人は、部下、土地、住居、家庭に恵まれず、神経が細く、情にも欠けるため、人間関係にも恵まれず、晩年は孤独な生活とならないよう注意が必要です。

顔のバランスを見る

顔の大きさと各パーツ（目、鼻、口、耳など）のバランスが大事です。顔が整っている人は、性格のバランスもよいと見ます。切れ長の目で、鼻筋が通り、口に締まりがあり、顔のバランスがよい人は意志が強く、聡明で常識豊かです。

顔は整っていても、目、鼻、口などの部分が大きめの人は、どうしても自己主張が強くなり、わがままです。神経が図太いので、細かいことにくよくよしません。

目立って大きいパーツがある場合は、その部分が特徴的な性格を表しています。目だけが異様に大きい人は感受性が強く、感情的な性格です。鼻だけが異様に高い人は、プライドも高く自己主張が強いでしょう。鼻が低く、横に小鼻が張っている人は金銭欲が強く、プライドより物質欲が強いタイプです。

口が異様に大きい人は生活力に恵まれ、タフです。耳が横に広い人は神経質で、縦に異様に長い人は、腎臓が丈夫で体力に恵まれ、長寿です。

顔の左右のバランスと先天運、後天運

人間の顔は一見すると左右対称で同じように見えますが、よく見れば目の大きさや形の違いなど不均衡さがわかります。特に耳は左右の違いがはっきり出るのでわかりやすいでしょう。目も左右で大きさが少し違いますから、鏡を見て、左右どちらから見た顔がよいか判断してみるのも楽しいでしょう。顔にゆがみがない【図5】人は、性格も円満です。

●顔の左半面

男性は先天運（生まれ持った運）と、父方の遺伝子を受けます。

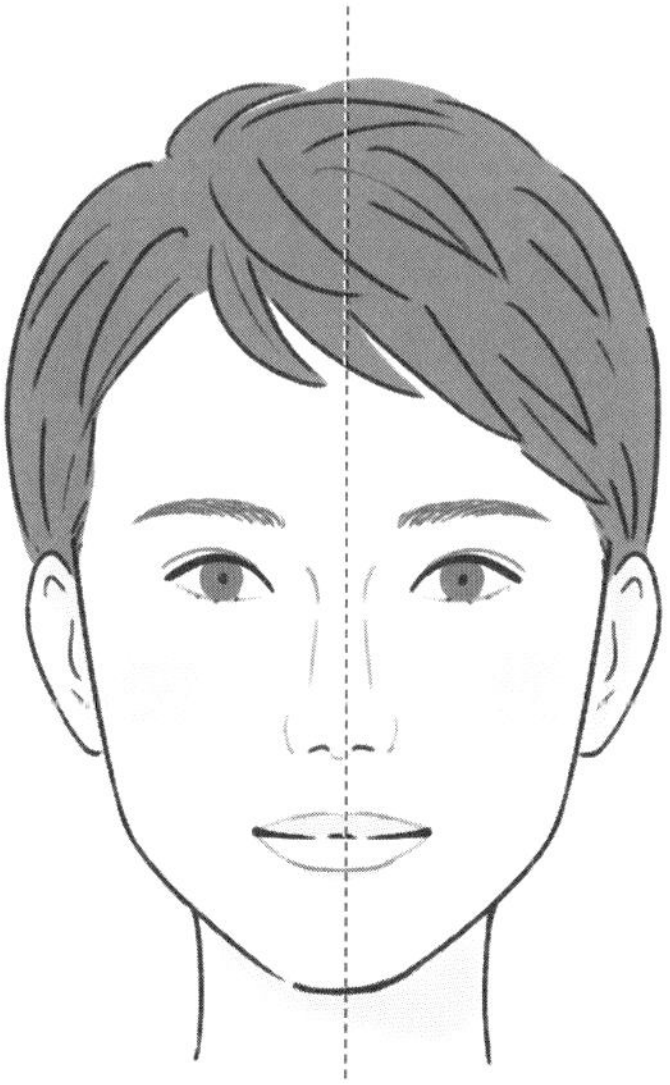

［図5］

女性は後天運（自分の努力で開いた運）と、母方の遺伝子を受けます。

●顔の右半面

男性は後天運と、母方の遺伝子を受けます。女性は先天運と、父方の遺伝子を受けます。

明るい顔か暗い顔かを見る

第一印象で明るく感じられる顔は笑い顔で、運がよい人の顔です。逆に暗い感じのする顔は泣き顔で、運が悪い人の顔です。どちらの顔かで、その人の運はおおよその見当がつきます。

●明るい顔［図6］は運をよくする

客商売や販売員、キャビンアテンダントは明るく笑顔で応対するよう、教育を受けて訓練されています。「笑う門には福来る」ではないですが、明るい笑顔でいると運がよくなったり、強くなったりするもので、本人や会社も繁栄するでしょう。

思いやりがあり、心温かい人は、その人柄が笑顔に表れるため、周りには自然と人が集まってきます。人生を楽しんでいる人には、人々がその楽しさを求めて会いに来るので、いつの間にか人の輪ができて、仕事も商売もうまく循環するようになります。

●暗い顔［図7］は運を悪くする

泣いているような顔、神経質そうな顔、恐い感じの顔の人は、人一倍努力し、苦労しているのに報われないことが多いでしょう。このタイプは孤独で縁の下の力持ちになりやすい傾向にあります。

顔の印象が暗いと、一緒に話していると疲れを感じさせることも多いでしょう。人が遠ざかり、孤独になっていくので明るい顔で人と接するように心がけましょう。

各パーツを見る順序

その人の生き様を見るには、まず目が生き生きしているかを見ます。次に鼻の肉付きがよく小鼻が張っているかどうか、口の大きさや弾力を見て、耳が肉厚で硬そうかどうかを観察していきます。また、額が広くきれいか、そしてあご、眉、頬を見れば、その人の性格はおのずと浮かび上がってきます。各パーツの詳しい見方については、第三章以降を参照してください。

明るい顔

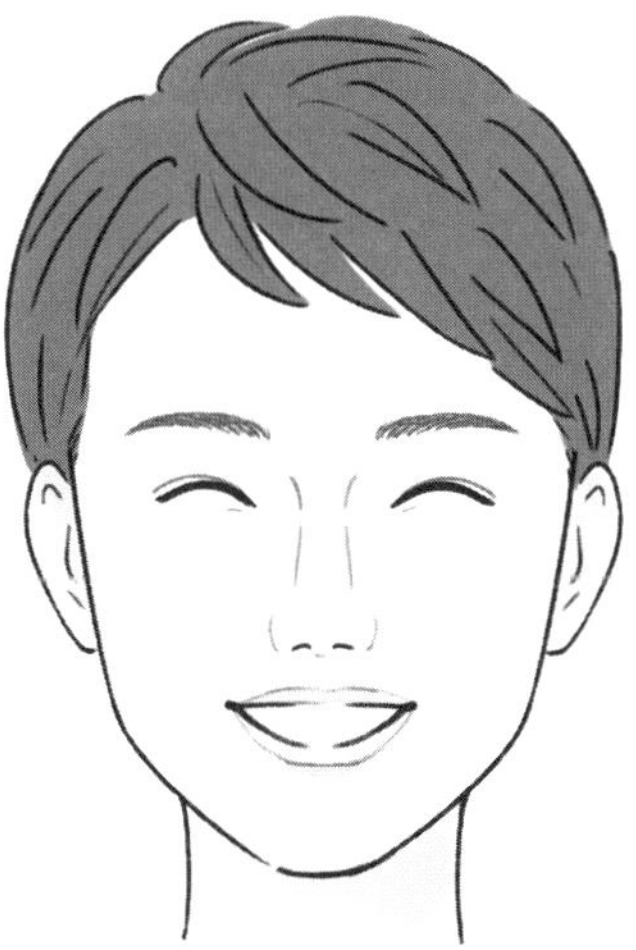

[図6]

暗い顔

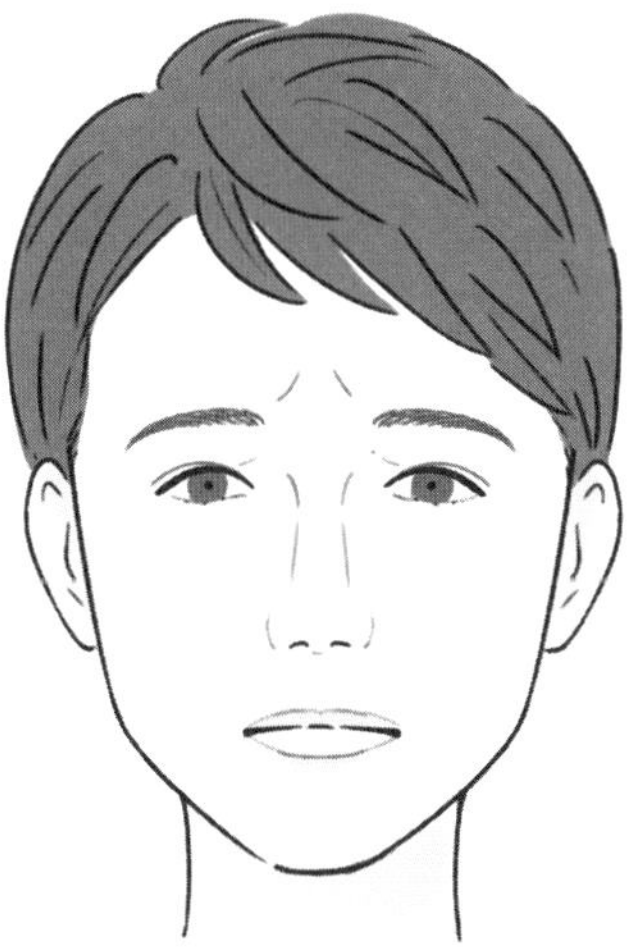

[図7]

顔の正面と横顔を見る

人相学では、顔の正面を陽面《ようめん》と言い【図8】、社会に向けた表の顔と位置づけ、その人の生き方や意志力、知性、感情等を表していると見ます。人気、名声、地位なども見ることができます。正面の顔を細かく観察していけば、その瞬間、瞬間の心の動きが読み取れます。

横顔は陰面《いんめん》と言い【図9】、その人の見えない側面を見ることができます。私生活の秘密や精神的苦労、心の寂しさなどが表れ、横顔が明るく満ち足りた表情であれば、その人は本当に幸せな人です。しかし、横顔に寂しい表情を見せる人は、表の華やかさと裏腹に

陽面

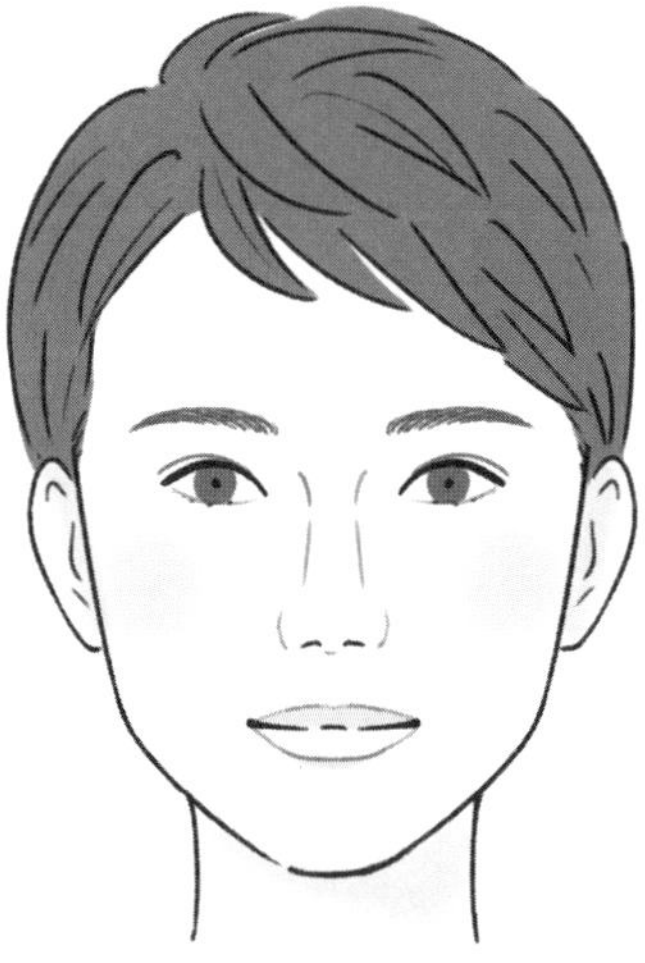

[図8]

陰面

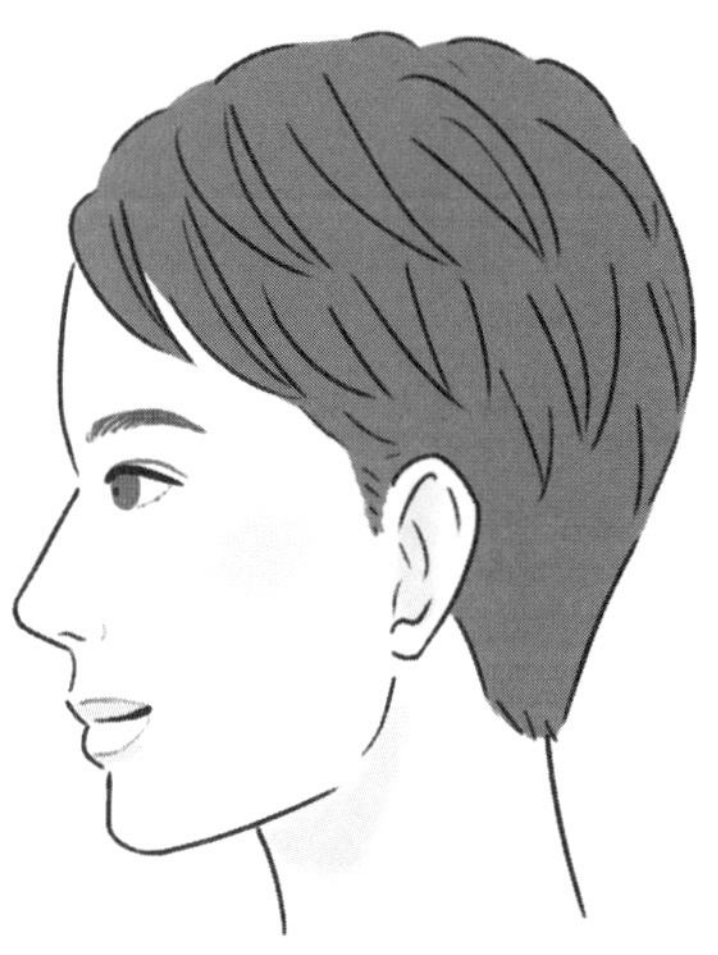

[図9]

苦悩を背負っていることが多いでしょう。満ち足りた幸せな横顔を持つ人は、恵まれた人生を送っていると言えます。

顔の三型で、おおよその性格を見る

やせた感じの精神型は真面目で、ぽっちゃりした感じの脂肪型は社交的、筋骨型は頑固などのおおまかな性格や特徴を見ることができます。詳細は第二章を参照してください。

顔の皮膚の厚薄《こうはく》で、健康度を見る

顔の皮膚の厚薄で感受性や健康度を、色艶で生命力やその日の体調や運を見ます。職業や歩んできた人生も見ることができます。

●顔の皮膚が厚く、きめが荒い人は意志が強固

顔の皮膚が厚く、きめが荒い人は神経が太く感受性は鈍いのですが、仕事やスポーツに積極的に取り組む行動力と根性があり、困難を乗り越える意志の強さを持っています。

●顔の皮膚が薄く、きめ細かい人は感受性が豊か

顔の皮膚が薄く、きめ細かい人は感受性が豊かで、いろいろなことに敏感に反応し、神経が細やかです。他人の気持ちを理解し、よい人間関係を保っていけます。感性が鋭く、美意識が高く知的です。音楽、文学、芸術に造詣が深く、おしゃれな人が多いでしょう。

まず顔の第一印象で判断する

人は初対面の時、その人の服装、体型、顔つき、醸し出す雰囲気から、直感的にその人を判断しています。真面目、誠実、神経質、ずるい、気が小さい、温かい、冷たい、だらしない、頭がよい、人がよいなど、自分なりの判断基準でいろいろと感じているのです。

年齢を重ね、あらゆる職業や階層の人と出会う機会が多い人ほど、多くのデータを持ち、受けた印象から、顔と性格の相関関係を導き出しています。例えば、四角顔の人は頑固で意志が強く、短気だが実行力がある、丸顔の人は情があって温かい、目が大きい人は感受性が強いなど、人それぞれのデータの蓄積が直感的な判断のベースになっています。

人を見抜く力が生まれつき備わっている人もいますが、人間が好きな人、人間に興味がある人は自然と人を見抜く力がついていく場合が多いものです。また、会社の経営者、人事職、営業職、サービス業など仕事上、人を見抜くことが必要とされる人たちの中にはそういった力の鋭い人が多いようです。

人相学は長年積み重ねた統計学であるため、基本をしっかり勉強しておけば、人生で役立つことが多いはずです。初めのうちは、何度か話したり、付き合ったりするうちに「第一印象と違う」と感じる場合も確かにあるでしょうが、経験を重ねていけば、間違いなく第一印象で本質を見抜けるようになっていきます。ただ、緊張や心の動揺のために判断が狂ったり、経験が少ないため、的確な判断ができなかったりすることもあります。

また、相手の人が緊張している、演技をしてよく見せようとしている、服装や化粧で本質を見抜けない場合も考えられます。しかし、第一印象で受けた感じを忘れず、なぜ判断を間違ったかをチェックしていけば、自然に相手の心は読めるようになり、性格や生い立ち、現在の状況、今後の生き様まで見えてきます。要は相手の顔や目を常日頃からしっかりと見るようにすることが大事なのです。

人相を見るためにはまず、人間に興味を持ち、人を好きになることです。ここから始めれば、人生はとても楽しくなります。ぜひ、人を見抜く達人を目指して、人に会って会って会いまくりましょう。

表情から何を見抜くか

プロのカメラマンは、対象物である人間の顔の表情を通して、その人の心の動きや本質をきちんと見抜きます。カメラのレンズを通して見た顔の表情から、現在、その人が幸せか、不幸か、過去にどんな生き方をしてきたのか、将来、どんな人生を送るのか、おおよその見当がつくそうです。次のページからは、基本的な顔の表情の見抜き方をあげてみましょう。

❶表情から運の強さを見る

人生の90％はその人の先天的な運の強さと、よさで決まりますが、努力して人間力を磨くことで内面的な深みが後天的に身につき、顔の表情に表れます。顔の表情から運の強さを見るには、まず、顔の色艶がよく、自信にあふれて輝き、目が生き生きとして明るい人は、自分の思いどおりに人生が運んでいます。

また、福運のある福相、富相をしたよい顔があります。カーブした眉、慈愛に満ちた切れ長の優しい目、耳たぶの豊かな大きな耳、ふっくらとした頬、小鼻が張った肉付きのよい高い鼻、口角が上がり、適度な厚みのある引き締まった口、豊かで引き締まったあごなど（弥勒菩薩《みろくぼさつ》や大仏に近い顔）。こういう顔を持った人は運が強いのですが、すべてが整った人はなかなかいません。鼻や目などいくつかが理想のイメージに近ければ運はよいと見ていいでしょう。

❷表情から器の大きさを見る

人間には生まれつき備わった器がありますもちろん、その器はある程度は努力で大きくすることができますが、自分の器以上のことをやるとストレスを抱え、悩んだり病気になったりします。

器の大きさは顔と関係があります。顔が大きく、骨格が太く、目、鼻、口、耳などが大きい人は器も大きく、反対に顔が小さく、顔の各パーツも小さい人は気が小さく、神経質で器も小さいと考えられます。

例外もあり、顔は小さいが、目が大きく爛々《らんらん》と輝き、人を射るような目をした腹のすわった人物もいるので、経験を積み見定めていくことが大事です。

❸表情から知性と教養を見る

顔の表情には知性と教養が表れます。まずは額。縦横の広さがとても大切です。次に目鼻立ちが整っていること、目は涼やかで切れ長、聡明な感じの瞳がいいでしょう。通った鼻筋に高めの鼻と、引き締まった口元、顔が大和分割（45ページ参照）だと理想的です。

その人が持っている価値観で、知性と教養が決まると言っても過言ではありません。簡単に言えば、何にこだわりを持って生きているかです。お金か、名声か、世間体か、自分の生き方か、精神的な豊かさか、人それぞれにその優先順位も違います。十人十色、顔にはその人の価値観のすべてが表れます。

人間の品性が問われる大切なポイントは、善悪の判断です。いくら頭がよく、器が大きくても、この判断が甘い人は、必ず最後に自分の身に災難がふりかかってきます。次に大切なポイントは美醜の感覚です。あらゆる美しいものが好きな人は、人生で道を踏み外すことは少ないでしょう。汚い家に住んだり、汚い格好をしたりすることを嫌い、よく働き、心が清らかな状態を好むため、文学、芸術、絵画などに親しみます。こうして知的レベルは上がり、自然と顔に知性と清潔感があふれ、品が出てきます。

❹表情から情の豊かさを見る

顔の表情を見れば、思いやりがあって優しい人か、自分のことしか考えない利己的な人かは誰でも見当がつきます。顔の表情が笑っていても、目が笑っていない人は油断できないと言われますが、心の底から本当に思いやりがある人と、上辺だけの思いやりを見せる人を見抜くには人生経験が必要です。

人の本質を見抜こうと心がけることは大事ですが、見抜く側の自分に思いやりや温かさがなければ、相手の温かさも理解できません。つまり、自分が人間的に成長していかなければ、他人を見抜くことはできないのです。

情の豊かさが表れるのは目と口とあごです。慈愛にあふれた思いやりのある瞳、上唇が少し厚めで締まり、縦のしわ「歓待紋《かんたいもん》」(111ページ参照)がある口、骨張っていない、ふっくらとした肉付きのよいあごでわかるでしょう。

情の豊かさは人情の機微に通じます。相手の立場に立って物事を考える習慣がつけば、善きにつけ悪しきにつけ、他人の心が手に取るようにわかるようになり、人間関係がとても楽になります。

❺表情から意志の強さを見る

意志が弱ければ、仕事や趣味、スポーツにおいてもがんばりはきかないですが、意志が強ければ、責任を持って、すべてのことを最後までやり遂げられます。

意志の強さは顔の型や表情から感じることができます。一文字にした締まった口、あごの張りや肉の締まり方、骨格の太さなどでもわかりますが、特に、目によく表れます。

また、頰の横の部分が外に張り出している人は忍耐力が強く、前に張り出している人は、闘争心が強く攻撃的です。

あごが広くて肉付きがよければ、意志は強いと見てよいでしょう。反対に骨格が細く肉付きの薄いあごの人は、意志が弱い傾向にあります。

顔の型から見ると筋骨型の顔は、肪肪型や精神型の顔より意志が強いです。

❻表情から健康度を見る

健康の基本は快食、快眠、快便と適度な運動です。その上で、人生を前向きにとらえ、プラス思考で積極的に生きていくならば、必ず顔の表情は健康美にあふれ、引き締まった顔になります。

反対に不規則な生活を長年続けていけば、肉がたるみ、顔色の悪い病的な顔になっていきます。目の下の臥蚕《がさん》（ホルモンタンク）は、スタミナがある時はふっくらとし、健康のチェックポイントになります。

❼表情から現在の置かれている環境を見る

顔はその人の現在の姿を見るには最も優れています。どんな家庭環境で日々を過ごしているのか、会社での立場や仕事の内容、また、どんな地位や役職で活躍しているのか、いないのかなども顔の表情でわかります。家族に恵まれていれば、その充実感が顔ににじみ出ています。仕事が思いどおりに進んでいれば、顔も生き生きしています。反対に家庭に問題があったり、仕事で悩みを抱えていたりする人は表情が顔に出ています。表向きは明るく振る舞っていても、横顔にふと寂しげな表情を見せたりする人は、内面は厳しいのだろうと察することができます。

顔はその一瞬の表情にすべての心を表している場合があります。顔の表情から相手の置かれている環境が読めるようになれば、人相見としては一流です。

❽表情から来るべき未来を見る

人間には運が興隆する時期が三種類あります。初年運（十代以前から二十代）の人、中年運（三十代から五十代）の人、晩年運（六十代以降）の人で、それぞれに運のよい時が二十年くらいはあります。

若い時や中年の苦労が実り、最後に花が開く晩年運の人がいちばん恵まれているでしょう。なぜなら精神的、経済的にも、また家族にも恵まれ、幸せな老後を迎えられるからです。老いてますます盛んで元気な人はこのパターンの人が多く、日本人の六割は晩年運の人でしょう。

長寿の人は腹六分目で、楽天的で、くよくよせず、感謝の心を持ち、日々の生活を楽しんで生きている人が多いようです、年齢を重ねて、ますますよい顔の好々爺《こうこうや》になる人もいれば、頑固じじいになる人もいます。現在の顔（原因）を見ることで、未来の顔（結果）がわかります。例えば、八十歳を過ぎている人でも、目が生き生きと輝いていれば、脳も活性化して、これから先の人生を活動的に送ることができます。しかし二十歳代でも、目がとろんとしていて、死んだ魚のような目をしている人は、要注意です。まず、目が生き生きと輝いているかを見ていきましょう。

顔はその人のこれまでの生き様をもろに写し出します。現在の生き方を見れば、未来は自然とわかります。年輪を重ねた味わいのある顔になるように、常日頃から努力することが大切です。また、他人の顔を何気なく観察することで、いつの間にかその人の未来が見えるようになります。

❾表情から金運と財力を見る

金運を見るには、鼻の立派さと金庫を表す小鼻の張りがポイントです。小鼻が横に張り出していれば、金運は強いと見ます。不動産運はあごの広さと豊かさを見ます。あごの肉が締まって豊かな人は、大きな土地に大きな家を持っています。あごが少し細くても、大きな生きぼくろがあごの近くにあれば、不動産運は強いと見ます。あごが細くても二重あごの人は金運には恵まれています。

金運に見放されている時は鼻に死にぼくろや赤い吹き出物があったり、毛穴が黒ずんで汚れた感じになったりします。こういう鼻の人にお金を貸したらまず戻ってこないと見てよいでしょう。

派手な貴金属を身につけて、いかにもお金があるような雰囲気の人もいますが、顔の表情はごまかせません。顔の表情や顔全体を見て、総合的な判断をすることが基本です。また、顔の造作から金銭や物質に対する考え方も読み取れるので、ある程度は金銭への執着心を見抜くことができます。

頭蓋の形で精神性を見る

人間の頭骨は頭蓋と顔面骨に分けられます。頭骨の頭蓋の形は六種類に分類できるので、それぞれの特徴を説明します。顔面骨は人相と考えてください。

❶高頭は高尚な精神性を持っている

高頭【図10-1】の人は頭蓋が高く、脳髄が発達しています。人格や知性に優れ、知識人で理想主義者が多いでしょう。精神的な生き方を大切にし、思いやりのある性格で他人のために尽くす面があります。

耳の上が高頭【図10-2】の人は権力や名声を好み、耳の上より前が高頭【図10-3】の人は義理人情に厚い面があります。

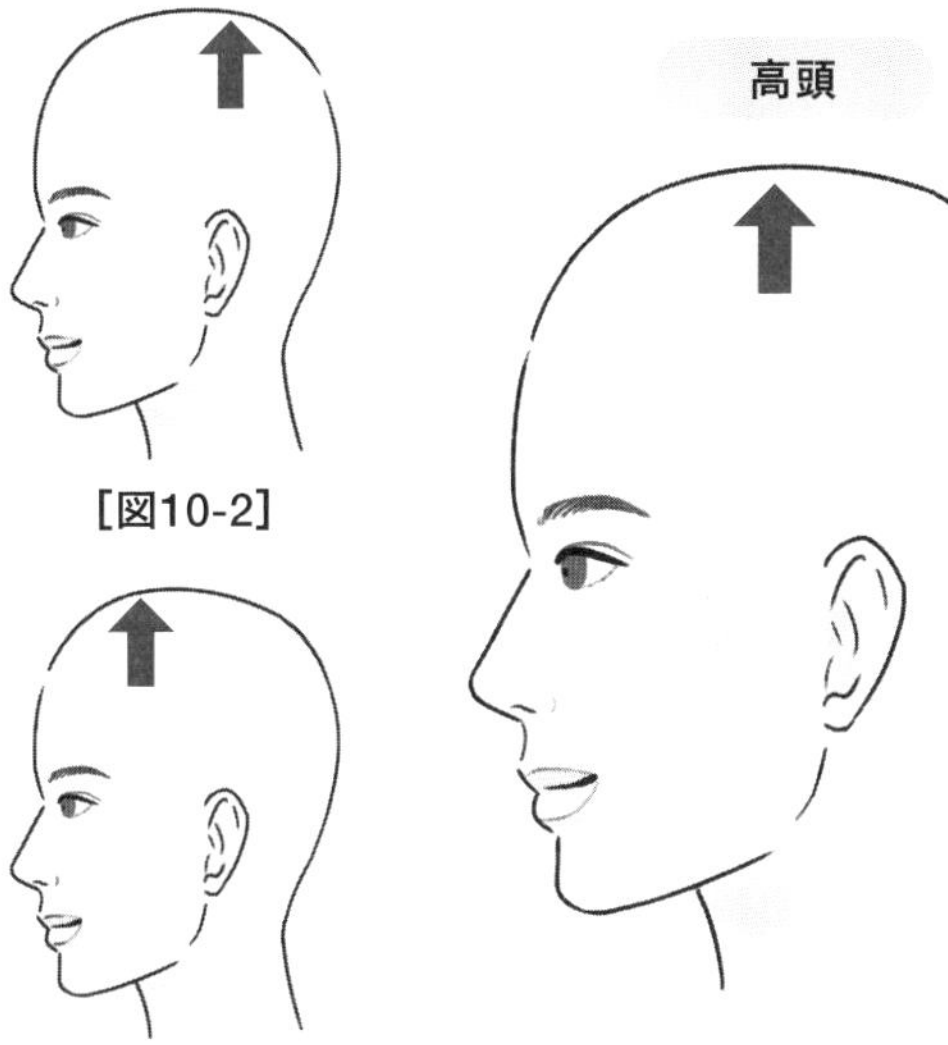

［図10-2］
［図10-3］
［図10-1］

❷低頭は物質的で実質主義である

低頭の人は小脳が発達しています【図11・12】。人間関係を大切にしますが、自己中心的で自分の欲望に忠実、実質的な性格です。理論より感覚で物事を判断し、金銭や物質に関心が強く、執着する傾向にあります。

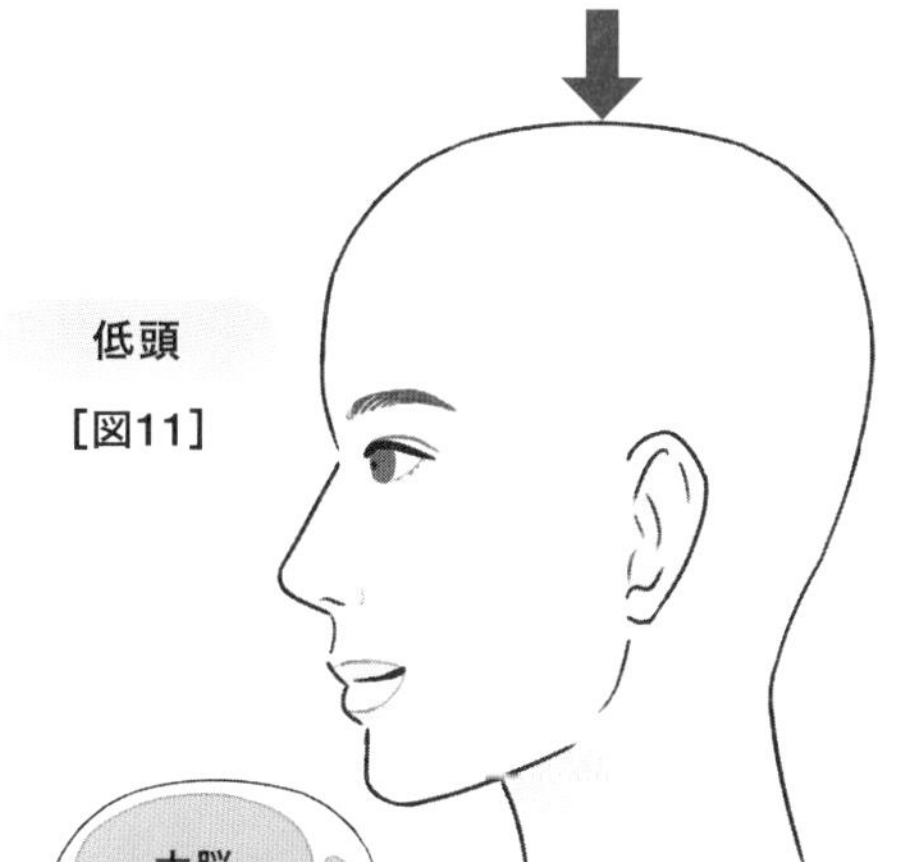

［図11］

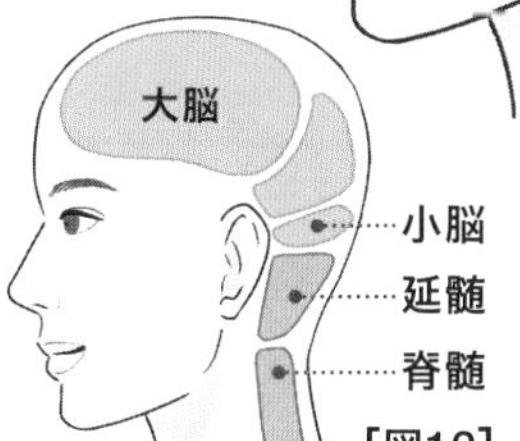

［図12］

❸長頭は精神力が強く保守的である

長頭の人は後頭部が後ろに張り出していて、小脳が発達しています【図13】。人間好きで多くの人と交わりながら生活をする傾向が強く、にぎやかな性格で色好みです。とても勘が鋭く、集中力があり、精神力が強いのですが、考え方が保守的です。あまり変化を好まないため、家や勤務先を変えない傾向にあります。

❹短頭は自我が強く短気である

短頭の人というのはよく言われる絶壁頭で、後頭部の平らな頭のことです【図14】。自我が強く、人情の機微に欠け、人間関係も少ない傾向です。考え方が浅いので判断を間違えることも多く、行動も衝動的で短気です。

❺広頭は革新的で積極性がある

広頭の人は後頭部が幅広く、後ろに出ています【図15】。進取の気性に富み、攻撃的な性格の持ち主で、自我が強く自己中心的でもあります。積極的に行動しますが、他人からは危なっかしい人物に見られる傾向があります。

❻狭頭は温厚な性格である

狭頭の人は後頭部の幅が狭く、後ろに出ています【図16】。素直な性格で、温厚で思いやりがあり他人のために尽くす傾向にあります。粘り強くコミュニケーションをはかり、人間関係を作る調和の人です。

長頭

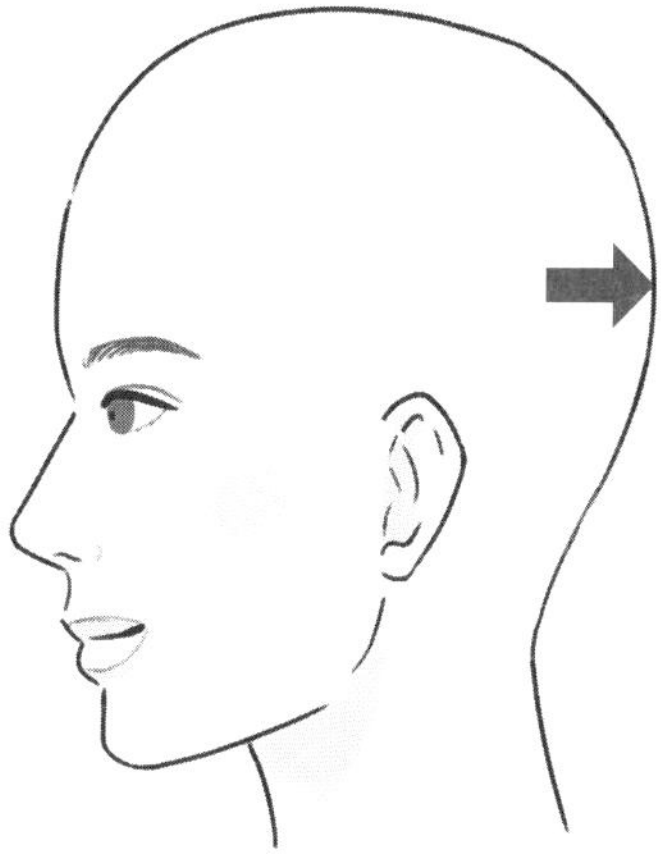

[図13]

短頭

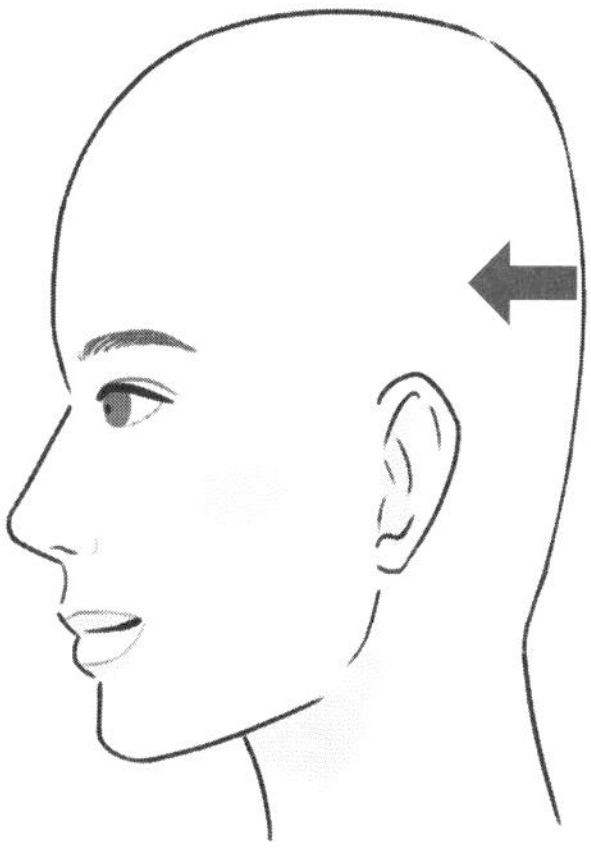

[図14]

広頭

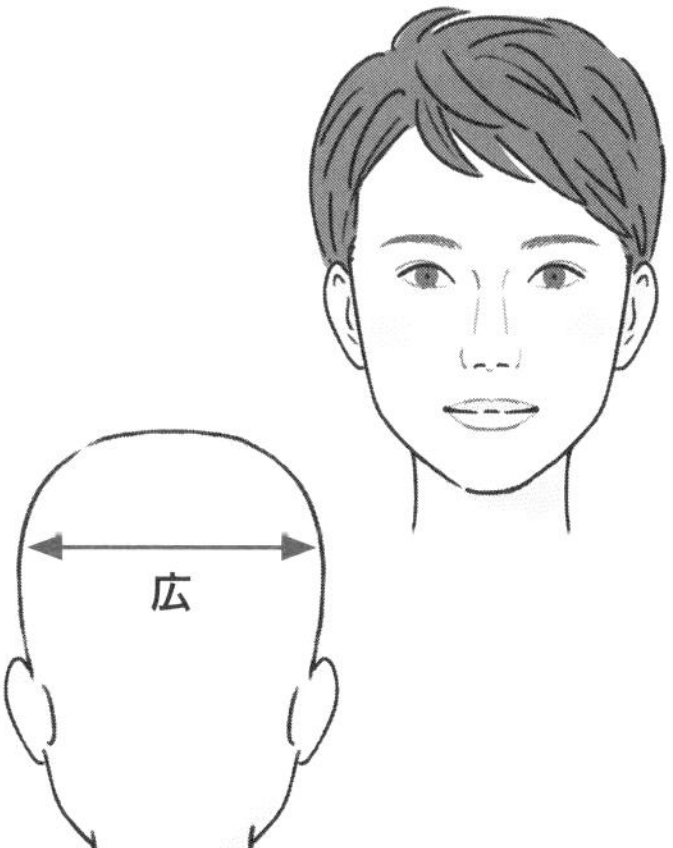

[図15]

狭頭

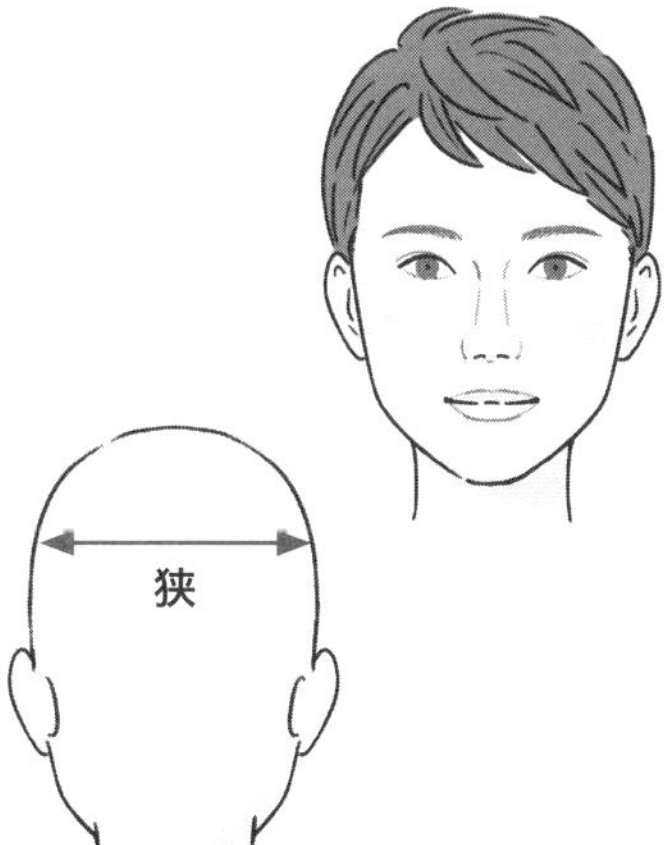

[図16]

顔の大きさ

顔の大小は、身長や身体の大きさに比較して判断します。肩幅に対して、顔が極端に大きく見える人は大きい顔【図17】、逆に肩幅に対して小さく見える人は小さい顔です【図18】。

❶顔の大きい人は自己主張が強い

顔の大きい人は外にエネルギーを出すので、人を仕切り、指導的立場に立ちたがります。自己主張が強いため、自分の意見を他人に押しつけたり、必要もないのに出しゃばったりします。「でかい面」とか「大きい顔をしている」と言われるタイプです。

大きい顔

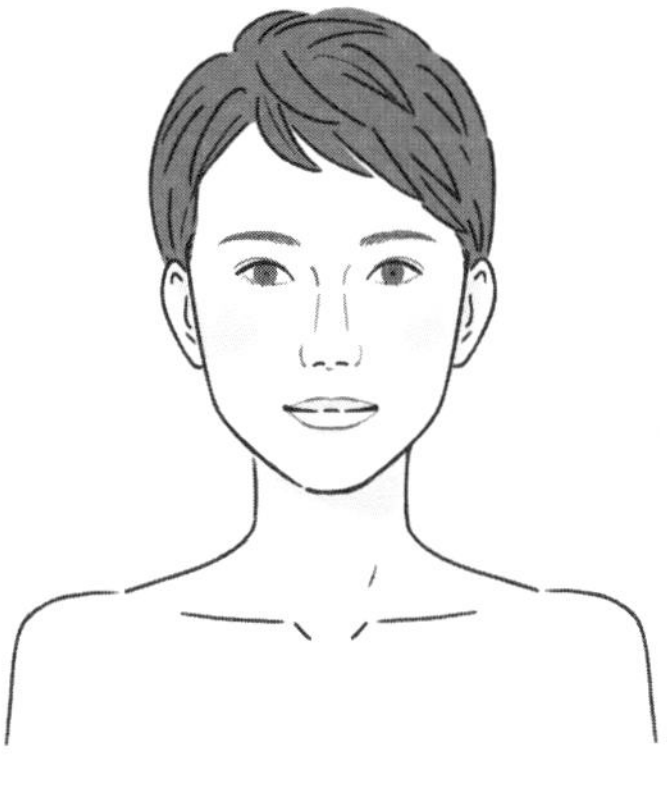

【図17】

小さい顔

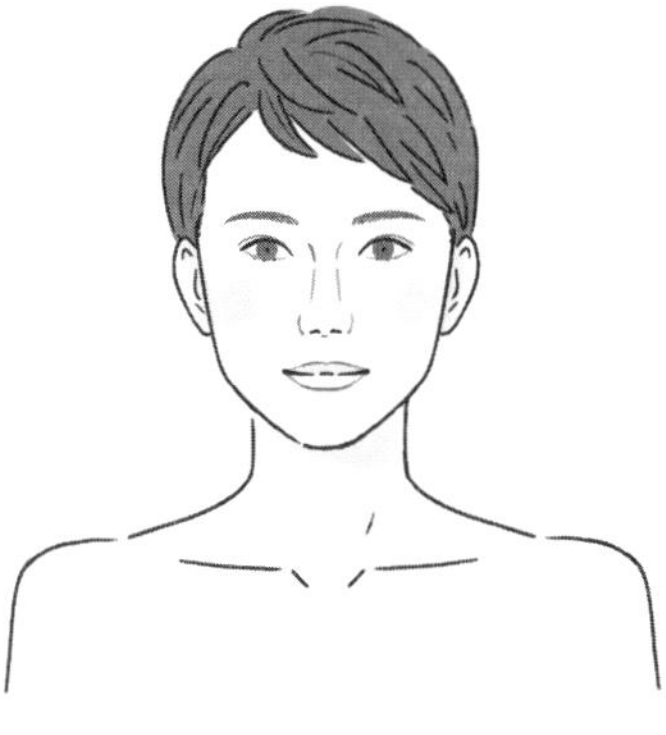

【図18】

幅の広い顔

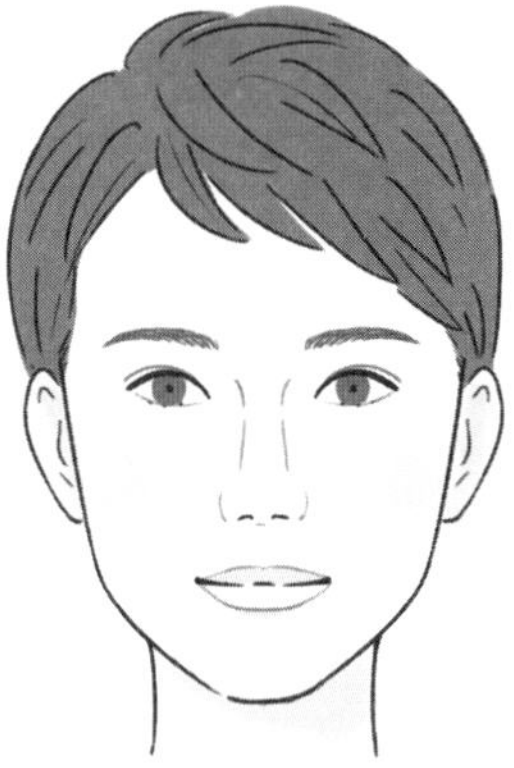

【図19】

❷顔の小さい人は自己充実感が強い

顔の小さい人は、内にエネルギーを溜め、自己の才能や力を充実させようとします。消極的で依頼心が強く、緻密さや技能を磨くことに向かう傾向にあります。自己主張をせず、社会のルールを守り、調和を重んじるタイプです。

顔の幅

❶顔の幅の広い人は積極性がある

顔の幅の広い【図19】人は積極的で大胆です。骨格が太く、体力に恵まれているため、よく働き、行動的です。理論よりも現実的な知恵で勝負するタイプです。

❷顔の幅の狭い人は慎重である

顔の幅の狭い【図20】人は用心深く、神経が細やかです。骨格は細めで、体力は普通ですが、理論的で行動よりも思考が先行するタイプです。思いやりがあり、他人にも気を使うが、自尊心が強く地道な生き方をします。

幅の狭い顔

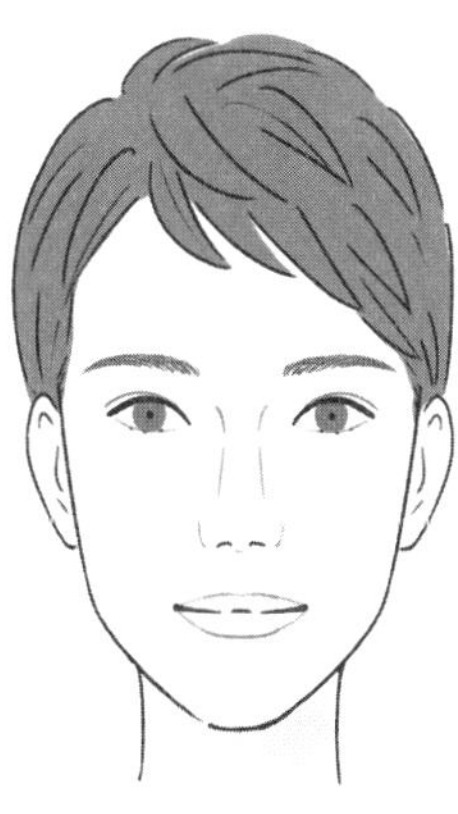

[図20]

横顔の凸凹の見方

凸面【図21】は外向的な明るい性格で、積極性にあふれ行動力があります。

凹面【図22】は内向的な暗い性格です。消極的で行動力に欠けますが、思考力があります。額が発達していて、あごが貧弱な人は知的な仕事に向いていますが、行動力に欠けるため、生活力があまりないかもしれません。

反対に額が貧弱であごが発達している人は、理性に欠けますが本能的なタイプで、知的な仕事より身体を動かす仕事に向いています。

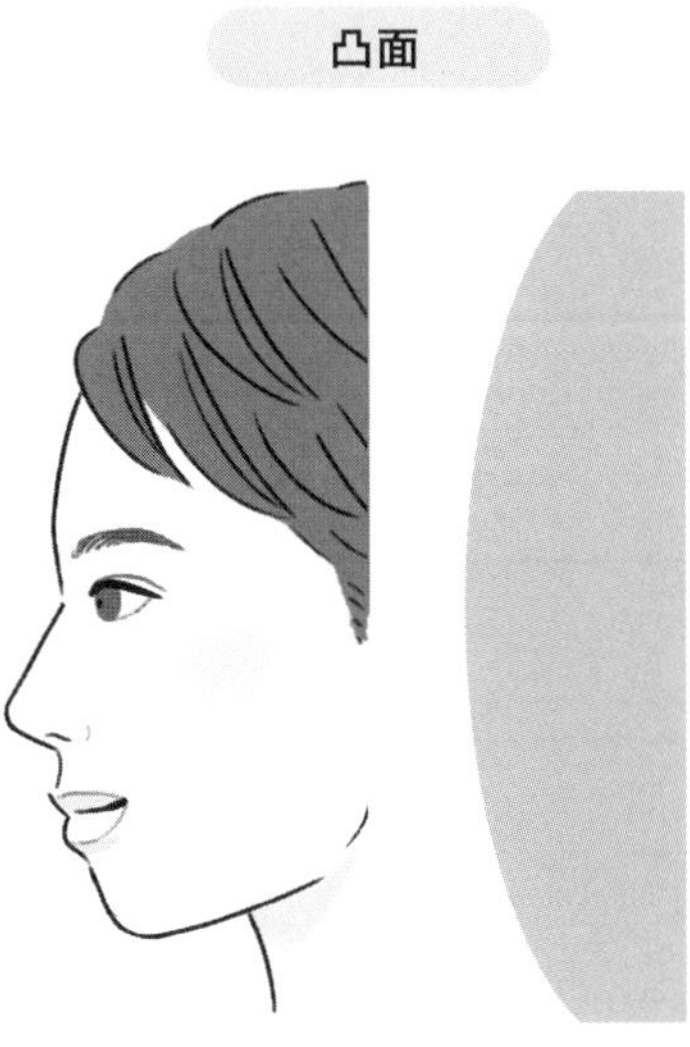

【図21】

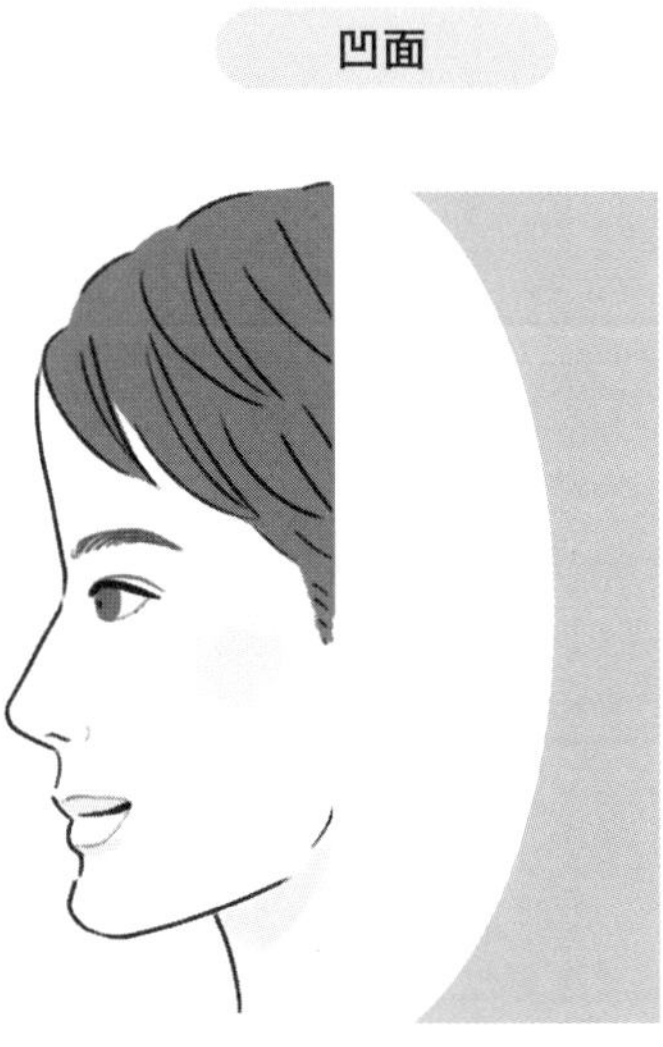

【図22】

顔の気色

気色の「気」とは表皮の内側に流れるもので、「色」は気によって表皮の外側に表れます。気は五臓六腑の間をぐるぐると流れ、喜、怒、哀、楽、愛、悪、欲の七情によって定まり、色（肉体）となって表皮に表れます。

「気色ばむ」「顔色を変える」という言葉があるように、人間は何かことがあると顔色に出ます。楽しいこと、うれしいことがあれば顔は明るく淡紅色になり、逆に悲しいことやつらいこと、困難なことがあれば青くなり、暗い顔になるものです。生まれつき色白の人もいれば、浅黒い人もいるように、人にはそれぞれ常色があります。戸外のスポーツや仕事で日焼けした人もいるので、その人の常色を知り、気色の判断をすることが大切です。

顔の三型（第二章参照）で気色を説明しましょう。精神型は色白であり、知的能力に優れているので、思考力や判断力があります。脂肪型は淡紅色です。もし赤色に近い色であれば、多血なので精力的なタイプです。筋骨型は赤みのある鉄色です。このタイプは意志が強くプライドが高いでしょう。

顔の五行と血色

五行とは陰陽《いんよう》五行説《ごぎょうせつ》のことです。太古の中国で、宇宙とは、天と地、太陽と月（太陰）、昼と夜、男と女、光と影のように相対立する二つのもの（陰と陽）からすべてできていると考えたのが陰陽説なのです。

五行説は宇宙のすべてが五元素（水、金、火、木、土）からできていて、この五元素が変化し、あらゆるものを作り出していくという考えと、太古の昔に地球から肉眼で見えた五つの惑星（水星、金星、火星、木星、土星）が地球の人間生活に何らかの影響を与えているとの考えに基づいています。

顔には血色が表れます。基本の血色は五つあり、それは顔全体に表れるのではなく、主なパーツ（目、鼻、口、耳など）の一部に出ます。五元素の基本の血色と、その意味は次のとおりです。

①水性……黒色

濡れ羽色の黒色は精力旺盛を表しますが、艶のない黒色は病気や災害、災難を意味します。

②金性……黄色

明るい黄色は喜びや願望の成就を表し、暗い黄色は衰亡を意味します。

③火性……白色

潤いのある温かな白色は心美しく人徳があり、名誉や地位に恵まれます。かさかさした乾燥肌の白さは、近親者との縁の薄さを意味します。

④木性……赤色

鮮やかな赤色は運が開け、喜びがあることを、暗い赤色は過労や喧嘩、別離があることを意味します。

⑤土性……青色

鮮やかな青色は進展や成長を表しますが、暗い青色は病気や事件、事故があることを意味します。

顔の各部と五行

各パーツから五行（水性、金性、火性、木性、土性）【図23】を見抜き、強さを見ることで、五行のバランスを見ることができます。

五行に対応する顔の五つのパーツが形よく整っていれば、五行のバランスがよいと見ます。

しかし、ひとつのパーツが大きすぎたり、小さすぎる、また、形が悪い場合は五行のバランスが崩れています。

例えば、鼻が立派なら土性の働きが強く、耳の形がよく大きければ水性の働きが強いというように見ていきます。

①水性……耳
②金性……歯
③火性……口
④木性……目
⑤土性……鼻

顔の五行

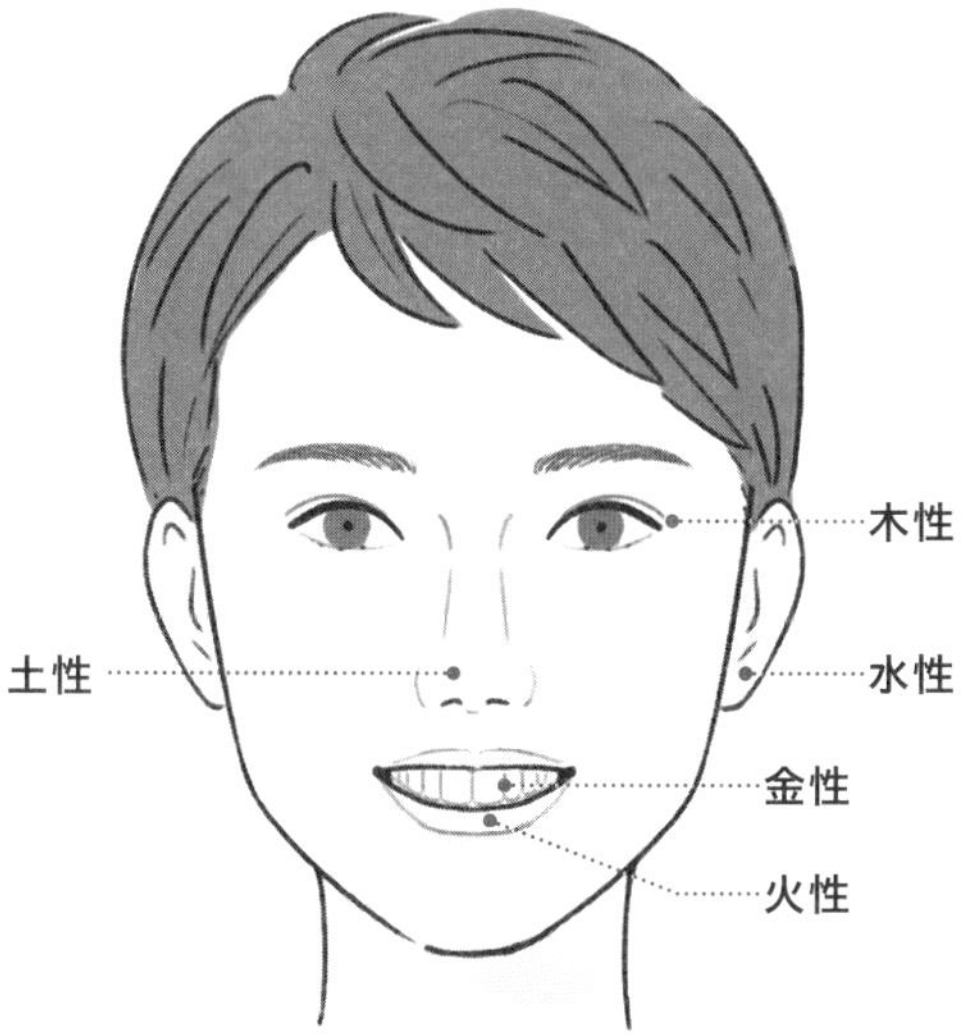

[図23]

顔の五官

五官とは顔の主なパーツ（眉・目・鼻・口・耳）の名称で、人相学では人相を見る上で最も大切な部分だと言われています**【図24-1】**。

①眉（保寿宮《ほじゅきゅう》）は健康、長寿を表します。
②目（監察宮《かんさつきゅう》）は感情の動きを表します。
③鼻（審弁宮《しんべんきゅう》）は自尊性を表します。
④口（出納宮《すいとうきゅう》）は食欲と性欲を表します。
⑤耳（採聴宮《さいちょうきゅう》）は祖先の遺伝的なものを表します。

顔の十二宮

人相学では顔の十二宮**【図24-2】**（42ページ参照）をまず見て、全体の輪郭をとらえ、それぞれの部位を見ていくことが基本です。

①命宮《めいきゅう》（印堂宮《いんどうきゅう》・希望宮《きぼうきゅう》）
眉と眉の間の眉間を指し、運全般（生活運）を見るポイントです。

②遷移宮《せんいきゅう》
額の髪の生え際からこめかみの部分を指し、旅行、移動、物事の変化を見ます。

③官禄宮《かんろくきゅう》
額の真ん中の部分を指し、地位、名誉、職業（出世運）を見ます。

④兄弟宮《きょうだいきゅう》（保寿宮《ほじゅきゅう》）
眉を指し、子ども運や兄弟運を見ます。

⑤福徳宮《ふくとくきゅう》
眉尻の上の部分（天倉《てんそう》・福堂《ふくどう》）を指し、財運（金運）や利害関係について見ます。

顔の五官　[図24-1]

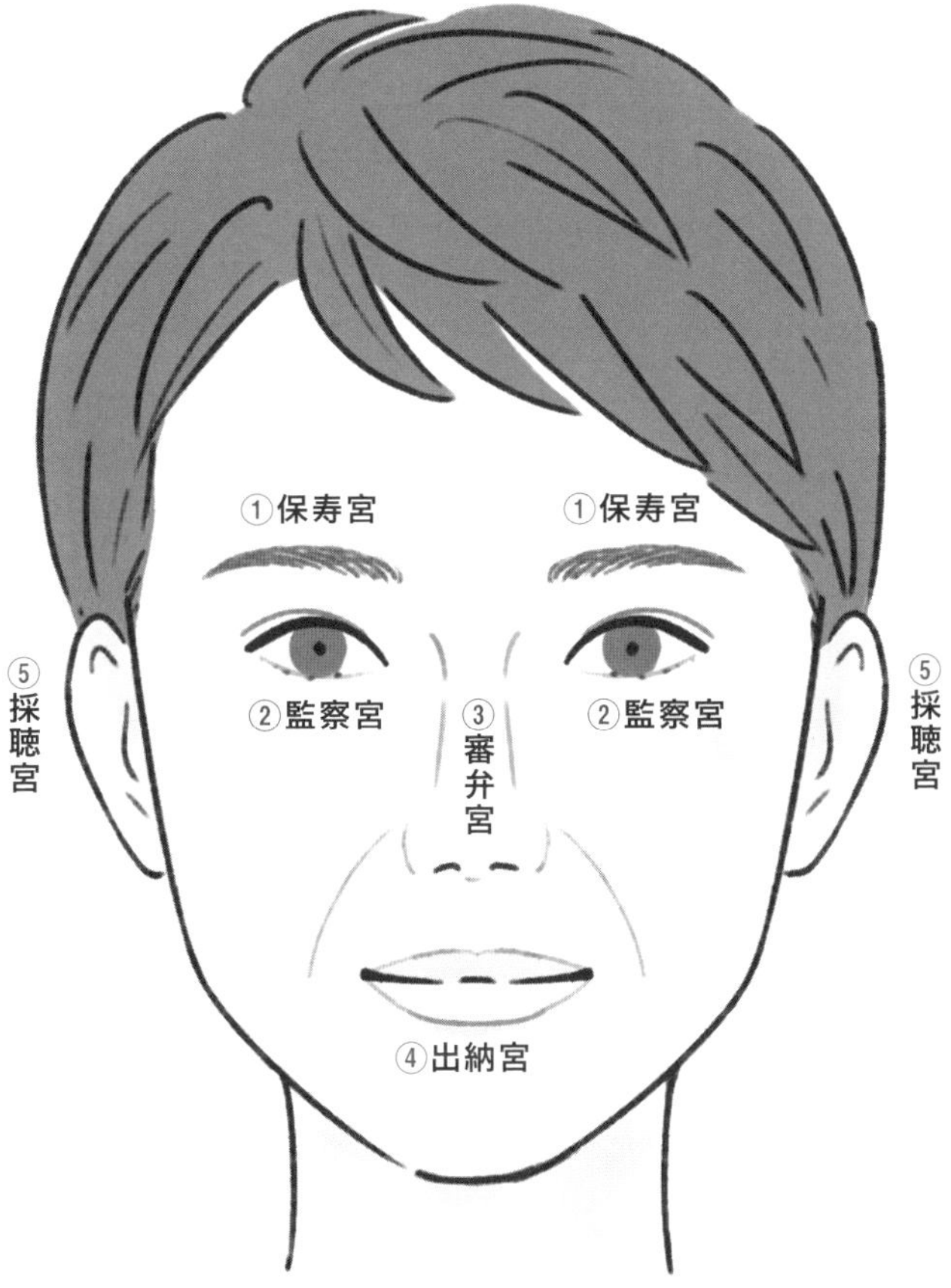

五官の表すもの

①眉（保寿宮）… 健康状態、品性、知力など。
②目（監察宮）… 感情の動き、頭脳の明晰さなど。
③鼻（審弁宮）… 自尊心、財産など。
④口（出納宮）… 生命力、愛情の深さ、行動力や意志の強さ、食欲、性欲など。
⑤耳（採聴宮）… 祖先から受け継いだもの。

顔の十二宮　[図24-2]

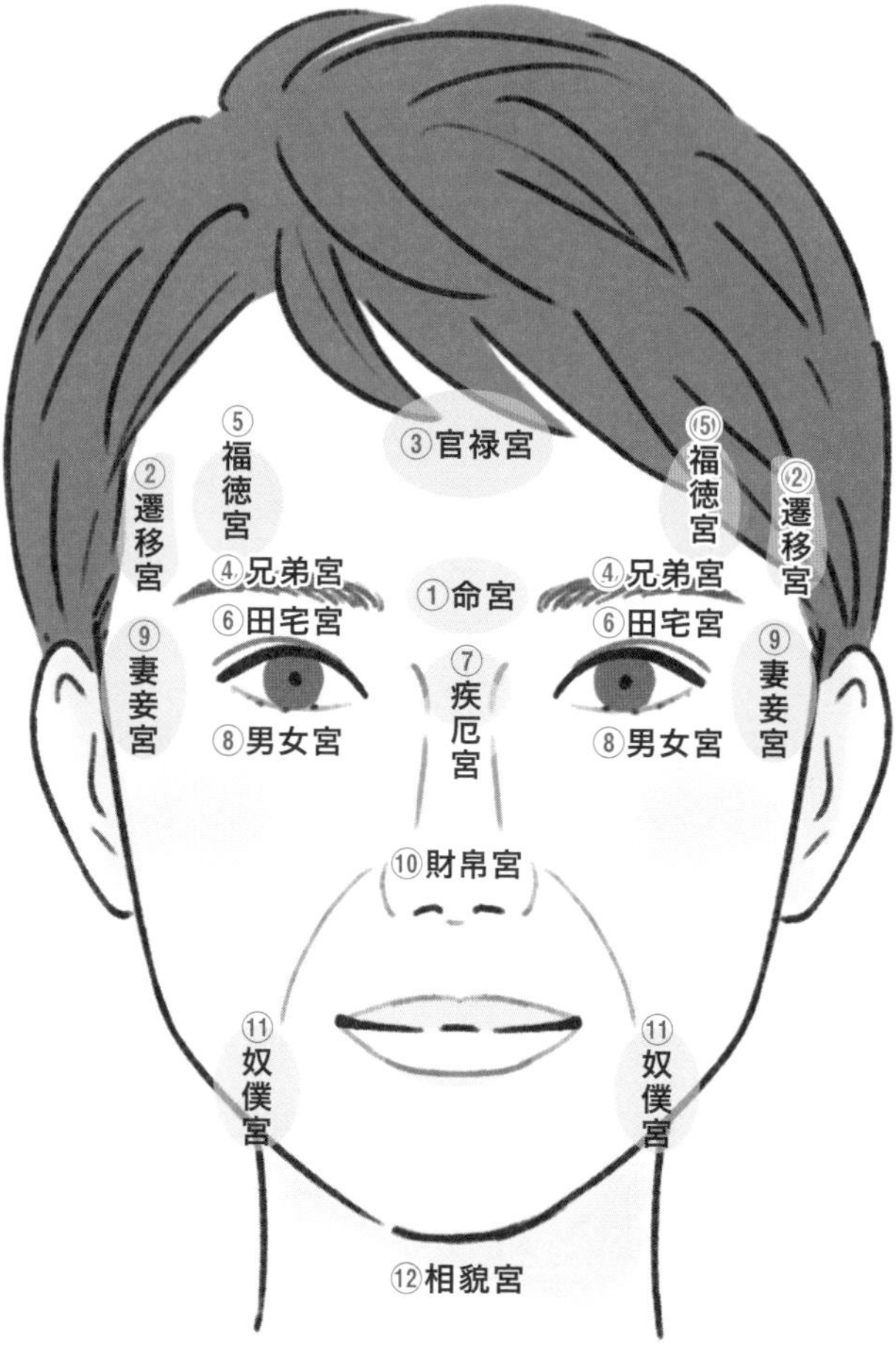

十二宮の表すもの

①命宮（印堂宮・希望宮）…運全般（生活運）を見る。

②遷移宮…旅行、移動、物事の変化。

③官禄宮…地位、名誉、職業（出世運）。

④兄弟宮（保寿宮）…子ども運や兄弟運。

⑤福徳宮…財運（金運）や利害関係。

⑥田宅宮（家継宮）…不動産運、家族運、愛情運の有無。

⑦疾厄宮…病気（健康運）や災難。

⑧男女宮…男女関係（異性運）と子ども運。

⑨妻妾宮…配偶者や愛人との関係。

⑩財帛宮…財運。

⑪奴僕宮…部下や目下との関係（部下運）と住居運。

⑫相貌宮…晩年運。

⑥田宅宮《でんたくきゅう》（家継宮《かけいきゅう》）

眉と目の間を指し、不動産運、家族運、愛情運の有無を見ます。

⑦疾厄宮《しつやくきゅう》

目と目の間（山根《さんこん》）を指し、病気（健康運）や災難について見ます。

⑧男女宮《だんじょきゅう》

目の下（臥蚕《がさん》、涙堂《るいどう》）を指し、男女関係（異性運）と子ども運を見ます。

⑨妻妾宮《さいしょうきゅう》

目尻と耳の間の部分を指し、配偶者や愛人との関係を見ます。

⑩財帛宮《ざいはくきゅう》

鼻全体を指し、財運を見ます。

⑪奴僕宮《ぬぼくきゅう》

法令の筋の先、あごの左右の部分を指し、部下や目下との関係（部下運）と住居運を見ます。

⑫相貌宮《そうぼうきゅう》

顔全体を指し、特に晩年運を見ます。

まず、三停のバランス、顔全体のバランス、次に、五官、十二宮を見て、総合的に顔相を判断します。

美人・美男子の顔は黄金分割か白銀分割

黄金分割とは、古代ギリシャ時代の建築物などに使用された、長方形の縦の長さと横の長さの比率のことです。身近な例としては、テレビやパソコン、スマートフォンの画面、名刺などにもこの規格が使われています。

　美人や美男子に見える顔は、この黄金分割になっています。顔の横の長さを「1」とした場合、縦の長さが「1・618」の比率の関係です。この黄金分割の比率が視覚的に最も安定した美しい顔となります**【図25】**。

　もちろん、黄金分割は顔と身体のバランスに大きく関わってくるので、顔だけを論じるわけにはいきません。しかし、誰もが美しいと感じる顔には、三つの条件が必要です。

　一つ目は、顔全体のバランスが整っていることで、顔の縦と横の長さの比率が大切です。

　二つ目は、顔の各パーツ（目、鼻、口、眉など）のそれぞれの位置関係です。

　三つ目は、顔の各パーツ（目、鼻、口、眉など）の大きさと形です。

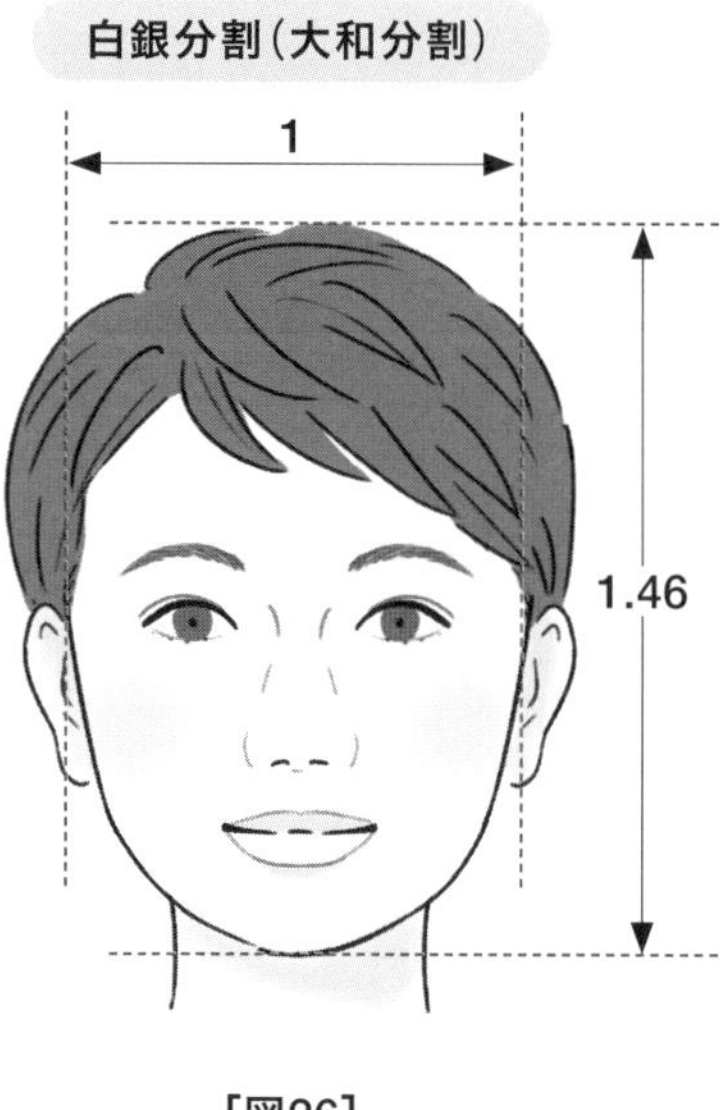

[図26]

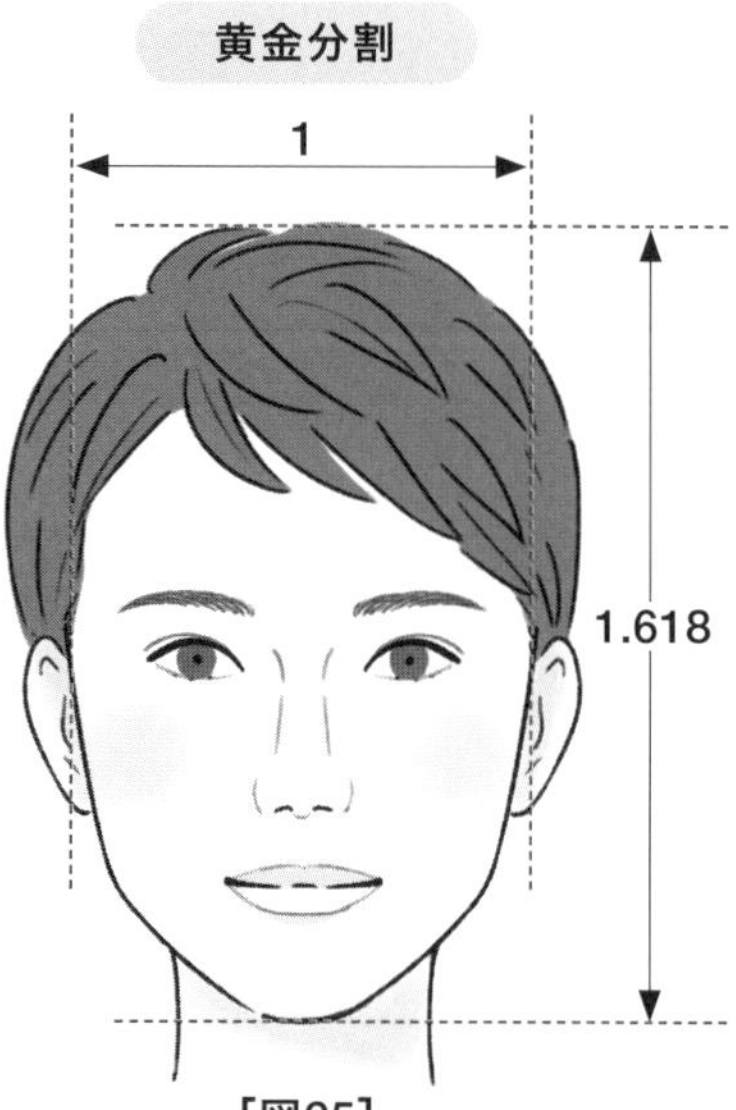

[図25]

黄金分割の顔は、西洋の白人に多い顔で、東洋のアジア人に多いのが白銀分割の顔と言われています。これは別名「大和《やまと》分割」とも言われ、日本の仏像などの顔に多く見られます。

白銀分割は顔の横の長さを「1」とした場合、縦の長さが「1・46」の比率の関係です【図26】。

顔を三つに分けて、上停（髪の生え際から眉の上まで）中停（眉の上から鼻先まで）下停（鼻先からあごまで）が同じ長さなのが黄金分割の顔です。この三停それぞれが同じ長さの顔を持つ人は、誰もが美男・美女と感じられる顔の人です【図27】。

日本人の顔は、髪の生え際からあごまでの縦の長さが平均18・5センチ、横の長さが平均14・5センチと言われています。

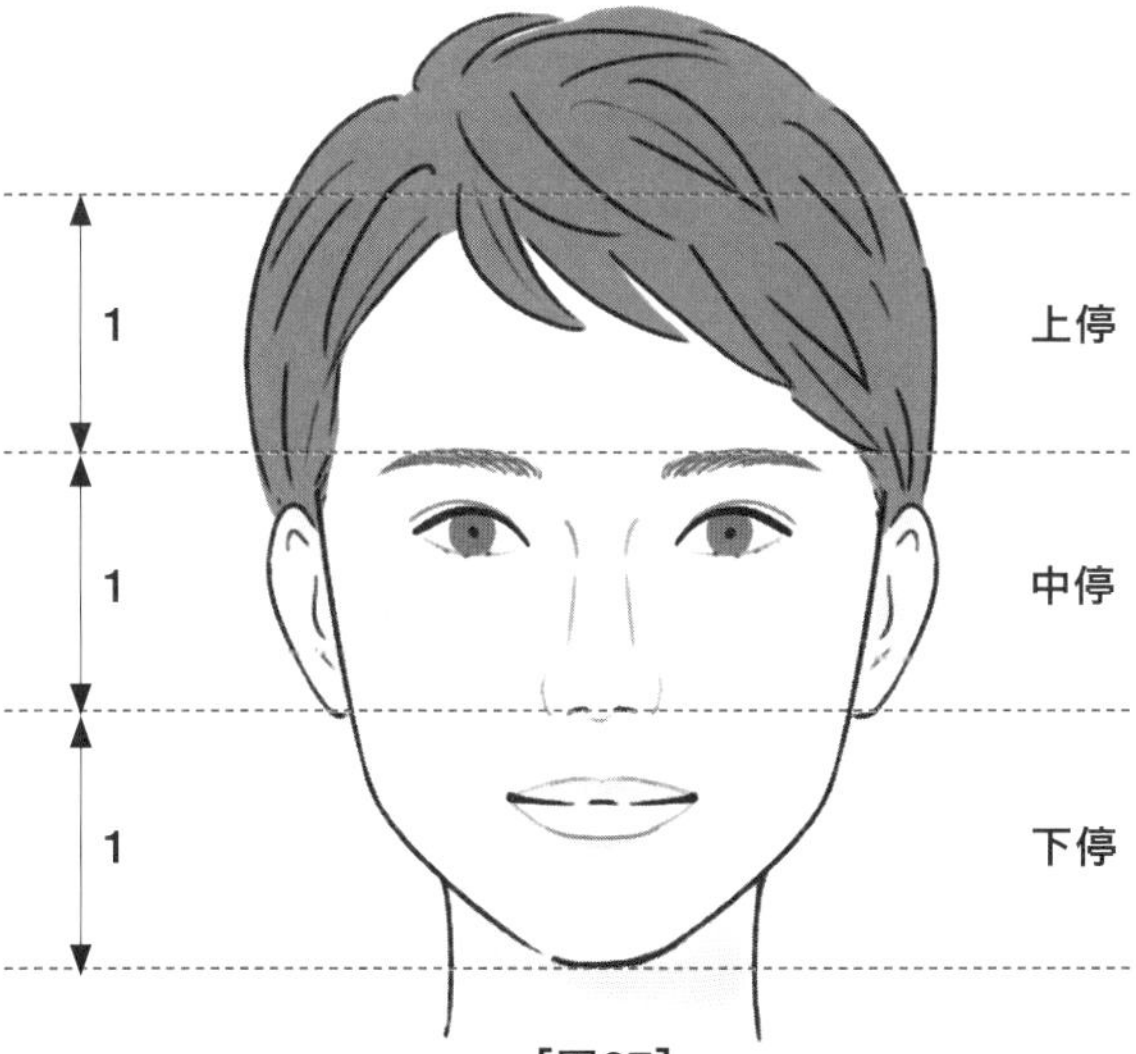

【図27】

目については、目の幅は顔の横の長さの五分の一で、3センチが最も理想的だという説があります。また、目と目の間の長さが、目の幅と同じだと理想的です【図28】。

瞳がかわいく美しく見えるための目の黄金分割は、黒目が「2」、左右の白目の部分が「1」ずつです。日本人の平均的な比率は、黒目が「1・5」、左右の白目の部分が「1」ずつです。近頃は黒いコンタクトレンズで、黒目を大きく見せて黄金分割にしている人をよく見かけます【図29】。

鼻については、目と目の間の長さが、鼻の横幅と同じなのが理想的です。【図30】鼻の横の長さの「1」に対して鼻の縦の長さが「1・56」の比率が理想的です【図31】。

鼻の下から下唇の下の線までの長さと、そ

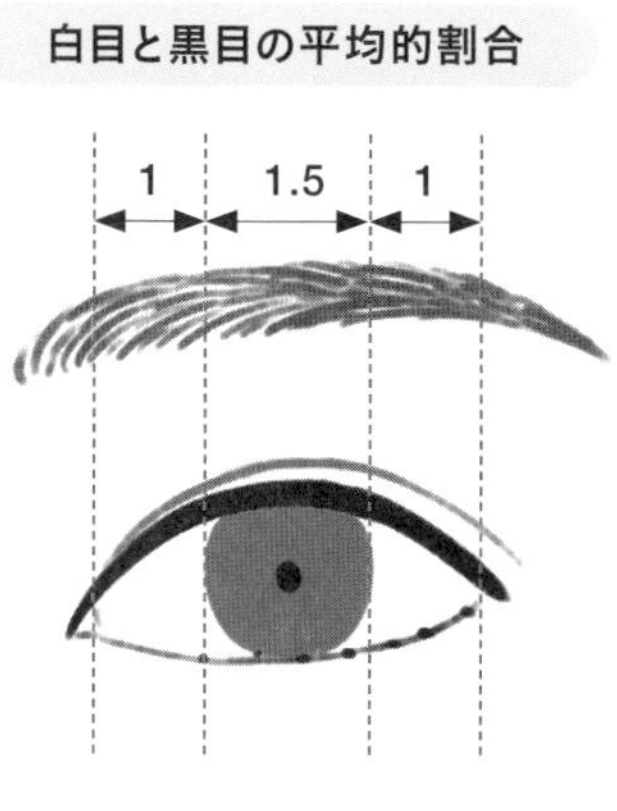

【図29】

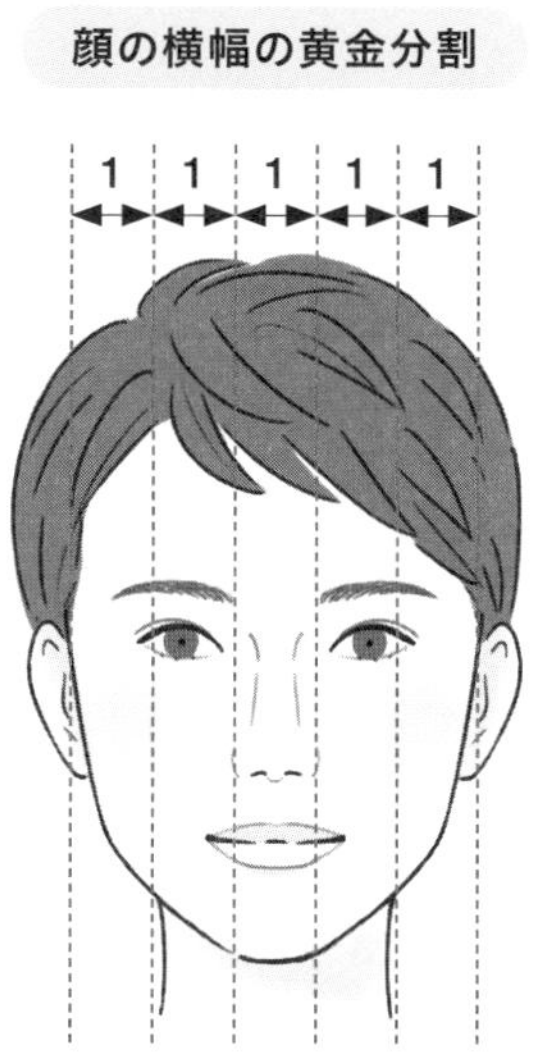

【図28】

こからあごの先までの比率が「1」対「1」だと黄金分割となり、バランスがよく理想的です【図32】。

鼻の横幅と口の横幅は、鼻の横幅「1」に対して「1・5」の比率が理想です【図33】。

目と目の間が鼻の横幅と同じ

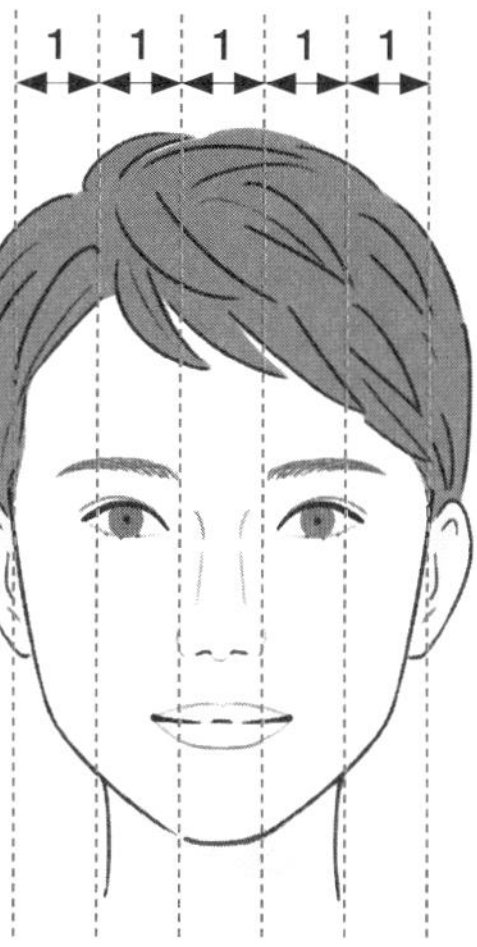

[図30]

鼻の長さと横幅

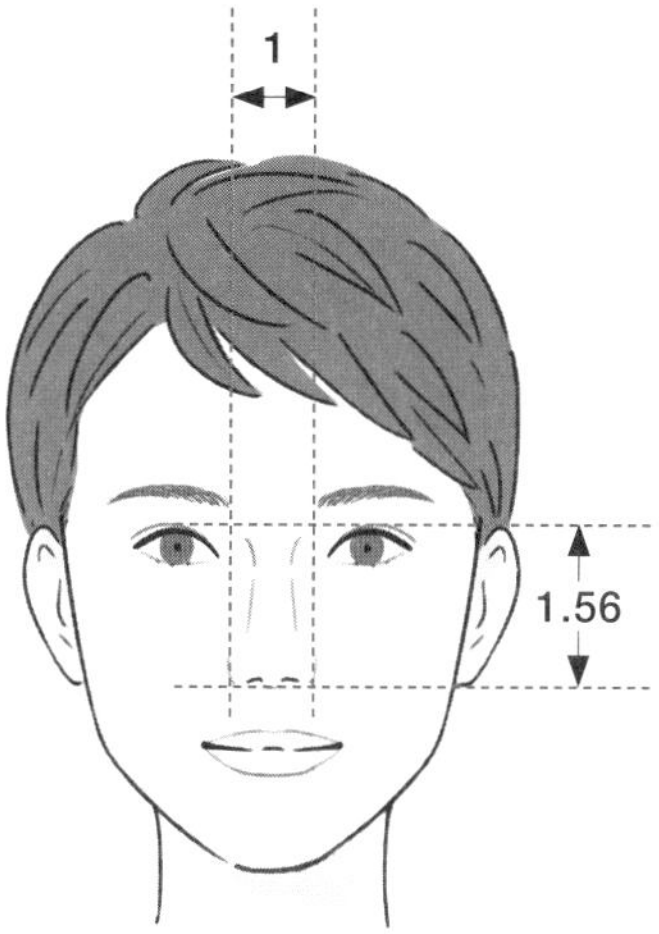

[図31]

下停の比率

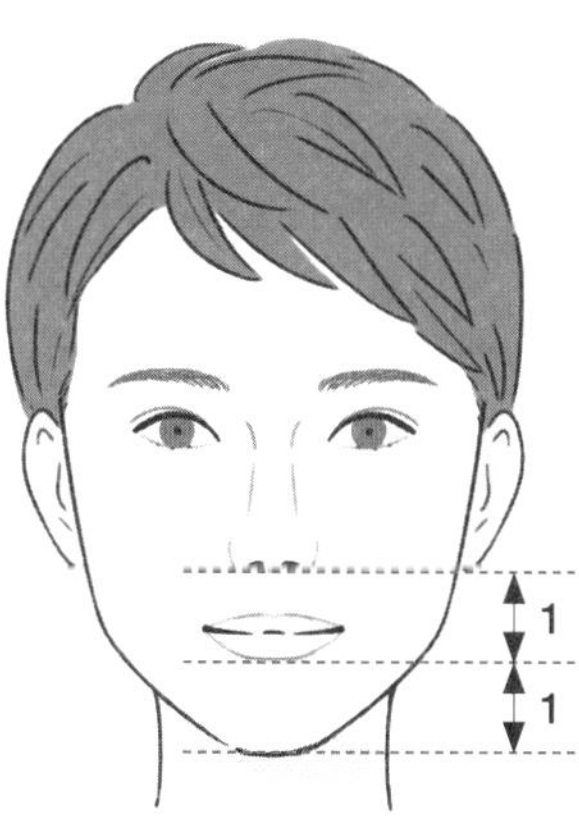

[図32]

口と鼻の比率

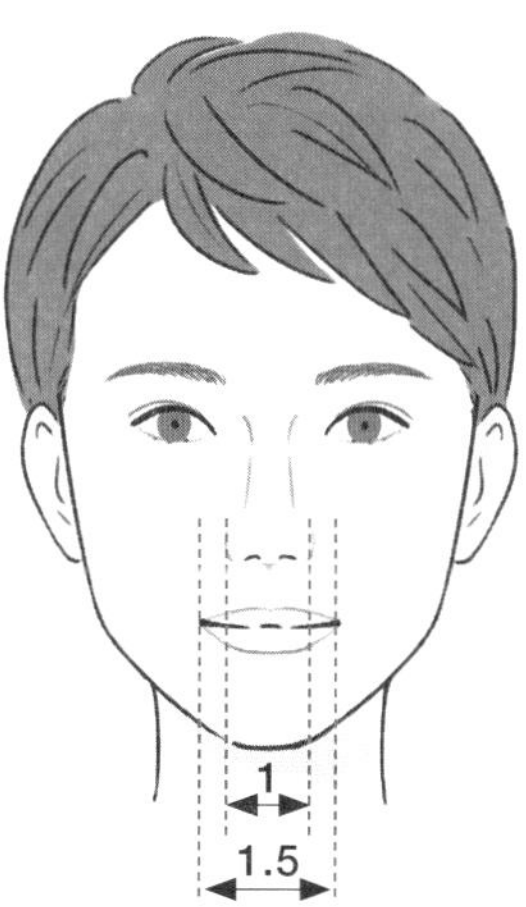

[図33]

唇の厚みの黄金分割は、上唇「1」に対して下唇は「1・6」の比率が理想です。この比率の唇は、優雅で優しそうに見え、魅力的な唇になります【図34】。

顔の正面の黄金分割に対して、横顔の黄金分割は、鼻骨の高い先とあごの先を結んだEラインが直線になるのが理想です。もちろん、そのEラインに口先が収まることが重要です【図35】。

鼻の始まりは上まぶたぐらいから出発し、鼻の角度は33度が理想で、鼻のラインが緩やかなカーブで、鼻柱の先下の角度がほぼ90度であるのが理想です。また、鼻の出発点より目が5ミリぐらい引っ込んでいるのが理想です【図36】。

黄金分割、白銀分割の顔を持つ人は、数少ないかもしれませんが、各比率に近い顔の人は、美人・美男子に見えると思われます。

唇の厚みの黄金分割

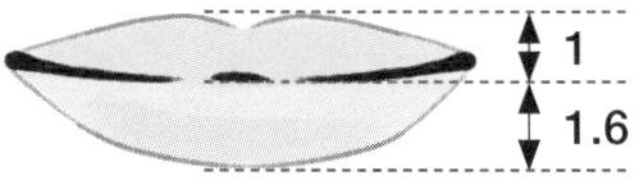

[図34]

横顔の黄金分割

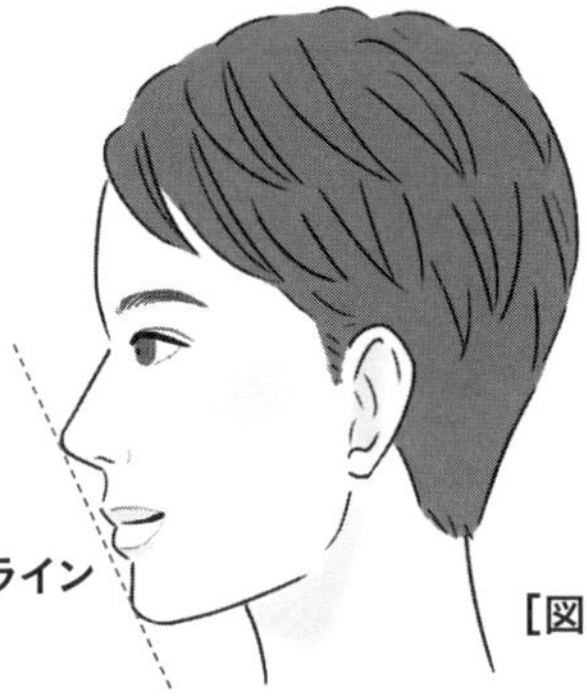

[図35]

鼻の黄金分割

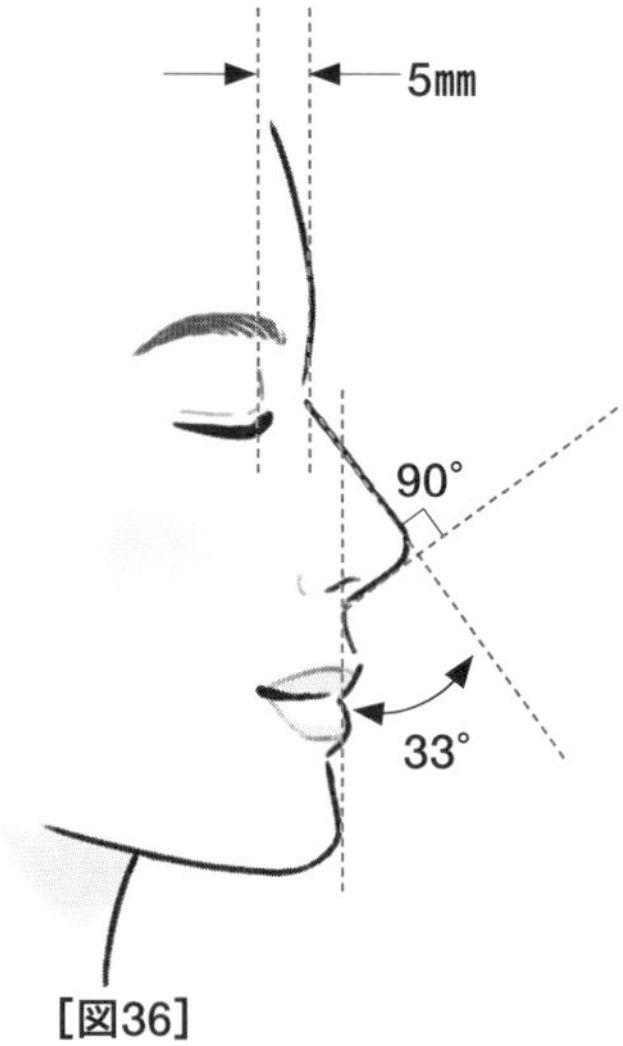

[図36]

第二章

「顔の型」から性格を見る

八種類の顔の型から特徴的な性格を見る

顔は十人十色であり、一人ひとり顔立ちが違います。顔には個性、特徴があり、顔の型の基本は精神型、脂肪型、筋骨型の三タイプに大きく分類できます。それ以外はこの三つの型が一定の比率で混在しているタイプと考えられます。

さまざまな顔の中から、三つの基本型の混在率を示しつつ、代表的な八種類の顔の型を紹介しましょう。特徴的な性格も説明します。

個々の型の顔を参考に、自分の顔、相手の顔の組み合わせや性格を知り、楽しみながらゲーム感覚で推理してみてはいかがでしょう。

人の顔はまず、三つの基本型に分類され、性格にもそれぞれ傾向があります。

精神面が１００％の「精神型」は、頭脳明晰で知的能力が高い人が多いのが特徴。「脂肪型」１００％だと、人間関係が上手で、要領がいいタイプが多いでしょう。筋肉１００％の「筋骨型」は内面も男性的で生命力にあふれているタイプです。

この三つの基本型の混合比率によってさまざまな顔の型があると考えます。ここでは各型１００％の三種に加え、混合型を加えた、八種類の顔の型をご紹介します。

八種類の主な顔の型

丸顔
（脂肪型100%）

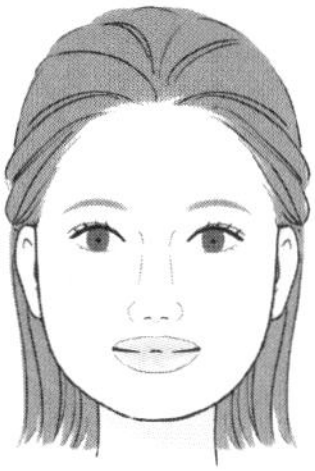

▶54ページ

逆三角形顔
（精神型100%）

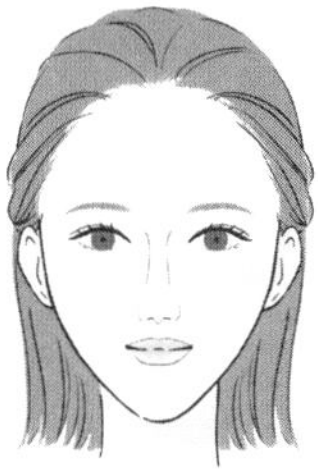

▶52ページ

三角形顔
（脂肪型60%、筋骨型40%）

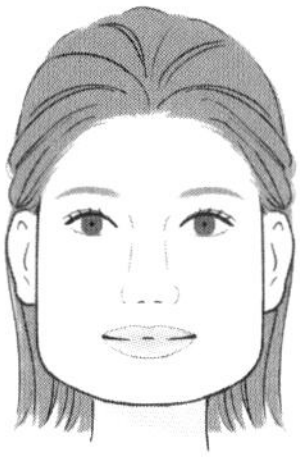

▶60ページ

卵顔
（精神型40%、筋骨型60%）

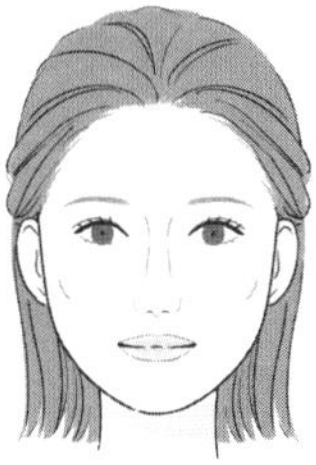

▶58ページ

四角顔
（筋骨型100%）

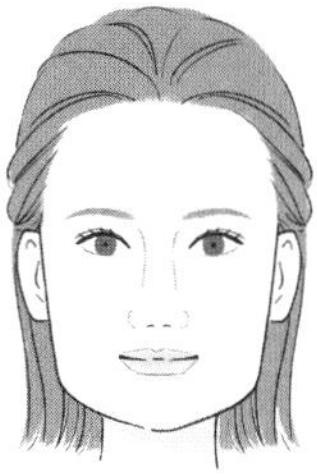

▶56ページ

細長顔
（精神型50%、筋骨型50%）

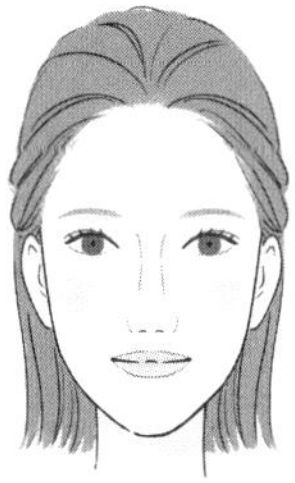

▶66ページ

長方形顔
（筋骨型60%、精神型20%、脂肪型20%）

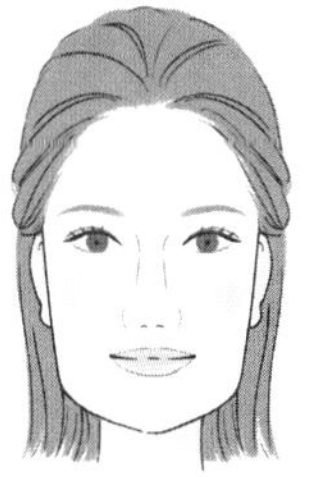

▶64ページ

台座顔
（脂肪型60%、精神型40%）

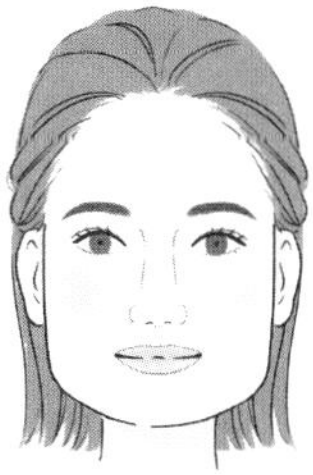

▶62ページ

逆三角形顔

精神型100％

◆真面目で知識欲がある美男美女顔

頭部が大きく額は縦横に広く、あごが細く尖った逆三角形で、知的な感じがあるのがこの顔の特徴です。目は大きく切れ長で、耳は三角で小さく、耳たぶがあまりありません。鼻は細く、鼻先が尖り、小鼻は横にあまり張っていません。口は小さめで、顔の作りが整った美男美女顔です【図37】。

真面目で冷静、緻密で繊細な性格です。社交性はあまりなく、利己的で依頼心が強く、頭でっかちで、実行力が伴わない面があるでしょう。金銭や物質的なことより、地位や名誉に関心や欲求が強いタイプです。

知識欲が旺盛で、頭を使う仕事に向いています。IT関連、企画などが得意分野で、好きな仕事ならのめり込む傾向がありますが、いやな仕事はあまりしたがりません。

幼い頃から両親や祖父母にかわいがられ、過保護に育てられている人が多いようです。頭がよく、若くして頭角を表し、地位や財産に恵まれますが、四十歳を境にその運も滞るようです。人間的に成長し、指導力や包容力を身につければ、あごの細さがとれて豊かになり、中年以降から晩年にかけての運も開けてきます。

しかし、頭だけで物事を考えてわかったつもりになったり、人情の機微が理解できないままであれば、人間性も磨かれず、五十歳を過ぎる頃には、運は下降線をたどり、寂しい晩年となるでしょう。

逆三角形顔

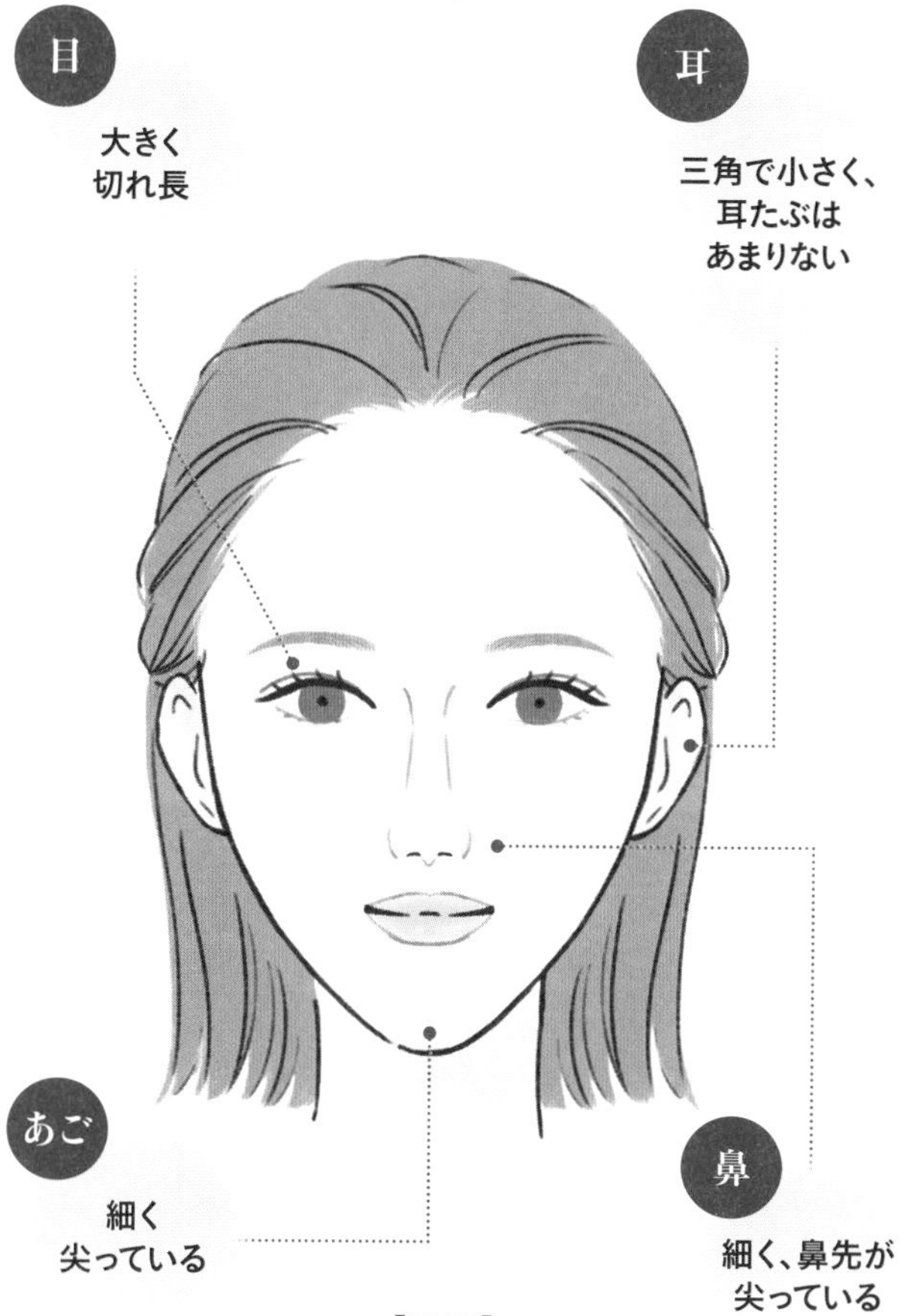

[図37]

性格の特徴

- 真面目で冷静
- 社交性は低め
- 緻密で繊細なタイプ
- 地位や名誉に関心が強い

丸顔

脂肪型100％

◆社交的で円満な人柄

顔全体の肉付きがとてもよく、ふっくらとしています。髪の生え際も丸く、眉も曲線です。目はぱっちりとして大きく、耳は肉厚でやはり丸く、耳たぶは大きく豊かです。鼻先が丸く、肉がついた鼻で、小鼻は横に丸く張っています。どちらかと言えば口は大きく、上下の唇ともに厚めです。あごは丸く肉付きがよく、中には二重あごの人もいます【図38】。

情が豊かで情緒的なのが脂肪型の特徴です。肉が引き締まっていれば、性格がよく体力もありますが、たるんだ顔であれば、性格もたるんでだらしない人と考えられます。

社交性があり、人の気持ちを読むのが速く、気配りで人によい印象を与えます。交際範囲も広く、万人に好かれるタイプです。

調子がよく、楽天的ですが、気分屋の傾向があり、感情的になりやすく、また、それが、すぐに顔に出る欠点があります。気が小さく慎重で用心深いですが、忍耐力がなく優柔不断なところがあります。

人当たりがよく、情が細やかな面を持ったため、商売人や営業、サービス業など人に接する仕事が向いているでしょう。

円満な性格ではありますが、食欲、性欲、物質欲が強く、本能的な生き方で人生を楽しむタイプです。経済面では現実的な計算が働き、お金に困ることはありませんが、浪費癖があるのであまり手元には残りません。

家庭的には恵まれ、にぎやかな一生を楽しく過ごせます。

丸顔

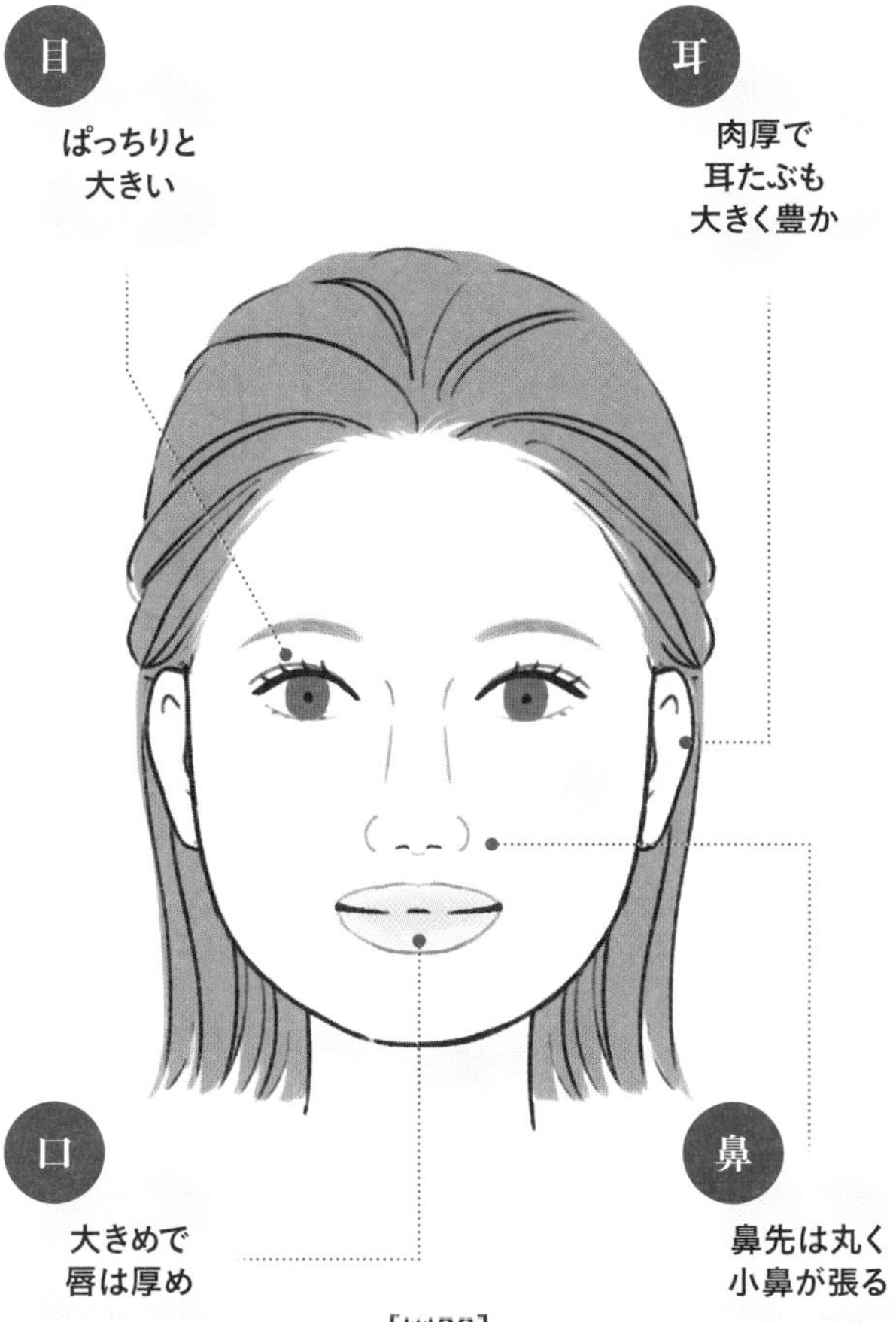

［図38］

性格の特徴

- 社交性があり、万人に好かれる
- 感情が顔に出る
- 慎重で用心深い
- 優柔不断

四角顔

筋骨型100%

◆頑固で粘着力がある

骨張った四角い顔で、筋肉質で引き締まった精悍な顔が筋骨型です。額は広くて四角く、目は少しくぼみ気味で眼光が鋭く、耳は四角で、硬く厚い人です。耳たぶは欠けている人と欠けていない人がいます。

肉があまりついていない骨張った頬で、鼻は太くて硬い印象です。全体的に肉が引き締まり、小鼻は横に力強く張っています。口元が引き締まった四角い口で、あごもえらが張って角ばり、引き締まっています【図39】。

社交性はあまりなく、人間としての器もあまり大きいほうではないでしょう。

単純で思慮が浅い傾向にあるので、どうしても目先のことで物事を判断しやすいところがあります。

しかし、粘着力、意志力、忍耐力に優れているため、目標や目的がはっきりしていれば、どんな困難も乗り越えて、必ず最後までやり遂げるでしょう。不屈の闘志を持ち、意地っ張りなので、頑固にマイペースを通します。

企画力はあまりありませんが、冷静で処理能力に優れています。職業としては、消防士、自衛官、警察官に向いています。

考え方が合理的で情に欠ける面もあり、家族には苦労をかけますが、誠実で心変わりが少ない人です。ただ、どうしてもその頑固さゆえに人生においては波乱が多いでしょう。

身体が丈夫でよく働くので、金銭的にはある程度恵まれますが、財産を残すことは難しいようです。

四角顔

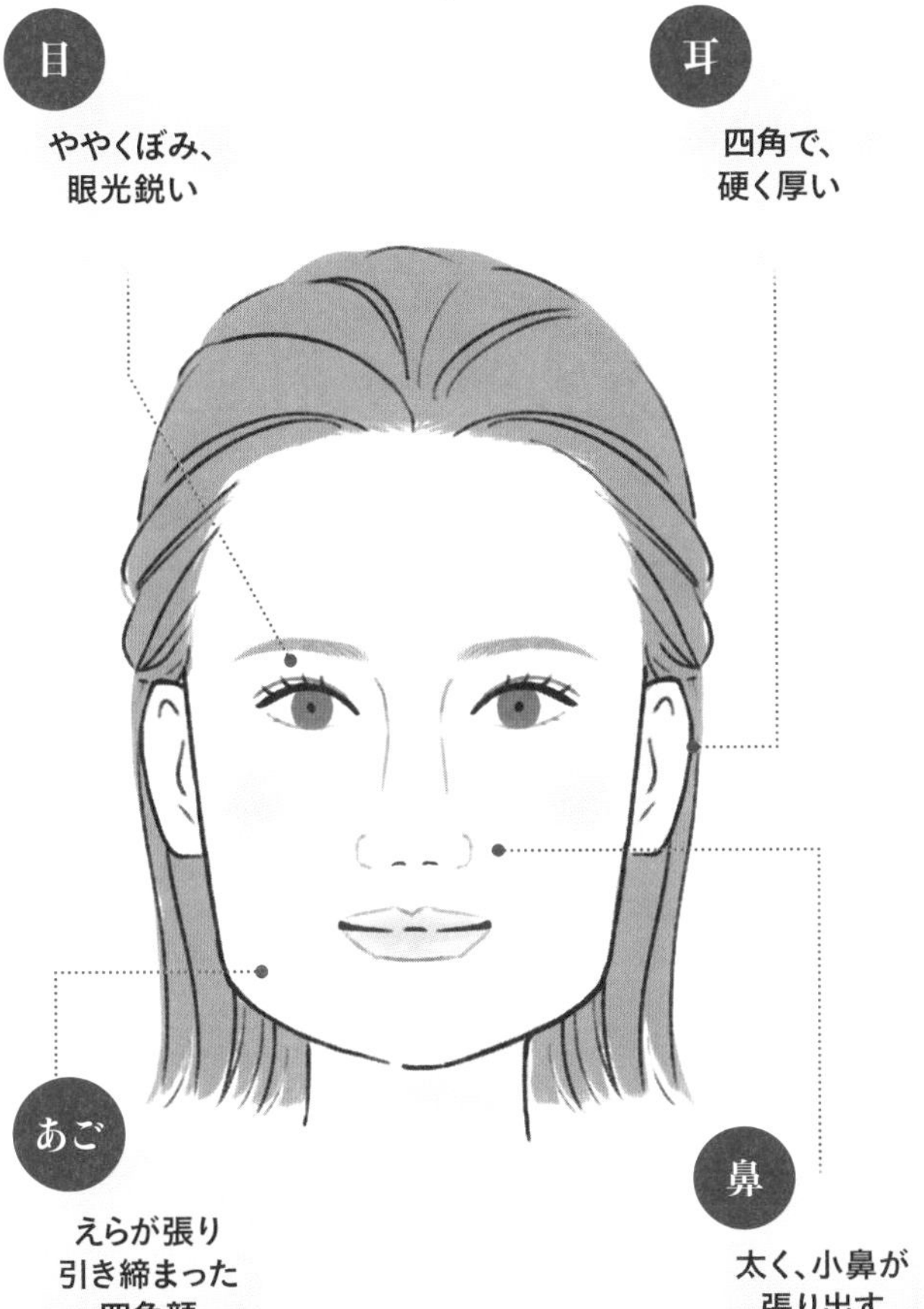

［図39］

性格の特徴

- 冷静で処理能力に優れる
- 頑固でマイペース
- 意志力、忍耐力でやり遂げる
- 社交性は低め

卵顔

精神型40%、筋骨型60%

知的な精神型と意志的な筋骨型の混合型で、理論性と意志の強さを持っています。

頭脳明晰で粘りがあり、努力家なので、少しくらいの困難は乗り越えます。しかし、情緒や社交性、融通性に少し欠ける面があり、社会では孤立する状況になることがあるので、気をつけたほうがよいでしょう。

アイデアを出す仕事はどちらかと言えば不向きですが、忍耐力、意志力、実行力に優れています。マニュアルどおりの仕事やコンピュータを使う仕事をきちんとこなし、芸術や文化より機械やサイエンスに関心を持ちます。

◆頭脳明晰で努力家

卵型の顔は比較的、額が狭い。眉は細いが、目は大きくぱっちりしています。耳は丸く薄い耳で、耳たぶは小さめです。頰骨が前に少し張り、肉も少しついています。鼻筋の通った高い鼻で、鼻頭が少し尖っていて、小鼻はあまり横に張っていません。口は大きからず、小さからず両端が引き締まり、上下の唇の厚さが同じで、肉が引き締まっています。あごは丸みはありますが、細めです。逆三角顔と同様、美男美女顔が多いようです【図40】。

小さい頃から二十歳くらいまでは、精神的な面で苦労することがありますが、努力家で仕事熱心で、儲ける才覚もあるため、三十歳以降はお金に困ることはまずありません。しかし、仕事中心の生活になって家庭を顧みないために、家庭的に問題が生じやすいでしょう。

この型の人は寂しい晩年を送らないためにも、家庭を大事にすることがポイントです。

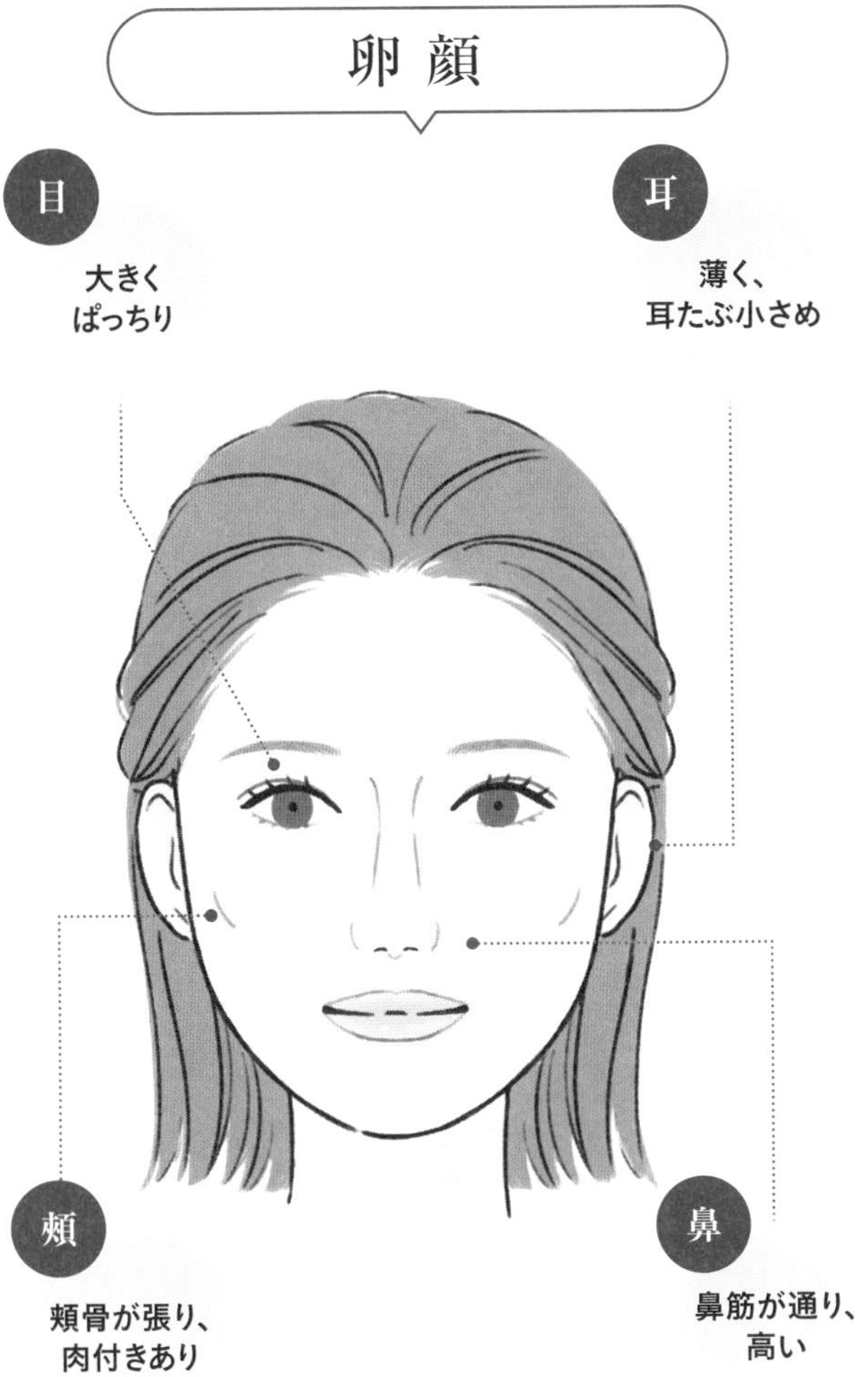

［図40］

性格の特徴

- 頭脳明晰で努力家
- 情緒、社交性はやや欠ける
- 忍耐力、意志力、実行力に優れる

三角形顔

脂肪型60％、筋骨型40％

◆現実的で意志が強い

三角形顔は額が狭く、あごが広く肉付きが豊かな、下ぶくれのおむすび形が特徴です。耳は肉厚で硬め、耳たぶも大きく豊かです。鼻は丸くて太く、小鼻は横に大きく張っています。口は大きく唇が厚めです【図41】。

三角形顔は脂肪型と筋骨型の混合型で、本能が強く感情的なタイプでありながら、意志が強く、実行力のある現実主義者です。

脂肪型の比率が大きいので、時々感情的になる欠点はありますが、誠実なタイプです。思考が柔軟で臨機応変な行動をとれるので、どんな職業でも成功します。

義理人情にとても厚く、人を裏切らないでしょう。地道に人間関係を積み上げる堅実な人柄です。社交性に長け、人情の機微に通じ、指導力、包容力もあります。苦労人で、明るく円満な人柄から誰からも愛されます。

小さい頃から独立心が強く、親に頼らず、苦労しながら自力で運を切り開くタイプなので、三十五歳から晩年に向かって、徐々に運がよくなり、最後に苦労が実るでしょう。お金や不動産、そして家庭的にも恵まれます。

三角形顔

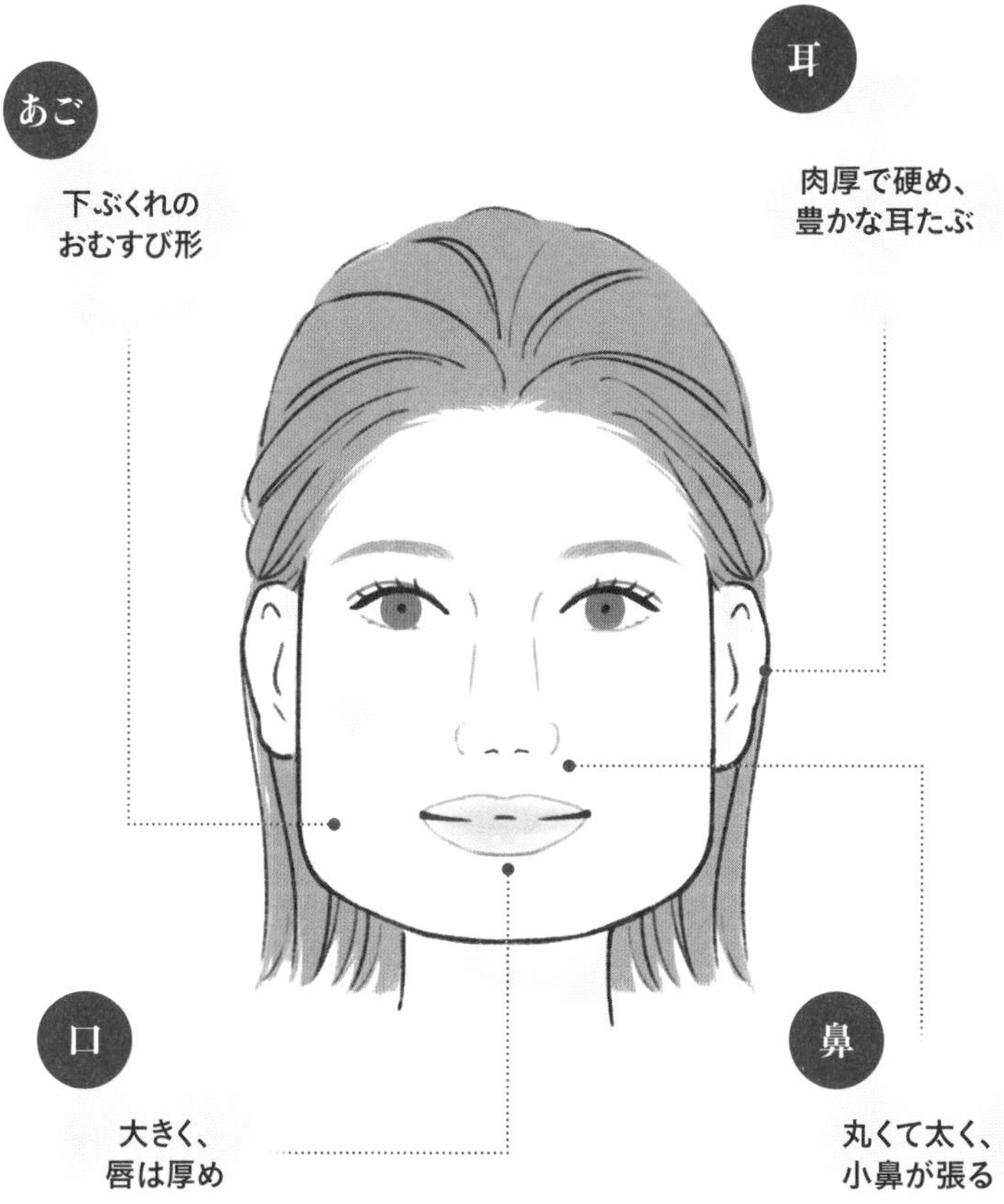

【図41】

性格の特徴

- 明るく円満な人柄
- 意志が強く、実行力のある現実主義者
- 臨機応変な思考
- 義理人情に厚い
- 本能が強く感情的

台座顔

脂肪型60%、精神型40%

◆積極的で実行力がある

台座顔は四角い台座を置いた形の顔で、顔の骨格が太くがっしりして、あごは張っていて広く、肉付きがよいのが特徴です。額は広く、眉は太く濃く、りりしい形です。目は穏やかな雰囲気で大きく、耳は肉が厚く耳たぶも豊かです。鼻は太く、鼻頭が丸くて小鼻が横に張っていて、口は大きく威風堂々とした雰囲気を持っています【図42】。

台座顔は脂肪型と精神型の混合型で、脂肪型の人情味と精神型の知的な部分を合わせ持っています。

積極的な性格ですが、冷静で現実的でもあります。人当たりもよく、社交性に優れ、精神的な豊かさで人に余裕を感じさせる懐の深さもあります。緻密な頭脳を持ち、処理能力に長け、頑固で少し短気な面はありますが、仕事熱心です。

人情にも通じ、実行力があり、指導力、包容力も自然と身につくタイプなので、どんな職業でも成功しますが、特に商売人、経営者、管理職に向いています。

金銭的にも大いに恵まれ、多くの財産を残

しますが、仕事一筋で趣味がなく、家庭的にはあじけのない生活になる傾向にあります。

台座顔

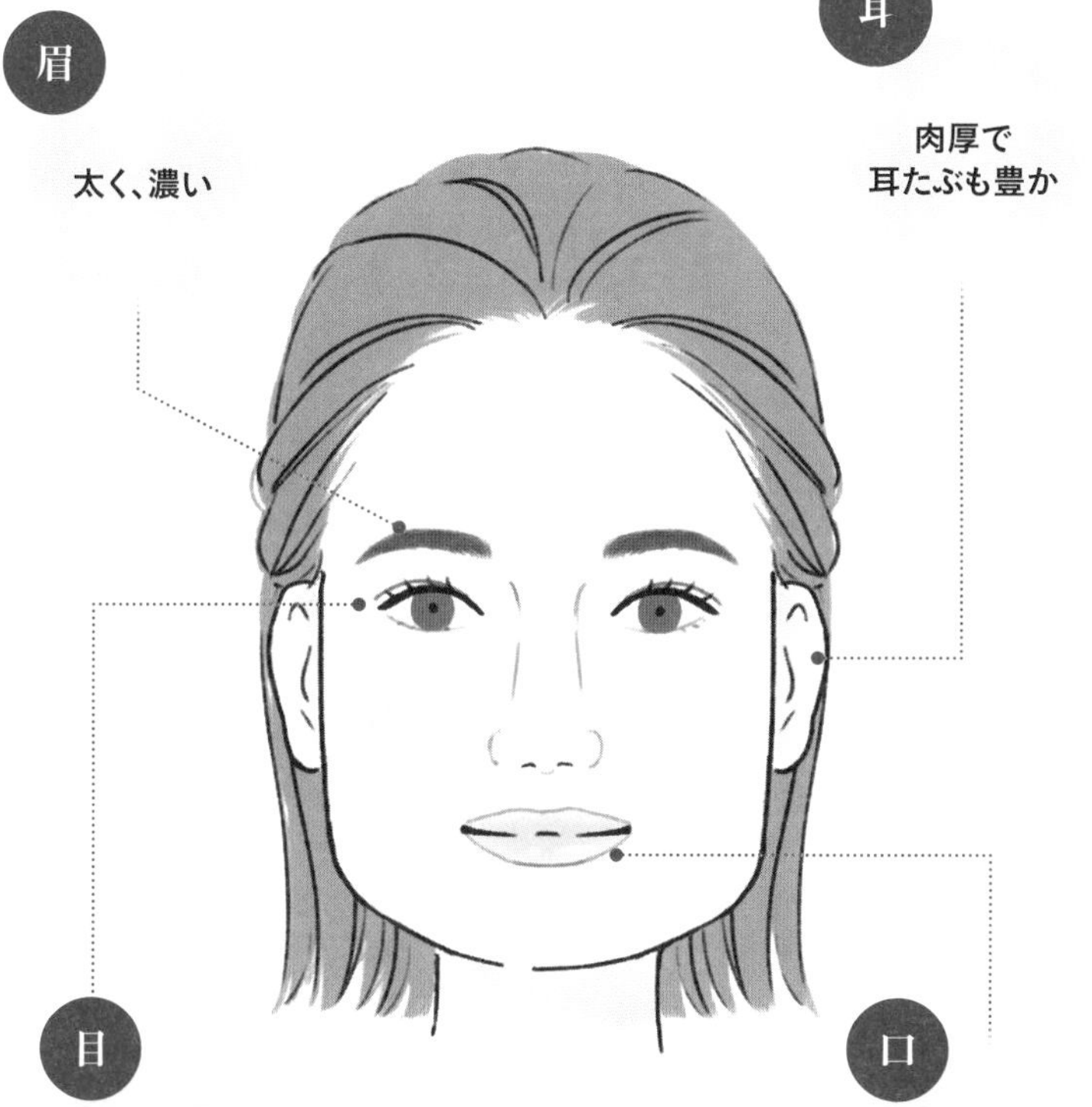

［図42］

性格の特徴

- 積極的、社交性に優れる
- 処理能力に長け、仕事熱心
- 指導力、包容力がある
- 頑固でやや短気

長方形顔

筋骨型60%、精神型20%、脂肪型20%

◆温かさと包容力がある

長方形顔は顔の形が長方形で、肉付きが豊かな広いあごが特徴です。額は縦に長く、目は切れ長で眼光が鋭く、耳は顔に貼りつき、耳たぶが豊かで厚く、米粒が二、三粒上に乗るほど硬く大きいでしょう。鼻は立派で大きく、小鼻が横に丸く張っています。大きな口で、唇は少し厚めで引き締まっています【図43】。

長方形顔は筋骨型を基本に精神型、脂肪型が最もバランスよく加わり、整ったよい顔形です。自然と他人に安心感を与える顔なため、政治家、経営者など、社会のあらゆる分野での活躍が期待できます。

筋骨型の意志の強さと実行力、精神型の精神性と知的な聡明さ、そして脂肪型の人間的な温かさと包容力がミックスされ、理想的な性格ができあがっています。積極的な行動力がプラスに働き、おのずと人の上に立って指導力を発揮するタイプです。

金銭的、家庭的にも中年から晩年に向かって大いに恵まれる大器晩成型で、長寿の人が多いようです。

長方形顔

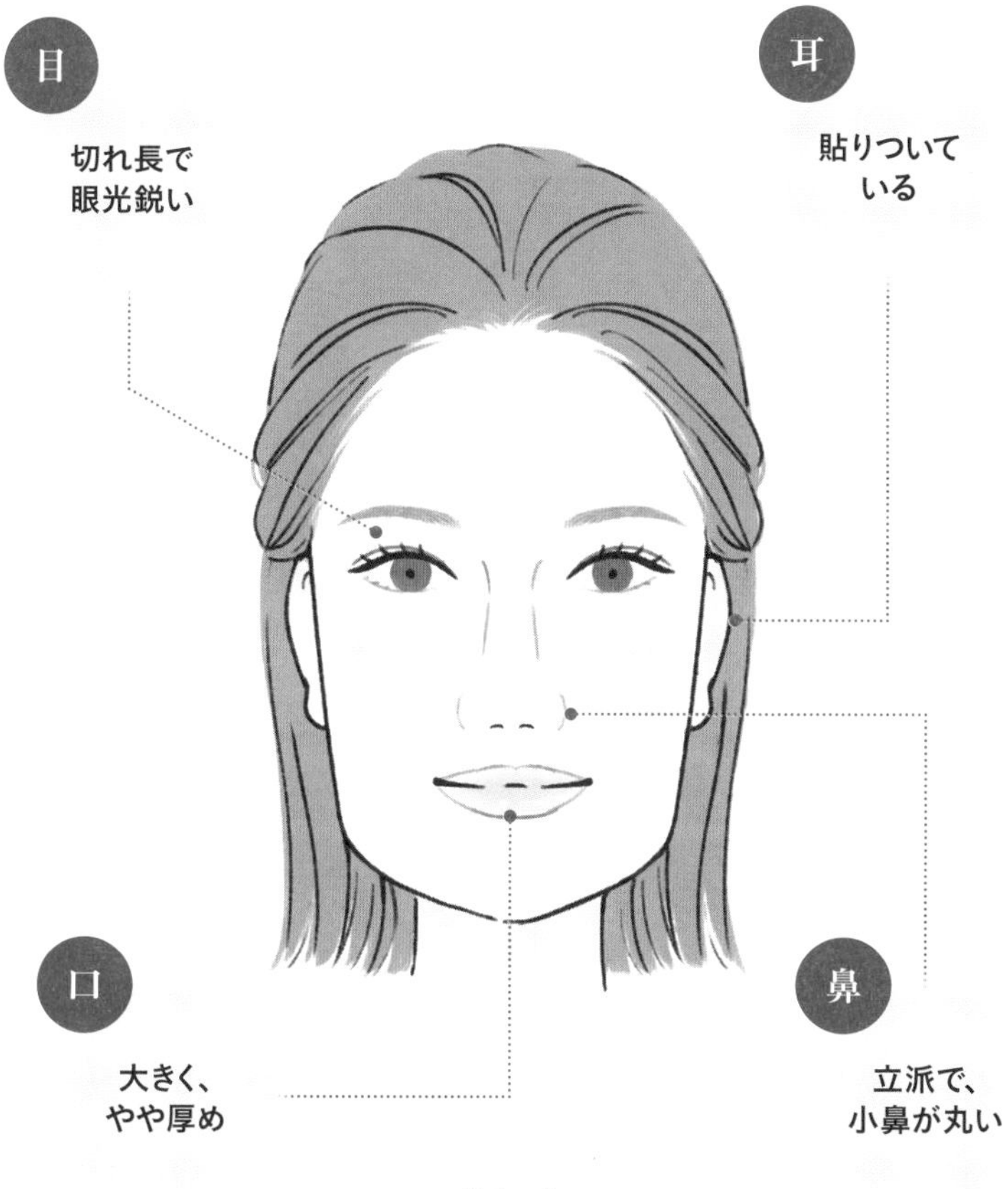

[図43]

性格の特徴

- 聡明で実行力がある
- 温かさと包容力がある
- 人の上に立つ指導力
- 大器晩成で、長寿が多い

細長顔

精神型50%、筋骨型50%

礼儀正しく上品で、義理人情に厚い人です。鋭い洞察力と批判力を持っていると同時に、直感的に物事をとらえる傾向があります。頭もよく活動的なので自力で社会を生き抜いていくタイプです。宗教心が強く、感謝の心があるため、家庭的にも恵まれている人が多いのも特徴です。

小さい時から二十歳頃まで、親や祖父母に大切に育てられますが、二十五歳くらいから自力で運を開き、計画的な人生設計で人生を切り開いていくタイプです。

顔の長い人は長寿が多いでしょう。

◆洞察力と直感力がある

細長顔は横幅が狭めで、縦に細長いのが特徴です。額は横より縦に長く、眉は細めで薄く、目は切れ長で、耳は長く、耳たぶも縦に長いでしょう。鼻は長く、口は並の大きさで唇の厚さも普通です。あごは長く、面長です【図44】。

細長顔は精神型の知性の深さと、筋骨型の意志の強さ、実行力で着実にコツコツと人生を送るタイプです。公務員や大きい組織の管理職に向いています。

細長顔

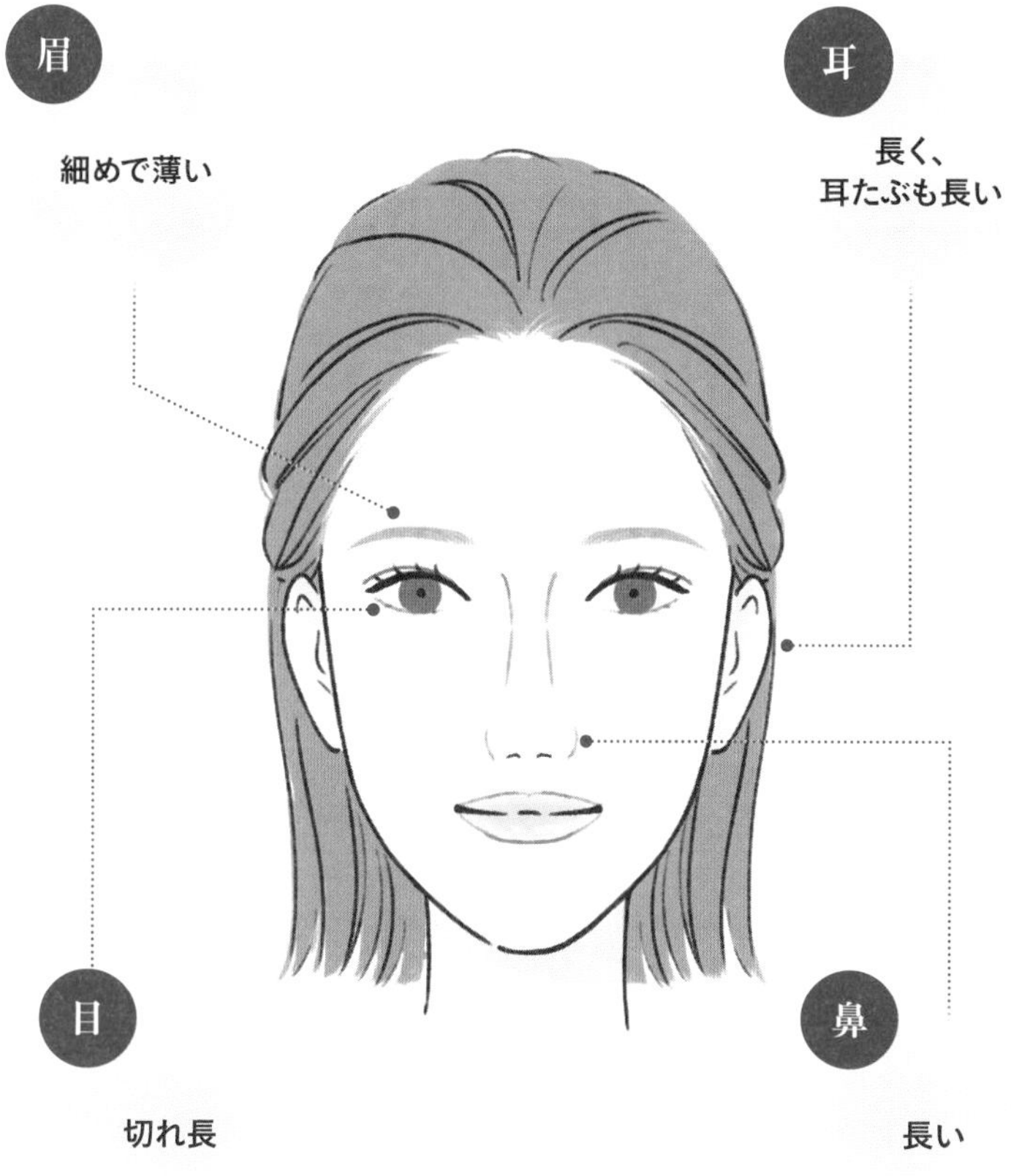

[図44]

性格の特徴

- コツコツと着実
- 礼儀正しく上品
- 義理人情に厚い
- 洞察力、直感力、批判力がある

［コラム］
1

日本の人相学の始まり

日本に相学（人相学書）が入ってきたのは、五一三年に百済から渡来した五経博士が五経書、医書、仏教書、儒教などと一緒に、『相学』の本を持ってきたのが始まりと言われています。

聖徳太子（五七四～六二二年）は仏教に造詣が深く、研究していましたが、持ち込まれた仏教書とともに『相書』も学び、『聖徳太子相法伝』を書いたとされています。

次に歴史上に現れる人相学の書物は、応永年間（一三九四～一四二八年）に書かれたとされる天山阿闍梨師伝の『先天相法』。我が国でいちばん古い古相書と言われています。江戸時代には、初代・石龍子の『相書』（神相全編正義・三巻）によって日本の人相学が確立し、発展したと言われています。当時輸入した『麻衣相伝大全』（陸位崇）、『柳荘相法』（雲林子）などの人相学の本により日本の人相家が現れたと言われています。

日本独自の人相学を編み出したのは、水野南北（一七六〇～一八三四年）で、『南北相法・十巻』、『人相和解・二巻』、『秘伝華の巻』、『相法修身禄・四巻』などを著し、日本の人相学の基礎を築きました。

明治時代に入ってからは、林分嶺が『画相の研究』を著し、林流の一派ができたと言われています。

第三章

「目」を見ればその人物がわかる

目に、その人間性や心の動きが表れる

人相学では「目」は「芽」に、「鼻」は「花」、「耳」は「実々」、「口」は「幸」、「歯」は「葉」に通じると考えられています。「目」が清らかであれば社会で「芽」を出し、「歯」が丈夫ならば「葉」を広げ、「鼻」が立派ならば「花」を咲かせ、「耳」が大きく硬ければ「実」のり多く、「口」が大きく締まっていれば人生に「幸」が多いとされています。

「人の身の五尺六尺のたましひも一尺の面にあらはれ、一尺のかほのたましひも一寸の眼の内におさまり候」と日蓮大聖人は説いていますが、これほど「目」を的確に表現した名文はないでしょう。180センチの身体が持つ魂も、約30センチの顔に表れており、その顔に表れている魂や人間性が、約3センチの目におさまっているという意味です。

人相学では地球上の万物を照らす太陽と月を両目に当てはめ、左の目は太陽（父）、右の目は月（母）を表すとしています。地球にとって、ともに不可欠な存在である太陽と月を、目に当てはめることで、人間にとって五官の中でいちばん大切なものを示しています。

目についてのことわざには、「目は心の鏡」（人の心は目つきに表れる）「目は口ほどに物を言う」（ことばに出さなくても、目つきで感情を伝えることができる）などがあります。目を見れば、慈愛に満ちた優しい人か、心の冷たい人か、また頭脳明晰な人か、愚鈍な人か、短気な人かなどが自然とわかります。それは喜怒哀楽が瞬時に目に表れ、心の動きや人物を知る手掛かりとなるからです。

よい目とは、切れ長で適度にほりが深く、慈愛に満ちた光を放ち、潤いがあり、程々に澄んでいます。両眼が水平な位置に並んでいて、眼球は出すぎず引っ込まず、黒目と白目の境がはっきりしています。また、黒目が上下のまぶたにかかり、白目が出ていないことが望ましいとされます。瞳が大きく艶やかで、黒目が漆のように光沢があるように見える人は頭脳明晰であるとされています【図45】。

頭脳明晰な目

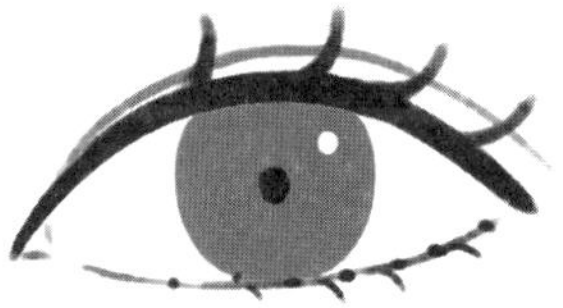

【図45】

目と眉の広さの標準

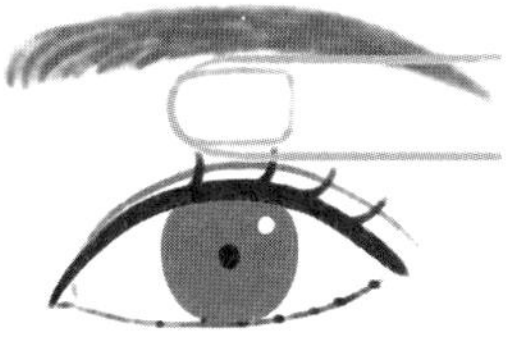

【図46】

人相学の十二宮では眉と目の間を田《でん》宅宮《たくちゅう》と言います。この部分が広く肉付きの豊かな人は心が広く、徳があり、親からの土地や家屋等を相続し、恵まれた環境を得ます。目と眉の広さの標準は指一本が入る程度で【図46】、指二本も入る相は性格的にだらしがないと見ます。逆に指一本入らないほど狭い人は、短気で喧嘩早く、財産を相続できなくなるか、相続しても財産を失う人もいます。

目が大きい人・細く小さい人

❶目が大きいと感受性が鋭い

目が大きい【図47-1】人は感受性が鋭く、楽天的で心豊かです。積極的な性格で大胆な行動をし、視野が広く、理想主義者でもあります。

情熱的で明るいタイプですが、ムードに乗りやすく口数は多いでしょう。素直さを持っているため、人に好かれます。

❷目が細く小さいと慎重で冷静

目が細く小さい【図47-2】人は慎重で観察力には優れていますが、感受性に乏しく、マイペースで生きる現実主義者です。

視野は狭く、ひとつのことを忍耐強く掘り下げるタイプで、冷静で几帳面ですが、意地が悪く疑い深い面があり、やや陰気な性格です。

大きい目

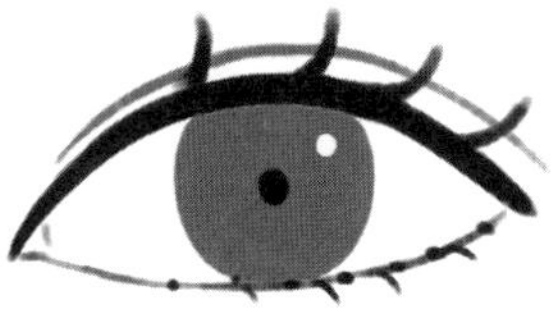

[図47-1]

細く小さい目

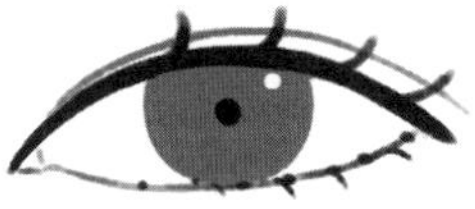

[図47-2]

切れ長の目の人・どんぐり目の人

❶切れ長の目は思慮が深い

切れ長の目【図48-1】の人は思慮が深い上に気が長く、創造力、洞察力、包容力、決断力、統率力、忍耐力などに優れています。

切れ長の目

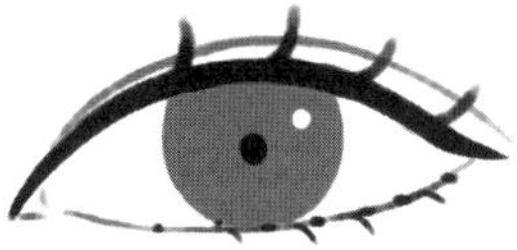

【図48-1】

どんぐり目

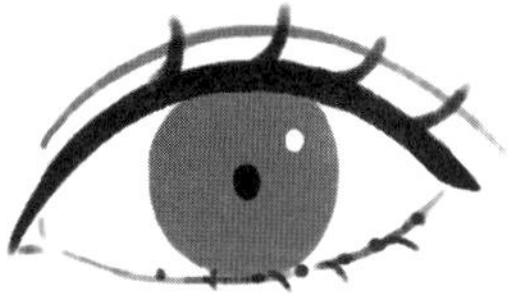

【図48-2】

切れ長の目が長くなればなるほど、この傾向が強まります。仏像や観音様の目も、不思議と切れ長の目をしていますが、それは慈悲（他人に対する思いやりの心）を表し、徳を備えた目であるとされます。

❷どんぐり目は直感力に優れている

くりっとしたどんぐりの形をした目【図48-2】の人は、勘がとても鋭く、直感で物事をとらえ、結論を下す傾向にあります。

常に目先のことにこだわって物事を判断する近視眼的な考えの持ち主です。また単純で雑な性格で、衝動的に行動を起こすタイプです。本質的に利己的でわがままな傾向の人が多いようです。

出目の人・奥目の人

❶出目は多情もしくは冷静である

出目【図49-1】の人には二種類のタイプがあります。上まぶたが肉厚で盛り上がり、腫れぼったい人はおおらかで自信家です。多情多感な性格で、体力にも恵まれ生活力があります。

上まぶたが肉薄の人は感受性があり、勘が鋭い傾向にあります。冷静で合理的な性格ですが、消極的で気が小さく神経質な面も持っています。

出目

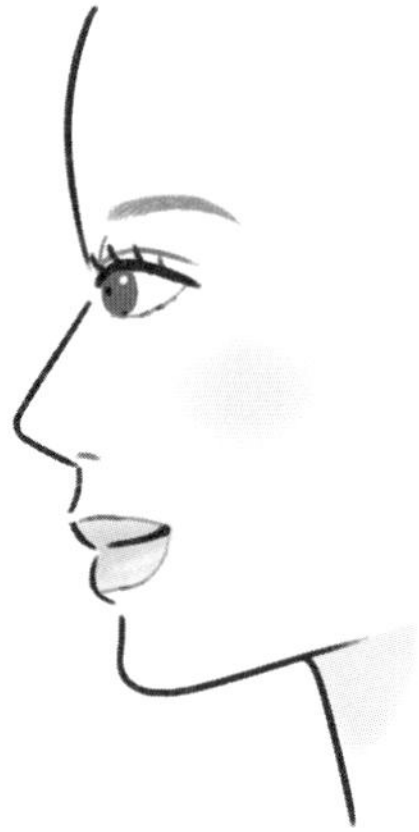

[図49-1]

奥目

[図49-2]

❷奥目は陰気で執着心が強い

奥目【図49-2】の人は、常に冷静で鋭い観察力を持ち、あらゆる欲望に対して執着心の強い陰気な傾向にあります。

社交性もあまりなく、短気で皮肉屋ですが、才能に恵まれ、理性的で忍耐強く度量があります。

上がり目の人・垂れ目の人

❶上がり目は負けず嫌いである

上がり目［図50-1］とはキツネのように目尻が上がっているつり目のことです。プライドが高く負けず嫌いです。気が強いので決して人に頭を下げることができないタイプです。

目上の人に対してもずけずけと物事の白黒をはっきりと言い、敵を作ってしまいます。

勇気と決断力があり、意志も強固です。冷静な判断力と合理性を持ち、独占欲が強く、利己的な傾向にありますが、進取の気性で美的センスに恵まれています。

❷垂れ目は温厚で人がよい

垂れ目［図50-2］とは目尻が下がっている目のことです。性格は温厚で人柄がよく、誰からも好かれます。苦労人ゆえに人情の機微に通じ、思いやりがあります。

少し控えめな性格の人が多く、積極性には欠けますが、協調性を持ちユーモアにあふれ、社交性があります。

上がり目

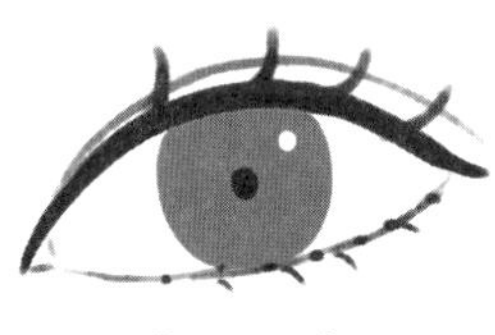

［図50-1］

垂れ目

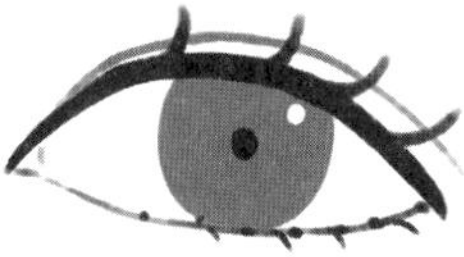

［図50-2］

三白眼の人・四白眼の人など

❶三白眼は思い込みが強く執念深い

三白眼には二種類のタイプがあります。上三白眼［図51-1］は、上まぶたと黒目との間が白く見える目です。理想が高く、物やお金に執着が強い傾向にあります。協調性に欠け、利己的ですが、冷静な性格です。執念深さが災いし、人に嫌われやすく孤立しがちです。

下三白眼［図51-2］は下まぶたと黒目との間が白く見える目です。他人に対する思いやりに欠ける部分があり、平気で人を裏切ったり、迷惑をかける行動をとったりすることもあり、嫌われやすい側面も。思い込みが強く、常に自分のほうが正しいと信じているタイプです。

女性の三白眼に不思議な色気があるのは、サディスティックな傾向にあり才気が見えるからです。［図51-1］

❷四白眼は冷酷でずる賢い

四白眼［図51-3］は上下のまぶたと、黒目との間が上下ともに白く見える目です。頭はずば抜けてよいのですが、冷酷でずる賢く、目的のためには手段を選ばない面があります。平気で人を裏切ることも。

上三白眼

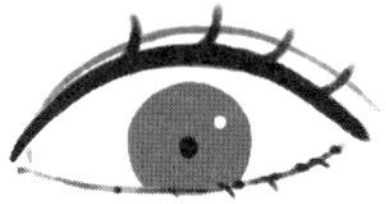

[図51-1]

下三白眼

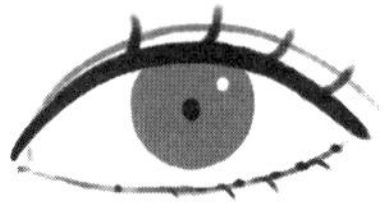

[図51-2]

四白眼

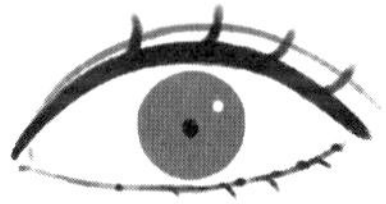

[図51-3]

❸アンバランスな目を持つ人は偏屈

左右の目の大きさや形が極端に違うアンバランスな目を持つ人は、性格も偏屈で偏っていることが多いでしょう。好き嫌いの感情が激しく心が不安定で気分にムラが多く、利己的で強情なタイプと言えるでしょう。

❹寄り目は集中力がある

目が寄っている人は強い集中力を持ち、情熱的で行動力があります。

また、人の心を素早く見抜き、嫉妬心の強いところもあります。

瞳の大きさと色

❶大きい瞳は明るく積極的なタイプ

瞳（黒目）が大きい【図52-1】（78ページ参照）人は心や情感が豊かで、明るく開放的で積極的な性格です。反対に瞳が小さい【図

瞳が大きい

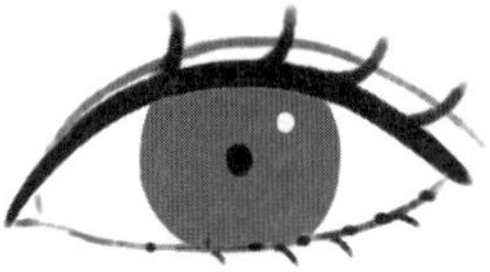

［図52-1］

瞳が小さい

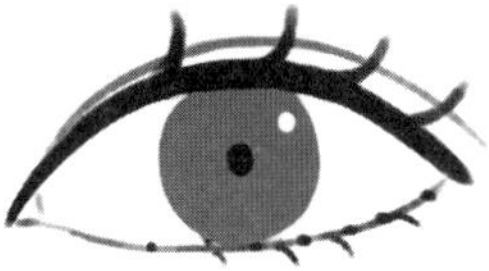

［図52-2］

52-2】人は、慎重で用心深く、陰気で消極的ですが、意志は強く利己的な性格です。

❷黒い瞳は真面目である

黒く大きな瞳の人は真面目で、思慮深く純粋で情が細やかです。性格も円満で常識的で素直です。黒く小さな瞳の人は、人を圧する迫力があることからもわかるように、気性が激しく利己的で執念深い性格でしょう。

❸茶色の瞳は茶目っ気がある

茶色の瞳の人は茶目っ気があり、陽気で快活です。ユーモアにあふれた楽しい人です。しかし、せっかちで軽薄なところがあり、調子がよく性格も派手です。色彩感覚は黒い瞳の人より茶色の瞳の人が優れています。

瞳の位置と意志の強さ

❶瞳が真ん中に位置している

まっすぐ前方を見ている時、瞳が目の真ん

中（水平眼）にあれば、標準的な位置にあります【図53-1】。この目の人は、バランスがとれた常識豊かで円満な性格で、社会生活も順調に大過なく過ごせます。

❷瞳が上まぶたに隠れている

瞳が上まぶたに隠れている【図53-2】人は、心が希望にあふれ、向上心が強く、意志も強固です。

負けず嫌いで、野心を持ち、積極的な人生を送る人です。

❸瞳が下まぶたに隠れている

瞳が下まぶたに隠れている人【図53-3】は温和で感情を表に出すことのない優しい人で、消極的な性格です。謙虚ですが、意志が弱いので、他人に振り回されやすいでしょう。

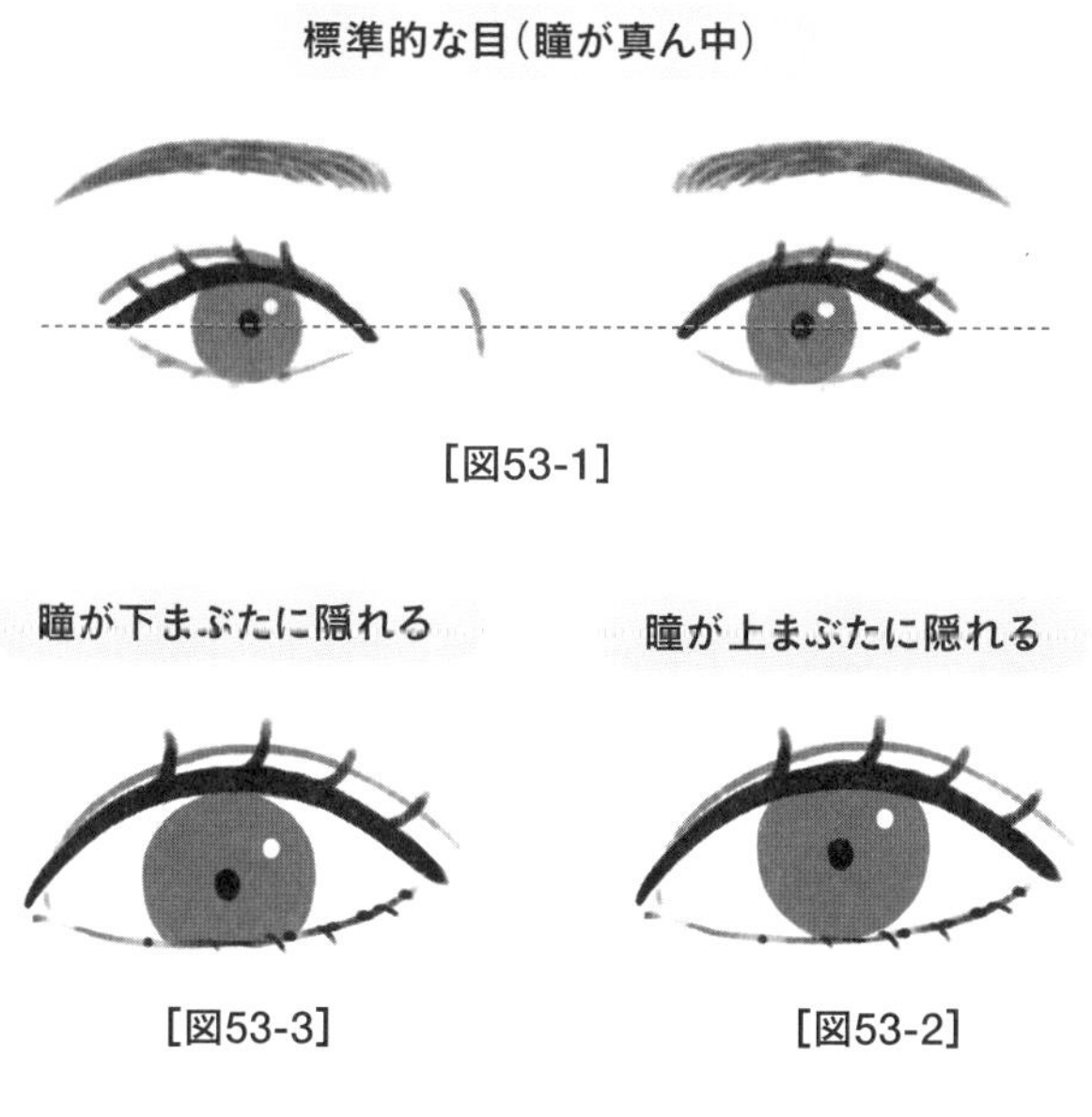

[図53-1]

[図53-3]　[図53-2]

目の輪郭でわかる性格

目の輪郭の微妙な違いが性格を表しています。上まぶたの輪郭の線を三等分して、説明しますので、その見方を覚えてください。

❶目の輪郭の目頭に近い部分が曲線

［図54-1］の目の輪郭でⒶの部分が急カーブして曲線になっている人は、開放的でさわやかな明るい性格です。人柄もよく裏表のない素直な人です。

❷目の輪郭の目頭に近い部分が直線

Ⓐが曲線

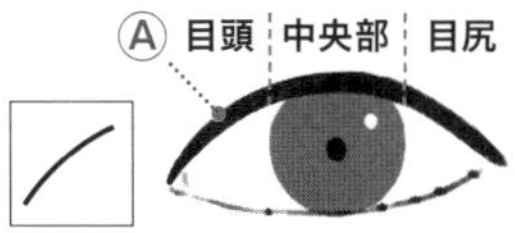

［図54-1］

Ⓑが曲線

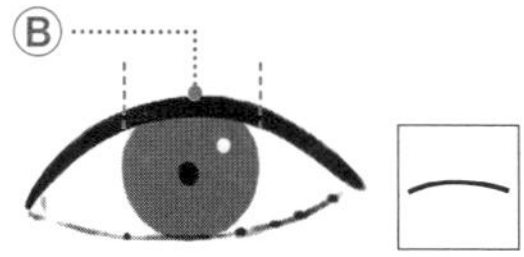

［図55-1］

Ⓒが曲線

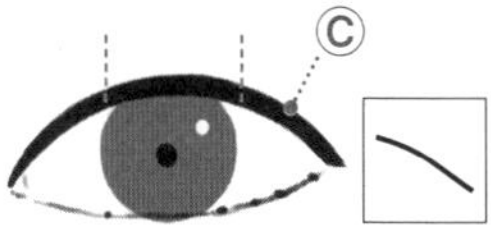

［図56-1］

Ⓐが直線

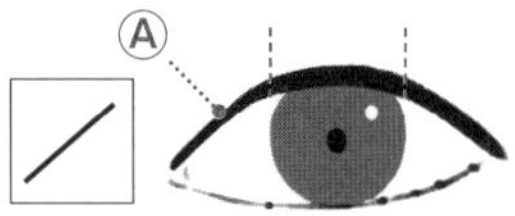

［図54-2］

Ⓑが直線

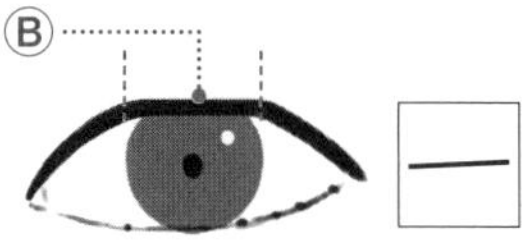

［図55-2］

Ⓒが直線

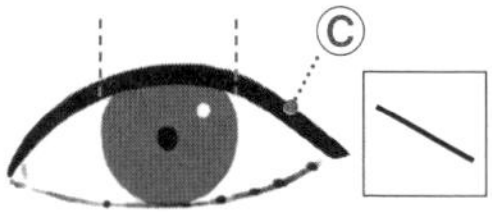

［図56-2］

目

【図54-2】の目の輪郭でⒶの部分が直線の人は、冷静な性格で計算高く、打算的です。直感的に本質を見抜き、策をろうするタイプです。

❸目の輪郭の中央部が曲線

【図55-1】の目の輪郭でⒷの部分が丸く上に上がるほど、ぱっちりした目になります。この部分が丸く曲線であれば、さわやかで明るく純情で、人柄がよく素直な性格です。表現力が豊かで、美的感覚に優れ、芸術的な才能を発揮します。

❹目の輪郭の中央部が直線

【図55-2】の目の輪郭でⒷの部分が水平で直線に近ければ近いほど、合理的、打算的、現実的な性格です。金銭感覚に優れ、冷静に生きるタイプであり、その性格から人に馴染むことがあまりないようです。

❺目の輪郭の目尻に近い部分が曲線

【図56-1】の目の輪郭でⒸの部分が丸みのある曲線の人は、わがままで個性的です。生命力にあふれ、積極的に人生を楽しむことが好きで、またそれを上手にできる人です。

❻目の輪郭の目尻に近い部分が直線

【図56-2】の目の輪郭でⒸの部分がなだら

かで直線に近い人は、スタミナがなく消極的で、成り行き任せにしがちなタイプです。

目と眉の間が広い人・狭い人

目と眉の間が広い

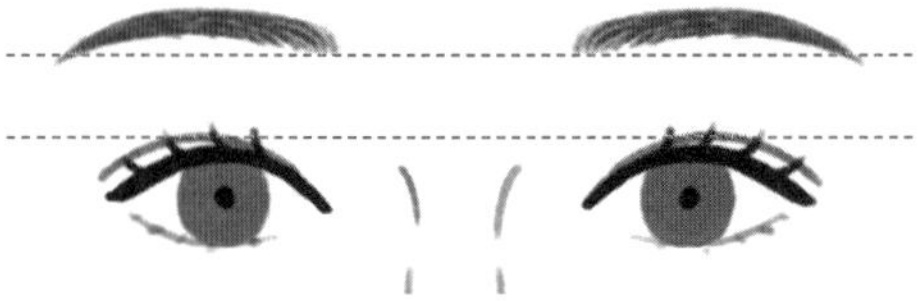

［図57-1］

目と眉の間が狭い

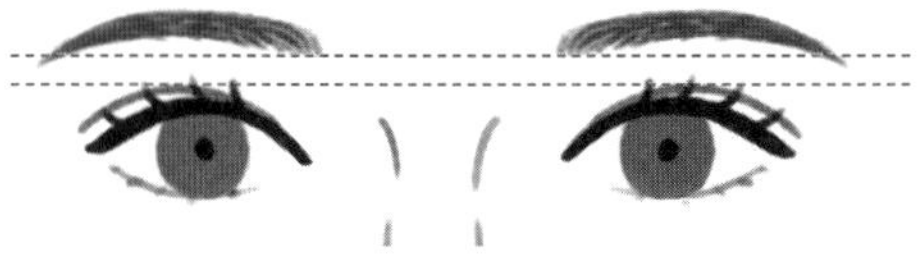

［図57-2］

❶目と眉の間が広いと人気がある

目と眉の間（田《でん》宅《たく》宮《きゅう》）が広い【図57-1】人は、目上の人や友人など周囲の人の力によって人生を切り開いていくことができます。性格はおおらかで、交際範囲が広く、話題が豊富な人気者です。

田宅宮が広く豊満な女性は色気があるため、玉の輿に乗ると言われています。

❷目と眉の間が狭いと気が短い

目と眉の間が狭い【図57-2】人は自分の力でコツコツと独立独歩、人生を切り開いていく人です。性格は真面目で、神経が細やかで几帳面です。

気が短いところがあり、親の遺産を受け継ぐことがあっても、ギャンブルなどで財産を失う人もいるでしょう。

眼光が鋭い人・眼光が鈍い人

❶眼光が鋭いと頭の回転が速い

眼光が鋭い人は感覚が鋭く、頭の回転も速いでしょう。行動が俊敏で、神経はデリケートです。人の感情の動きをつかむのが速く、相手の状況に対応できます。知能の働きも優れ、知識が豊富で、意志も強固です。欠点はすぐ感情的になり、激しやすいことです。

眼光が人を射るほど鋭い人は、自己の利害を優先し、他人に対する思いやりに欠けがちなところも。人の意見を聞くふりはしますが、実際は聞き入れていないなんてこともあるでしょう。気性が激しく独善的な傾向があり、強烈な個性を持っているでしょう。

❷眼光が鈍いとマイペースである

眼光が鈍い人は五官の働きが鈍いので、全体的にスローペースな傾向にあります。感覚も自分らしさを重視し、周囲の人からの影響も受けず、マイペースで生きる楽天的な性格です。

目と目の間の高さ・色艶と間隔が広い人・狭い人

目と目の間を十二宮では疾厄宮《しつやくきゅう》と言い、指二本が入れば標準の幅です【図58-1】。ここは鼻の付け根なので、山根《さんこん》とも言います。

❶目と目の間が高く、色艶よいと長寿

山根が高めで豊かであれば、財運もよく幸せであり、色艶ともによければ長寿です。山根がくぼむ、あるいは筋や痕がある場合は胃腸に持病があり、色艶が悪いと悩みが多いと言われています。

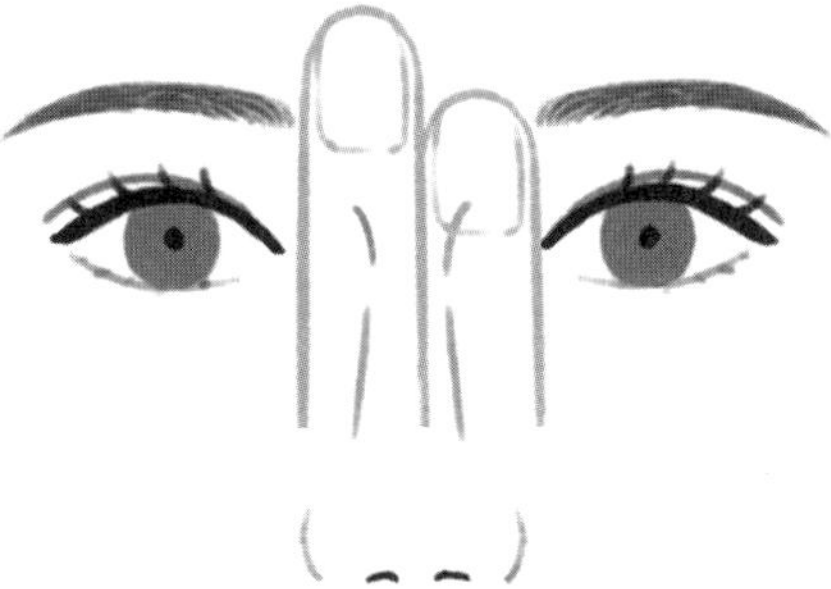

【図58-1】

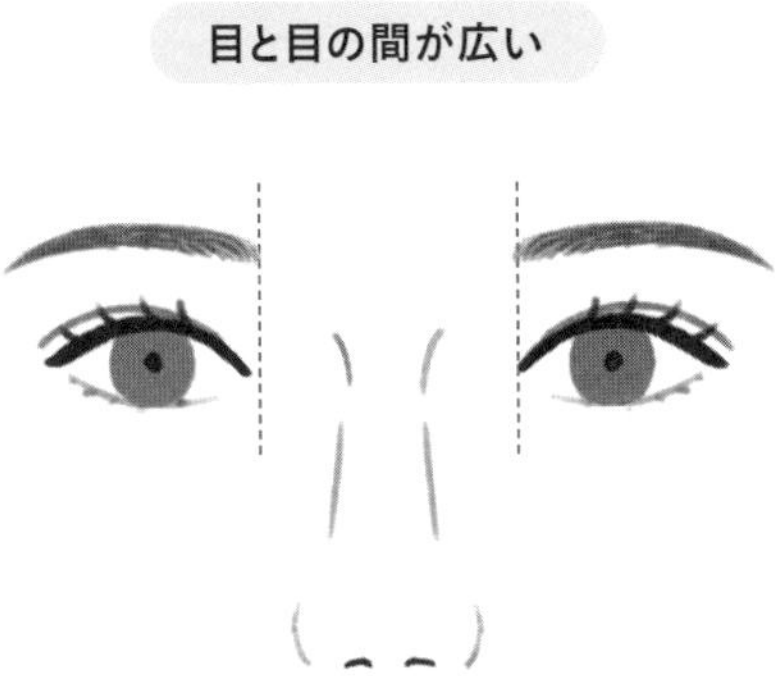

【図58-2】

❷目と目の間が広いと楽天的である

目と目の間が広い【図58-2】人は明るくおおらかな性格で楽天的です。派手で信念と持続力に欠けますが、人と協調できるというよい面があります。大ざっぱですが、大局的見地に立ち、大きな仕事ができます。ただ、広すぎる人はおおまかすぎるでしょう。

❸目と目の間が狭いと神経質である

目と目の間が狭い【図58-3】人は神経質ですが、直感的で先見性があり、流行や時代感覚を読むことに優れています。機を見るに敏で、状況判断が速く、行動力があります。口も達者で世渡りのうまい合理主義者です。取り越し苦労が多いのが欠点です。

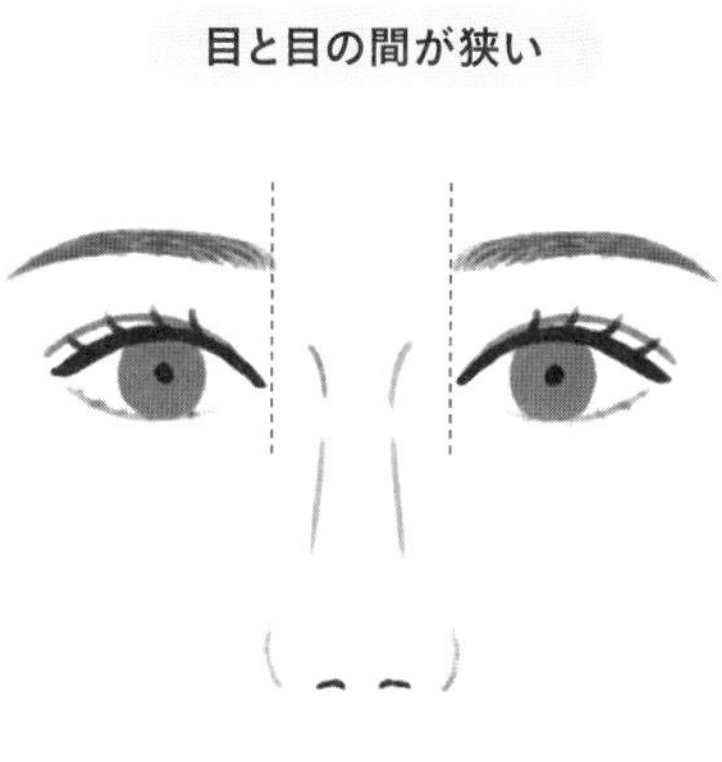

[図58-3]

目の下の肉がふくらんでいる人・くぼんでいる人

目の下の骨のないところで袋状になった部分を涙堂《るいどう》と呼び、十二宮では男女宮と言います。この部分は、男女の交わりとその結果である子ども運や精力の強弱を見ます。

❶目の下の肉がふくらんでいると精力が強い

目の下の肉が袋のようにふくらんで引き締まり、肉付きのよい【図59-1】人は、体力があり性ホルモンの分泌もよく、生殖機能が発達しています。性生活も充実し健康で、よい子どもに恵まれます。

❷目の下の肉がくぼんでいると精力が弱い

目の下の肉がくぼんでいたり【図59-2】、

目の下の肉がふくらんでいる

【図59-1】

目の下の肉がくぼんでいる

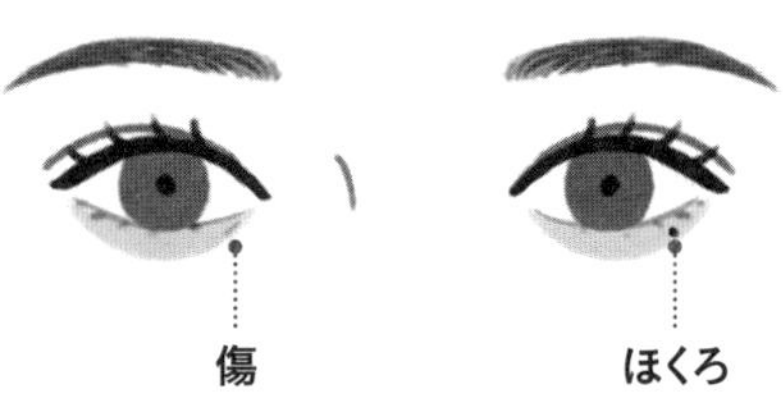

【図59-2】

【図60】

ほくろ、傷、横しわがある人は男女ともに配偶者に縁が薄いと言われています。また、子どもとの縁も薄く、子どもがいても親の力にはなりません。

下まぶたの肉がある人・ない人

下まぶたの肉が3ミリから3・5ミリの幅でぷっくりとふくらんでいる部分【図60】を臥蚕《がさん》と呼びます。この部分で性ホルモンの分泌、性の強弱について見ます。

❶下まぶたの肉があると性的魅力がある

下まぶたの肉がぷっくりとふくらんでいる人は精力が強く、性的魅力があるため、異性から口説かれ、もてるタイプです。この部分が特にぷっくりとふくらんでいる人は性に積極的で、異性関係が乱れる人もいます。また、笑うと下まぶたの肉が3ミリくらいの幅でぷっくりとふくらむ人も性ホルモンの分泌がよく、ほどほどの精力があります。

❷下まぶたの肉がないと精力が弱い

下まぶたの肉がない人は精力があまり強くありません。しかしこの部分がふくらんでいなくて平らでも、皮膚の色艶がきれいならば、性生活も順調で子どもにも恵まれます。

目尻の部分の肉付きが豊かな人・肉付きがない人

目尻の部分【図61】は魚尾《ぎょび》、または奸門《かんもん》とも呼びます。十二宮では目尻から耳に向かって指二本くらいの部分を指して妻妾宮《さいしょうきゅう》と言い、配偶者や愛人との関係を判断します。

❶目尻の部分の肉付きが豊かだとよい配偶者に恵まれる

目尻の部分が血色もよく豊かな肉付きの人は、よい配偶者に恵まれ、愛情にも満ち足りて幸せな結婚生活が続きます。

しかし、この部分の肉が豊かすぎる人は性的欲望や愛情が強すぎて、異性を傷つけたり、結婚しても配偶者の精力を抜き取ったりすることになります。

❷目尻の部分に肉付きがないと配偶者と縁が薄い

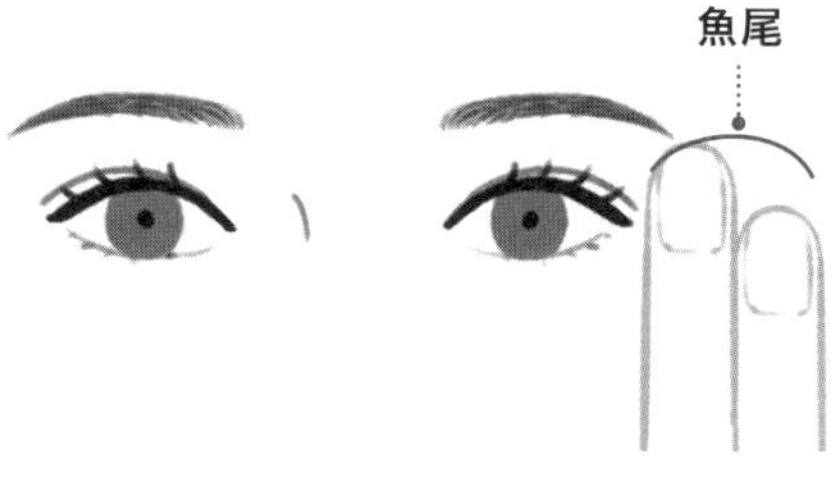

【図61】

目尻の部分に肉付きがなく、くぼんでいる、黒ずんでいる、ほくろやあざ、青筋のある人は配偶者と縁が薄かったり、病身であったりと何かと心配事を抱えています。

しかし、この部分は中年以降や、更年期になると若干のしみなどができやすいので、さほど気にしなくてもよいでしょう。

一重まぶたの人・二重まぶたの人

❶一重まぶたは消極的な性格である

一重まぶた【図62-1】の人は観察力、集中力があり、冷静で論理的です。消極的で口数も少なく、慎重、細心で思慮深い性格です。頑固で意志も強く持続力があるでしょう。

❷二重まぶたは積極的な性格である

二重まぶた【図62-2】の人は行動が機敏で積極性があります。直感的で感情が豊かです。情熱的で明るく、順応性、協調性も持ち合わせています。

色彩や味覚の感覚に優れ、おしゃれで社交性があります。

一重まぶた

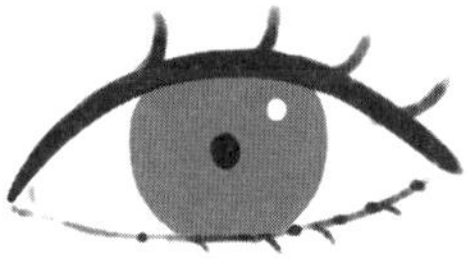

［図62-1］

二重まぶた

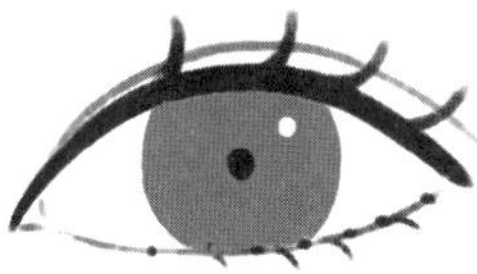

［図62-2］

［コラム］2

年を重ねて人相がよくなっていく人、悪くなっていく人（前編）

■四十歳を過ぎたら〝顔はその人の履歴書〟

年を重ねて人相がよくなっていく人と、悪くなっていく人がいますが、その違いはどこにあるのでしょう？

人相が年々よくなっていく人たちの共通点は、立ち居振る舞いが美しくさわやかで明るく落ち着いた雰囲気。言葉遣いも丁寧で誠実、思いやりの心がにじみ出ているところです。また、幼い頃に苦労を重ねている人も、他人を理解でき、その人の身になってともに生きていける人だと思われます。英語で言うところの「エンパシー」が強い人です。そういった利他の心が強く、自分より他人のことを優先する、「我」の少ない人たちは、男女ともに豊かな福相をしています。つまり、生き方が顔を作ると言えます。

■人相に反映されていく「業」の深さと「我」の強さ

生き方には「業」と「我」も影響します。前世（過去世）の罪障《ざいしょう》や行いの結果は、今世（現世）に「業《ごう》」として現れます。その「業」が持って生まれた宿命で、性格にも表れてきます。人生の出発点は「業」の深さ・浅さによって違ってくると言えます。地獄の生命状態の人もいれば、修羅の生命状態で人と争うことが何より好きな人もいるということです。生まれつき頭がよい人もいれば、思いやりが深い人、健康な人や病弱な人、お金に恵まれる人や恵まれない人もいます。これが一人ひとりの「業」の違いです。

そして、この業とともに性格を作っているのが、「我」です。「我」が強い人は、どうしても利己的な性格になります。この「業」と「我」をふまえて、どれだけ人格形成をするかで人生は決まっていくと言えます。

（後編１３０ページに続く）

第四章

「鼻」で自我と体力、金運を見る

小鼻の肉付きや鼻の穴に注目して財運などを見る

鼻は五感のひとつである嗅覚をつかさどっています。太古には嗅覚が大切な感覚でした。異性の発情期を知り、猛獣の臭いを嗅ぎ分け、身の危険を察知したのです。

鼻は身体の器官で言えば、呼吸器の入り口です。鼻の穴（鼻孔《びこう》）が大きければ大きいほど肺活量が多い人です。鼻が太い人は背骨の骨格も太く、消化器も丈夫な人と言えます。

人相学では鼻頭（準頭《じゅんとう》）は自己を表し、小鼻は別名、金甲《きんこう》とも言い、お金をしまっておく金庫の意味です。小鼻が丸く張っていて色艶がよければ、他人の協力を得て、金庫にお金が入り金銭的に豊かになります。鼻頭は攻撃性、闘争心を表し、小鼻は用心深さや防衛力を表します。

鼻頭と小鼻とのバランスがとれていれば、攻撃と防御のバランスがとれていることを意味し、人生で大きな失敗をしなくてすみます。鼻は十二宮では財帛宮《ざいはくきゅう》と言って、財運を見ます【図63】。

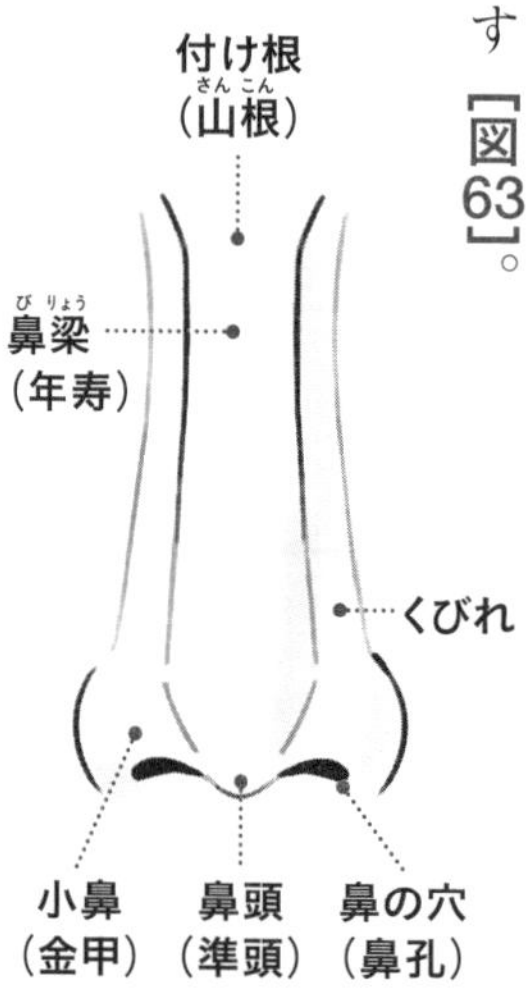

【図63】

鼻が長い人・短い人

鼻の標準の長さは、顔を三等分した長さ、もしくは耳の長さです。長い鼻か短い鼻かはこれを基準に見ます【図64-1】。

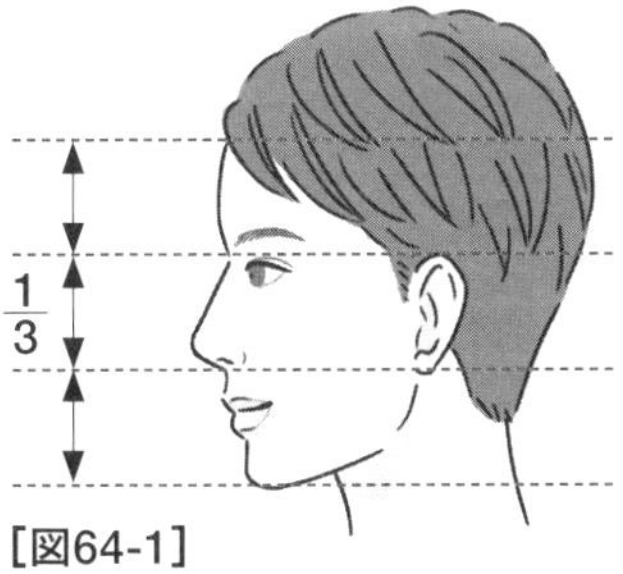

[図64-1]

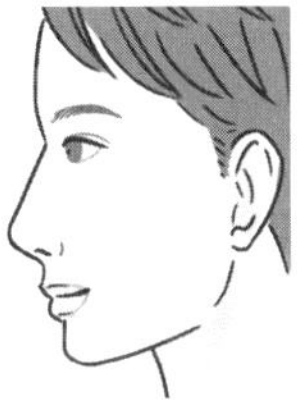

[図64-2]

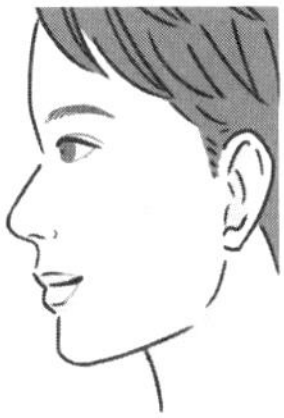

[図64-3]

❶鼻が長いと几帳面で真面目である

鼻が長い【図64-2】人は几帳面で真面目な性格です。腰を据えてじっくりと物事に取り組み、思慮深く責任感の強い人です。

しかし、頑固で柔軟性や融通性に欠ける面があるでしょう。

❷鼻が短いと明るく開放的である

鼻が短い【図64-3】人は明るく開放的ですが、プライドに欠け依頼心が強い性格です。軽率で不誠実、短気で雑な面があると見ます。愛嬌はよいのでサービス業などに向いているでしょう。

鼻が高い人・低い人

❶鼻が高いとプライドが高い

鼻が高い【図65-1】人は冷静で個性が強く、プライドも高い自信家です。常に積極的に物事に取り組み、向上心があります。お金よりも地位や名誉に執着する傾向が強く、理想主義者です。

❷鼻が低いと主体性に欠ける

鼻が低い【図65-2】人は人生に対して消極的でプライドも低く、主体性に欠け、他人

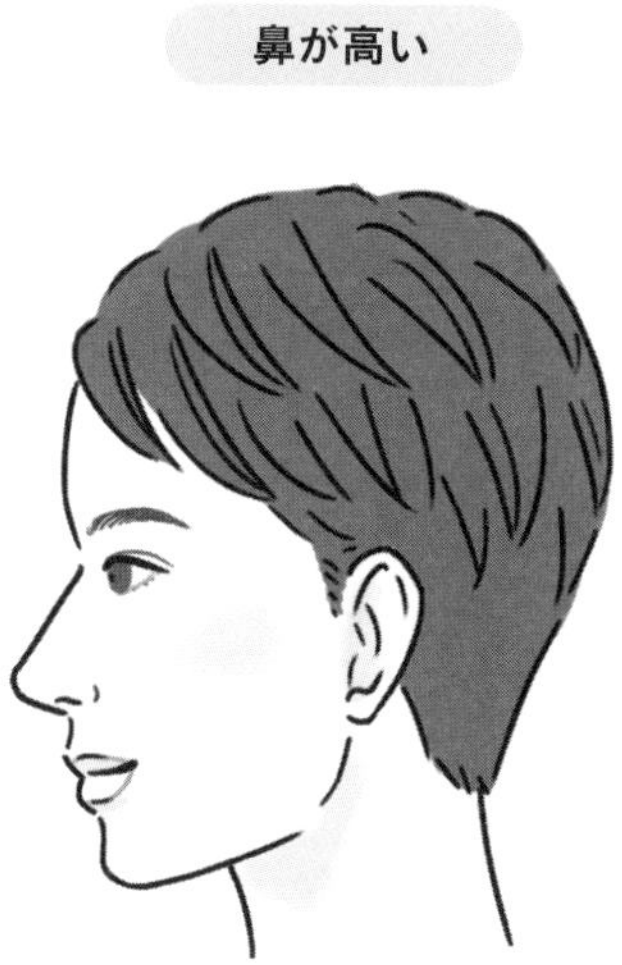

[図65-1]

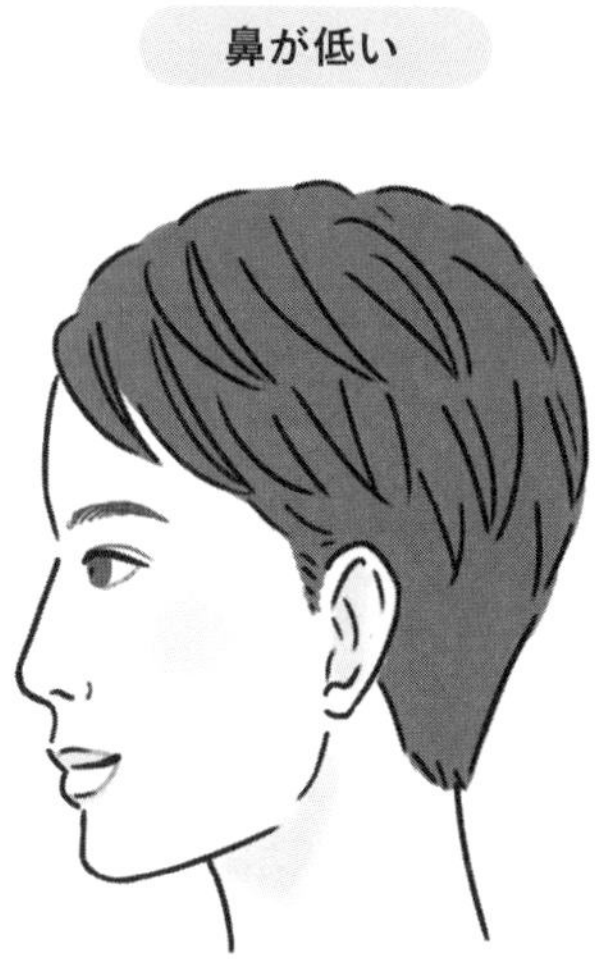

[図65-2]

からの影響を受けやすい傾向にあります。見栄や体裁を気にしない現実家なので、実質的であるが倫理観に乏しい面もあります。

鼻の幅が広い人・狭い人

❶鼻の幅が広いと体力的に恵まれる

鼻の幅が広い【図66-1】人は骨格も太く、体力的に恵まれています。積極的な性格で、意志が強く、忍耐力、度量もあり、円満温厚で思いやりが深い性格です。

物質欲、金銭欲、食欲、性欲が強い本能的な人で、健康、財力に恵まれます。

❷鼻の幅が狭いと繊細である

鼻の幅が狭い【図66-2】人は骨格も細く、少しわがままで、消極的な性格です。繊細さを持ち神経質なため取り越し苦労が多い人です。

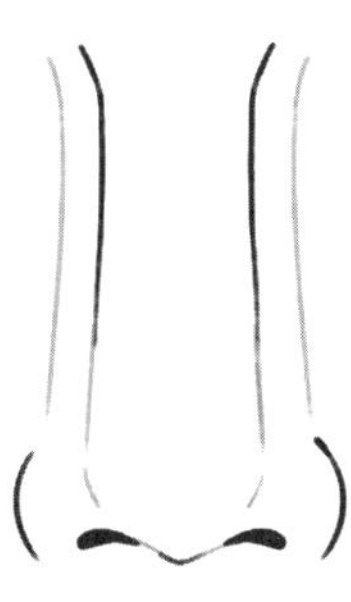

【図66-1】

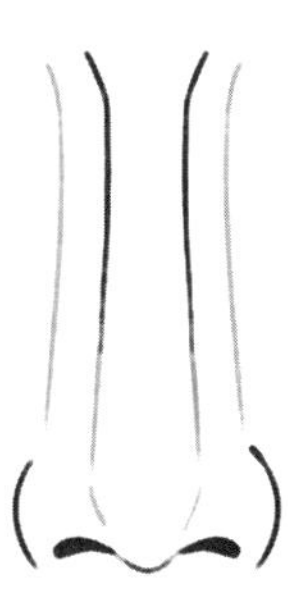

【図66-2】

度量はあまりありませんが、真面目で誠実、知的で常に理性的です。地位や名誉にこだわる傾向はありますが、お金には執着がなく、また縁もなさそうです。呼吸器、消化器が若干弱く、スタミナに欠ける傾向があります。

鼻頭が丸く肉付きが厚い人・尖って肉付きが薄い人

❶鼻頭が丸く肉付きが厚いと財運に恵まれる

鼻頭（準頭）が丸く肉付きが豊かで【図67-1】色艶のよい人は、名誉心が強く情も豊かで思いやりがあります。

円満温厚な性格で人間関係も上手にこなし、人に好かれます。体力、気力、実行力があるため財運にも恵まれます。

❷鼻頭が尖って肉付きが薄いと持久力がない

鼻頭が尖って肉付きの薄い【図67-2】人は真面目ですが、短気でプライドが高いと見ます。知的かつ美的感覚に優れ、器用ですが、地位や名誉に執着する見栄っ張りな性格です。

神経質で持久力がなく、スタミナ不足で疲れやすい体質です。人間関係もぎくしゃくし、金銭にもあまり恵まれないようです。

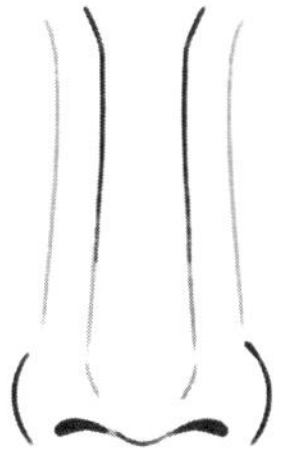

[図67-1]

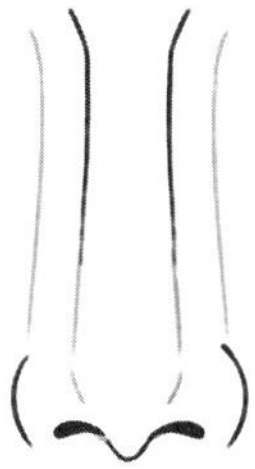

[図67-2]

小鼻が張っている人・いない人

❶小鼻が張っていると人間関係をうまくこなす

小鼻が張っている【図68-1】人は、他人と親しく交わることが好きで、世情にも通じていて、人間関係を上手にこなします。実務能力に優れ、実利的な生き方をします。野性的で精力にあふれ、体力もあるため、よく働き、他人に助けられて、お金にも恵まれます。

❷小鼻が張っていないと持久力に欠ける

小鼻が張っていない【図68-2】人は、知的かつ感性が豊かで繊細です。

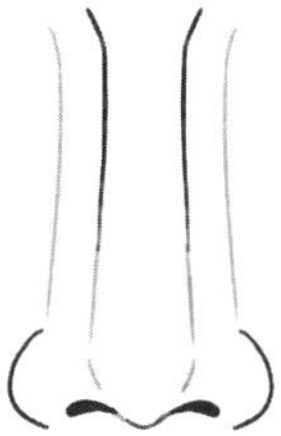

[図68-1]

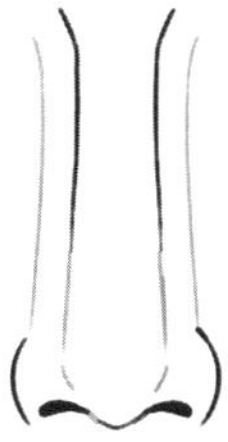

[図68-2]

プライドが高く、世間体を気にするタイプです。生殖器、呼吸器が弱い傾向にあり、持久力が欠けがちです。仕事上でも最後までやり通せず挫折しやすく、他人の協力もあまり得られません。自力でがんばることになり、お金にも恵まれない面がありますが、知的な仕事に就くことで運が開けます。

鼻の穴が上を向いている人・下を向いている人

❶鼻の穴が上を向いていると自己中心的である

鼻は自分自身を表します。鼻の穴が上を向いている【図69-1】人は、他人に対して開けっ広げに自分をさらけ出す性格と言えるでしょう。開放的で明るく社交性もあり、人柄もよいのですが、自己中心的なところがあります。人に奢《おご》る癖があるので、浪費して、お金は残りません。鼻が上を向くに従ってこれらの傾向が強くなります。

❷鼻の穴が下を向いていると秘密癖がある

鼻の穴が下を向いている【図69-2】人は常に冷静ですが、陰気で閉鎖的な性格をしています。慎重で用心深く、秘密癖を持ち、自分の心を読まれることをとても嫌うため、交

鼻の穴が上を向いている

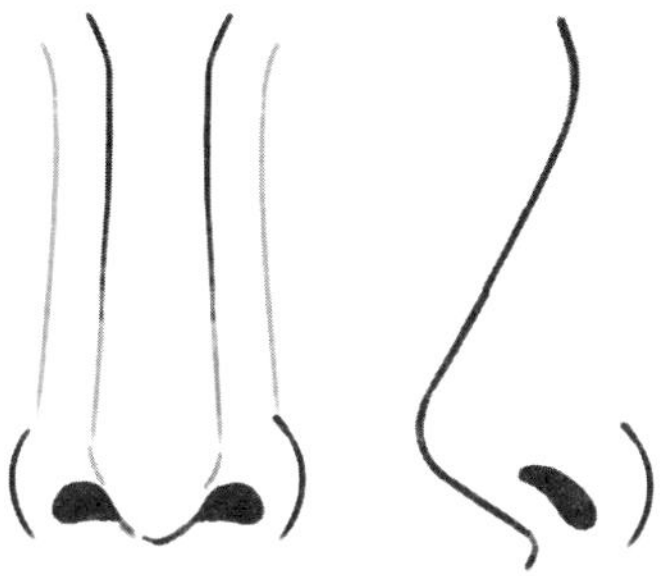

［図69-1］

鼻の穴が下を向いている

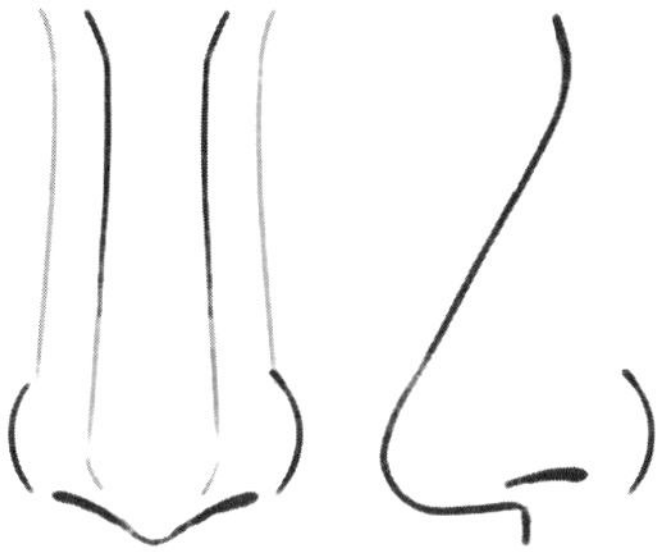

［図69-2］

際範囲も狭いでしょう。

金銭的にも締まり屋で、無駄金は絶対使わないタイプです。これらの傾向は鼻が下を向けば向くほど強くなります。

鼻の穴が大きい人・小さい人

❶鼻の穴が大きいと浪費家である

鼻の穴が大きい［図70-1］（100ページ参照）人は性格も明るく開放的で、心が豊かですが、物事に対するとらえ方は大ざっぱです。金銭面については交際範囲が広いため、出費も多いですが、入るものも多いでしょう。

鼻の形

❶ローマ鼻は個性が強く負けず嫌いである

ローマ鼻【図71-1】は「段鼻」「帝王鼻」とも言い、鼻梁の中程より上が段のように高くなった鼻のことです。この鼻を持つ人は、攻撃的な性格で個性が強く、負けず嫌いです。独立心が強く勇気と強固な意志を持ち、実行力にも優れています。

運は強くとも、気難しさゆえに波乱が多く転職を繰り返す傾向も。女性でこの鼻を持つ人は、家庭と仕事を両立させるタイプです。

❷鼻の穴が小さいと貯蓄する

鼻の穴が小さい【図70-2】人は器が小さく臆病で用心深い性格です。お金の出入りは少なく、よく貯蓄するタイプです。極端に鼻の穴が小さい人は締まり屋のところがあり、愚痴が多く、ずるい面もあります。

鼻の穴が大きい

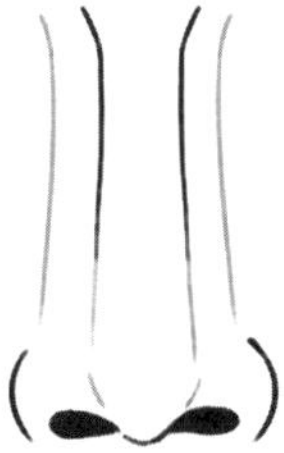

[図70-1]

鼻の穴が小さい

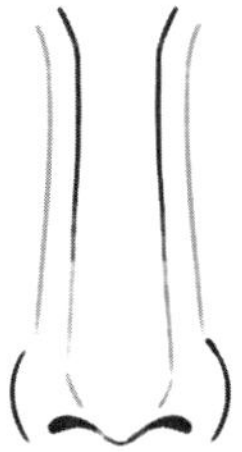

[図70-2]

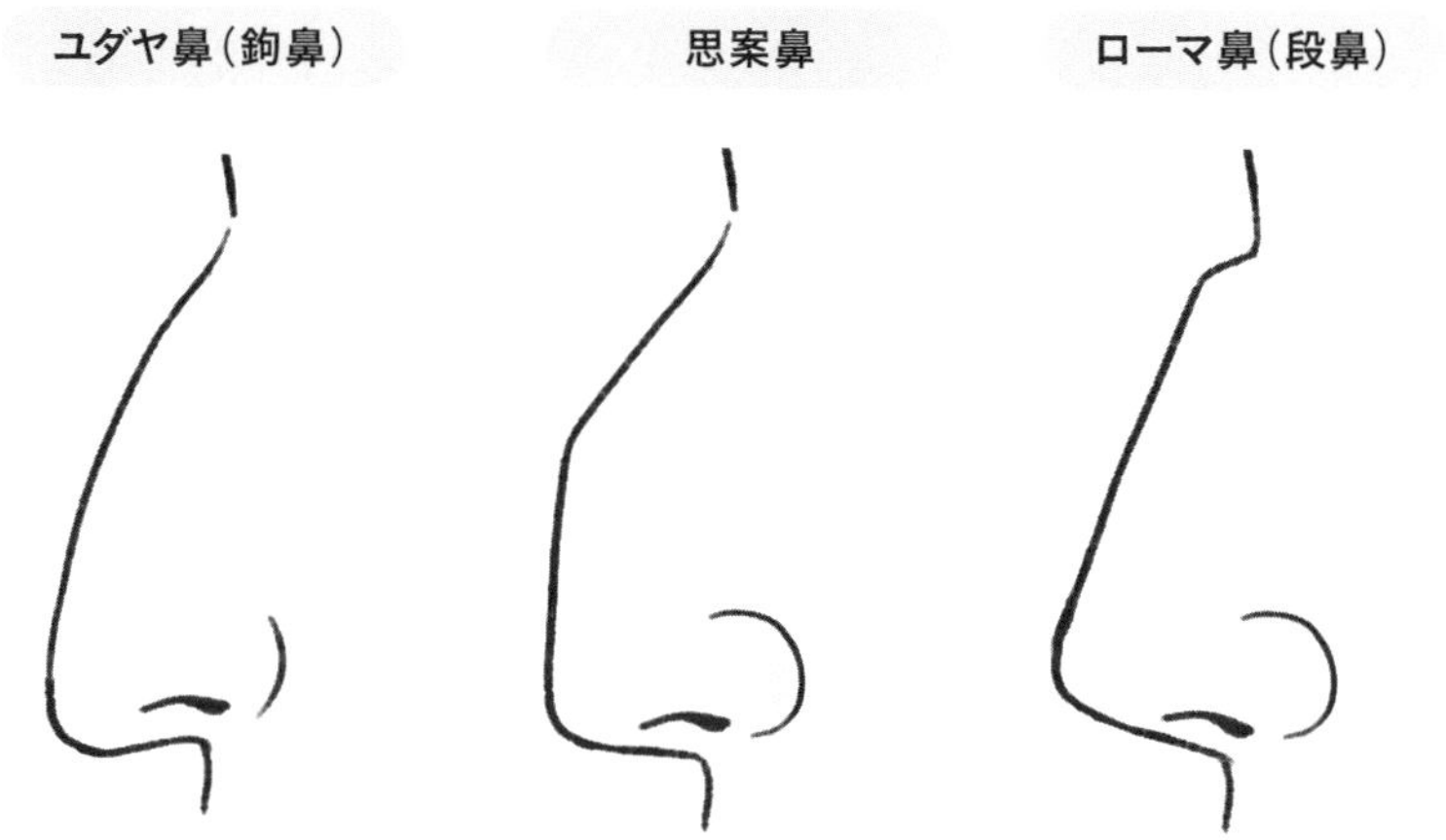

［図71-3］　［図71-2］　［図71-1］

❷思案鼻は義理人情がある

思案鼻【図71-2】は鼻梁がローマ鼻より少し下のところの段が高くなっている鼻のことです。この鼻を持つ人は感受性が強く、思慮深い性格で、緻密で防御本能がとても強いタイプです。

人の世話を焼くのが大好きで、おせっかいな面があります。義理人情に厚く、感情家ですが、金銭的にはあまり恵まれません。

❸ユダヤ鼻は金儲けが上手である

ユダヤ鼻【図71-3】は「鉤鼻」「袋鼻」「鷲鼻」とも言い、ユダヤ人のお金持ちに多い鼻のことです。鼻頭が垂れ下がっているのが特徴です。

この鼻を持つ人は時代の流れを素早く見抜く直感力を持ち、世情に通じていて商売や金儲けに長けています。

金銭欲が人一倍強いため財産を残す人が多いようです。冷酷で打算的な性格を持ち、利己的ですが、忍耐強く、貞操観念の強いのが特徴です。

❹ギリシャ鼻は上品で優雅である

ギリシャ鼻【図71-4】は「君子鼻」「芸術鼻」と言い、鼻筋がきれいに通った鼻のことです。この鼻を持つ人は恵まれた環境に育った人が多く、上品でプライドが高く優雅さがあります。

知性や教養を自然に身につけている上に、向上心が強く、人格形成に努力するタイプです。美的感覚にも優れている頭脳明晰な人です。

❺天《てん》胆《たん》鼻は大胆な性格である

天胆鼻【図71-5】は鼻の付け根（山根）が高く、鼻梁は太く、小鼻が横に張った男性的で立派な鼻のことです。

この鼻を持つ人は性格も男性的で、度胸があります。

頭がずば抜けてよく、割り切った思考で大胆な行動をとります。頑固ですが、器用で、持続力、体力に恵まれています。

ギリシャ鼻（君子鼻）

［図71-4］

天胆鼻

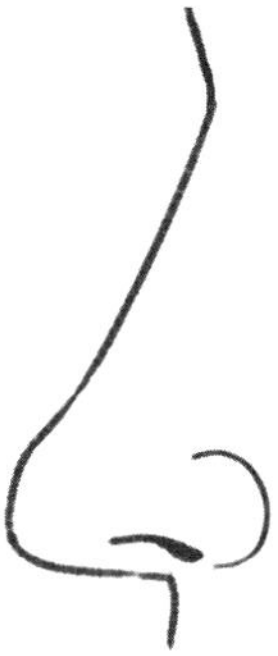

［図71-5］

団子鼻

［図71-6］

獅子鼻

［図71-7］

❻団子鼻は生活の知恵がある

団子鼻【図71-6】は鼻先が団子の形に見える丸い鼻のことです。この鼻を持つ人は食欲、性欲、物質欲が強く、自分の本能に素直です。

生き方や人間関係は、そつなく上手にこなしていきます。実利的なので、金銭にも恵まれ財産を残します。ただ、現実主義者で、知的・文化的なことにはあまり興味を示しません。

❼獅子鼻は物質欲が強い

獅子鼻【図71-7】は「あぐら鼻」とも言い、鼻の付け根（山根）から鼻梁にかけて低く、鼻頭が上を向いている鼻のことです。小鼻は肉付きがよく、あぐらをかいたように横へと丸く張っています。

この鼻を持つ人は明るく野性的でタフな性格です。しかし、短気で、利己的な性格で思いやりに欠けるところも。物質欲が強いので、よく働いてお金を稼ぎますが、浪費癖があり、貯蓄には縁がないタイプです。

❽子ども鼻は軽薄で人のよいところがある

子ども鼻［図71-8］は、大人になっても小さくて低い鼻のことです。この鼻を持つ人は文字どおり子どものような性格を持つ人で、主体性がなく、意志もはっきりしません。他人に振り回されてはおだてに乗りやすく、精神的・肉体的にも大人になりきれない状態と言えます。性格は明るく人はよいのですが、軽薄な部分もありプライドを持てないタイプと言えます。

子ども鼻

［図71-8］

第五章

「口」で愛情と生命力を見る

口で、行動力、生命力と、意志の強弱、愛情の深さがわかる

口には五官のひとつである「舌」があり、「味覚」を知ることができます。口は言語を発するコミュニケーションの道具であるとともに、生命を維持する消化器の入り口でもあります。口はその大きさや弾力で健康度、行動力、生命力を、口の締まり方で意志の強弱を、また唇の厚《こう》薄《はく》で愛情の深さを見ます。

口の大小は、両目の瞳の内側の線を下に降ろした幅を標準の大きさとして判断します【図72-1】。肉付きはほどほどで弾力があり、引き締まっているほうがよいと言われています。また、上下が同じ厚さか、もしくは上唇

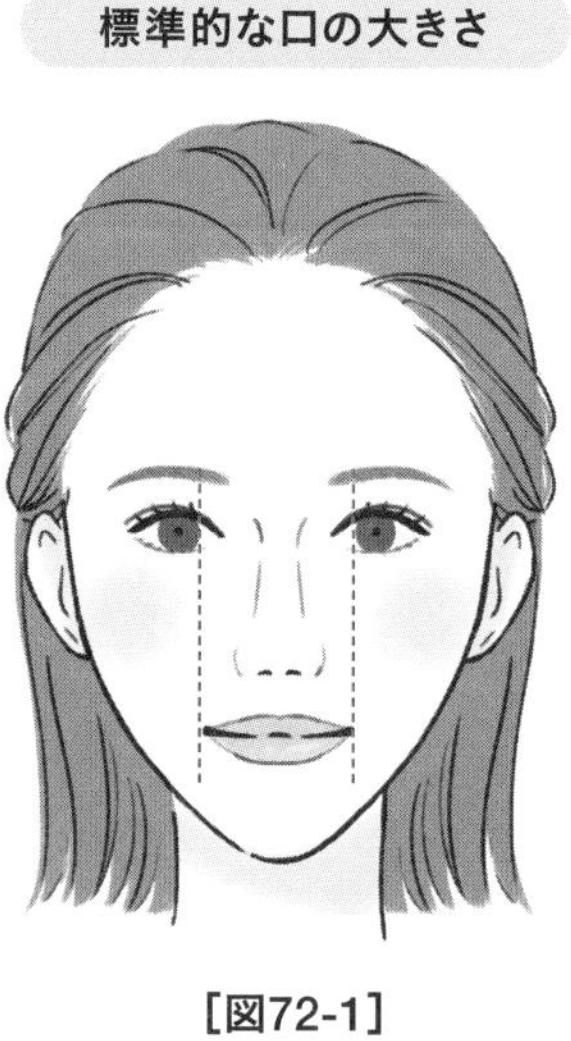

[図72-1]

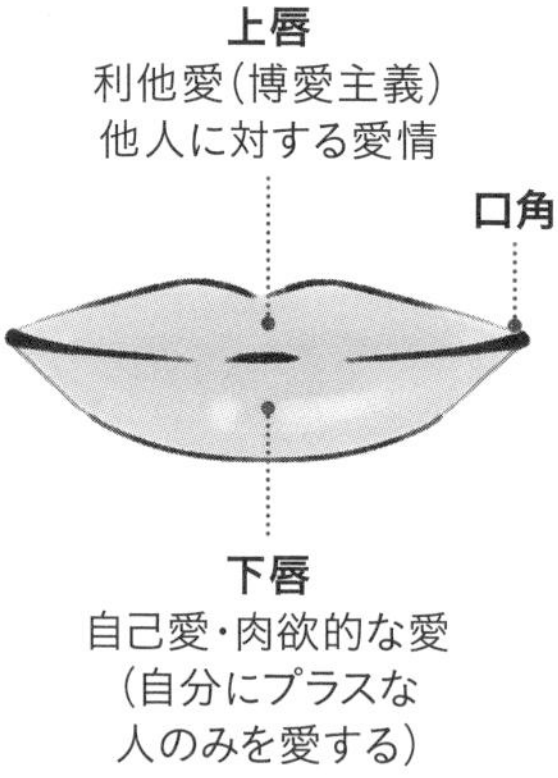

[図72-2]

が少し薄いくらいがよいと言われています【図72-2】。上唇の山形が整っていて、色は淡紅色で美しく、口の輪郭がすっきりしているのが理想的です。

口先は尖らず、へこまず、口角が上がっているほうが望ましいでしょう。口の輪郭がはっきりしていて形がよければ、理性的で意志が強く、貞操観念があります。

口の大きい人・口の小さい人

❶口が大きいと本能や欲望が強い

大きい口【図73-1】の人は夢や希望、志が大きく、本能や欲望も強いタイプです。性格は明るく開放的で社会性を持っています。心も広く、度量があり、生命力にあふれてい

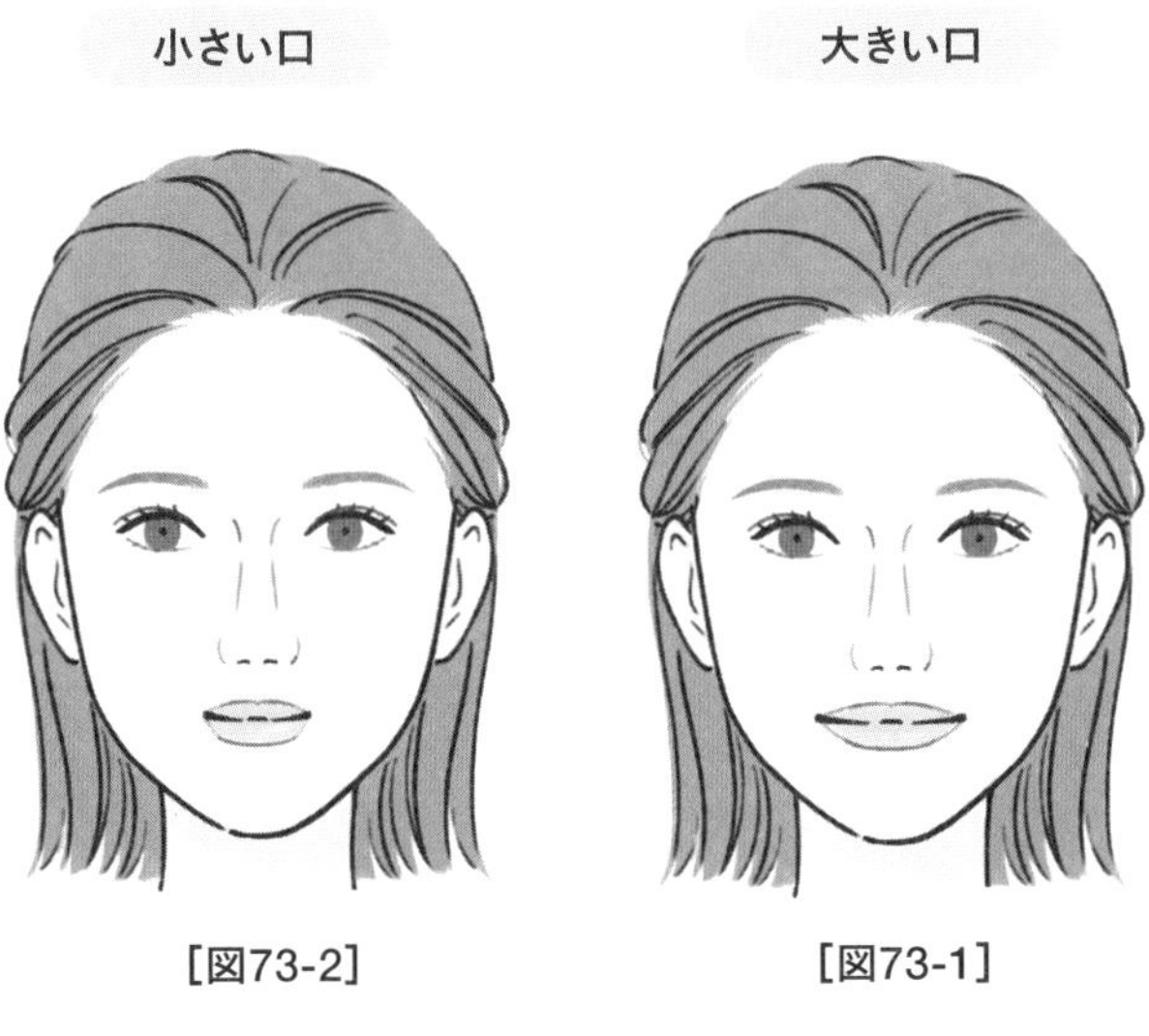

[図73-1]
[図73-2]

ます。指導力、統率力、決断力、行動力が備わり、生活力があるため、金銭的に大いに恵まれます。

❷口が小さいと素直で誠実である

小さい口【図73-2】（107ページ参照）の人は小心で夢や希望も小さいタイプです。頭脳は緻密で知的欲求は強いのですが、神経質で用心深く、取り越し苦労が多い消極的な性格で、実行力はあまり伴わないかもしれません。

しかし、素直で礼儀正しく、几帳面で誠実な人です。美的感覚が鋭く、企画、立案など知的能力を必要とする仕事に適しています。体力はあまりなく、依頼心が強いので、がんばりがきかないことも多いでしょう。

上唇が厚い人・薄い人

❶上唇が厚いと献身的である

上唇が厚い人【図74-1】Ⓐは積極的な性格で、向こう気は強いが、情が深く他人に

厚い唇

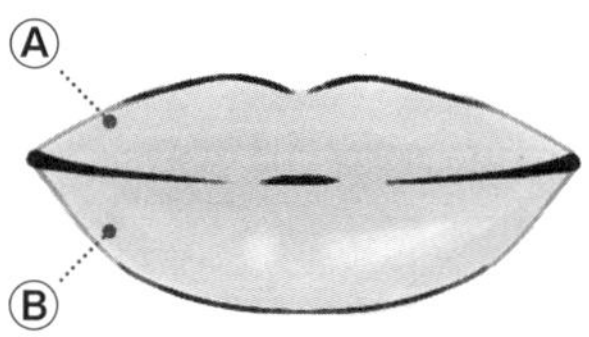

【図74-1】

薄い唇

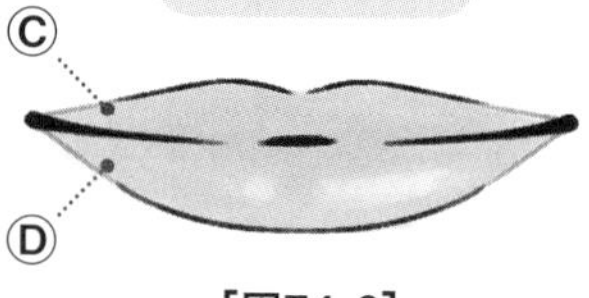

【図74-2】

尽くす献身的な面を持っています。上唇が厚ければ厚いほど、この傾向は強くなります。

食欲や性欲などの本能が強く、優れた味覚を持っています。料理人や感情を込めた歌い方の演歌歌手に上唇の厚い人が多いようです。

❷上唇が薄いと理性的である

上唇が薄い人【図74-2】©は知的ですが、情が淡泊で、異性に対しての思いやりに欠け、愛情表現が下手なようです。

知識欲が旺盛で、要領もよく、冷静に物事を処理します。理性的に考え、行動します。

女性では話し上手か、おしゃべりな人が多いでしょう。

下唇が厚い人・薄い人

❶下唇が厚いと自己中心的である

下唇が厚い人【図74-1】Ⓑは個性が強く自己中心的な性格です。下唇が厚ければ厚いほど、この傾向は強くなります。いつも自分が人々に愛されていないと気がすまないところがあります。

❷下唇が薄いと主体性に欠ける

下唇が薄い人【図74-2】Ⓓは他人の思惑ばかりを気にし、主体性がなく、個性があまりない性格です。下唇が薄ければ薄いほど、この傾向は強くなります。食欲や性欲が弱く、スタミナや生活力もない人が多いようです。

唇の輪郭で性格を見る

唇の形の微妙な違いが性格を表しています。図を見ながらその見方を覚えてください。

❶プライドが高い人

上唇が盛り上がっている【図75-1】人は、プライドが高い人です。美人でスタイルに恵まれているか、頭がよく才能に恵まれている人で、他人を見下す態度をとる傾向があるようです。自信過剰タイプと見ます。

❷愛情が豊かで思いやりがある人

上唇の口角に肉がついている【図75-2】人は愛情が豊かで、すべての人に対して優しく思いやりがあります。

❸常識豊かな人

上唇の左右が直線になっている【図75-3】人は、素直な愛情表現をする育ちのよい人で、節度をわきまえ常識があります。

❹合理的な人

上唇の真ん中が下に向かっている【図75-4】人は、合理的な考え方をします。集中力、記憶力に優れ、頭がシャープです。意志が強くタフな人です。

❺潔癖症の人

下唇の真ん中が上がり気味の人【図75-5】は、デリケートな性格で潔癖性タイプ。真面目ですが、融通に欠け、クールな人です。

唇に縦じわ（歓待紋）が多い人・少ない人

❶唇に縦じわが多いと社交性がある

唇にある縦じわは「歓待紋《かんたいもん》」と言い、まっすぐ整った線が出ることがポイントです。

上唇の輪郭が盛り上がっている

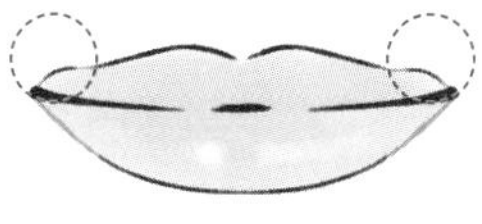

［図75-1］

上唇の口角に肉がついている

［図75-2］

上唇の左右が直線になっている

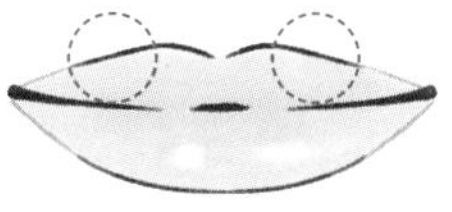

［図75-3］

上唇の真ん中が下に向かっている

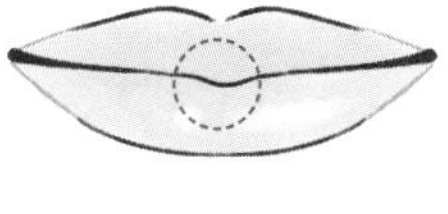

［図75-4］

下唇の真ん中が上がり気味

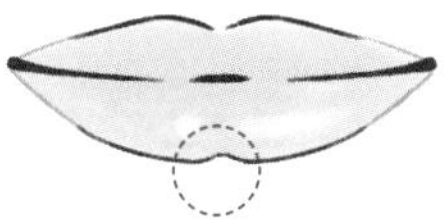

［図75-5］

唇に縦じわが多い【図76-1】人は明るく開放的な性格で、社交性があり、知人、友人、異性に好かれます。また、協調性に富み、苦労を苦労とあまり感じないタイプです。

人を歓待し一緒に飲んだり食べたりしながら、多くの人と人生を楽しむことが好きな人ほど、多くの歓待紋が出ます。

❷唇に縦じわが少ないと打算的である

唇に縦じわが少ない【図76-2】人は冷静で計算高く、打算的な性格と見ます。考え方も利己的で他人に対する思いやりがほしいところです。

人と一緒に飲食するお金さえ無駄と考えるようなところがあり、自然と人間関係も減って孤立していくようです。

縦じわが多い

【図76-1】

縦じわが少ない

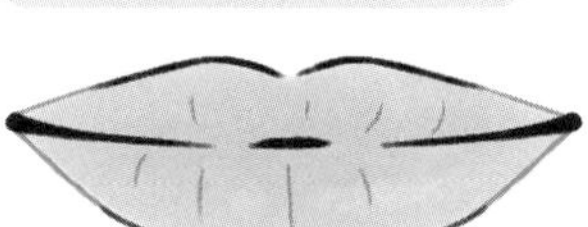

【図76-2】

口の形

❶仰《ぎょう》月《げつ》型は仕事とお金に恵まれる

仰月型の口は「三日月口」とも言い、唇の角が上がっている口【図77-1】のことです。この口を持つ人は、明るく愛情が豊かでユーモアを解し、楽しく温厚円満な性格です。育ちもよく、頭脳明晰で強固な意志を持ちます。行動力もあるため、仕事、お金ともに恵まれる幸せな人です。

❷伏《ふく》月《げつ》型は真面目で頑固である

伏月型の口は「へ字型口」とも言い、唇の角が下がっている口【図77-2】のことです。

この口を持つ人は真面目な性格ですが、気難しくて、陰気な面があるでしょう。偏屈で不平不満が多くなりがちです。

本質的には思いやりがありますが、人に理解されないことが多く、頑固で協調性に欠けることが災いして、人間関係や金銭にはあまり恵まれない傾向にあります。

❸一文字型は意志の強い努力家である

一文字型の口は「真一文字口」とも言い、上唇と下唇を合わせた線が一直線になる口【図77-3】のことです。この口を持つ人は意志が強く、真面目な努力家です。身体も丈夫で健康です。

仰月型 [図77-1]

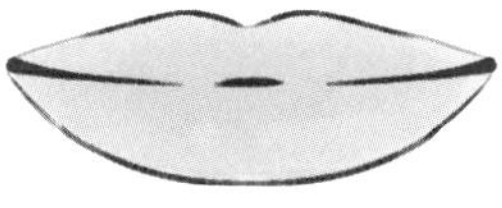

伏月型 [図77-2]

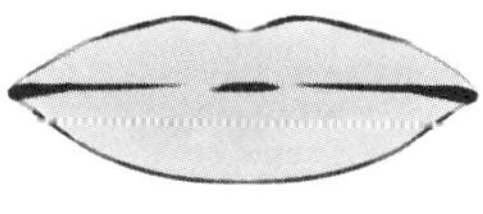

一文字型 [図77-3]

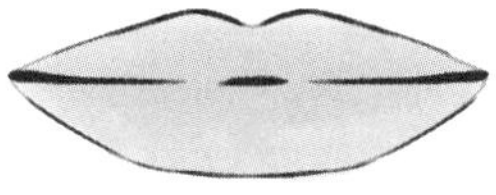

❹四字型は義理人情に厚く、長寿である

四字型の口は口が四の字に見える長方形で、上唇、下唇ともに厚い口【図77-4】のことです。この口を持つ人は、個性が強く正直です。義理人情に厚く温厚円満な面もあります。頭がよく、文才にも優れ、長寿でお金にも恵まれます。

四字型

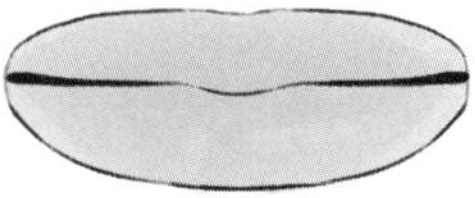

[図77-4]

切れ長型

[図77-5]

❺切れ長型は明るく誠実である

切れ長型の口は横に長い口【図77-5】のことです。この口を持つ人は明るく社交的です。誠実な人柄で、義理人情に厚く円満な性格です。

❻受け口は理屈っぽく利己的である

受け口は下唇が上唇よりも突き出ている口【図77-6】のことです。この口を持つ人は理屈屋で猜疑心が強いようです。忍耐力はありますが、わがままで利己的な性格なので目上の人の引き立てが少なく、職業も転々としやすいようです。

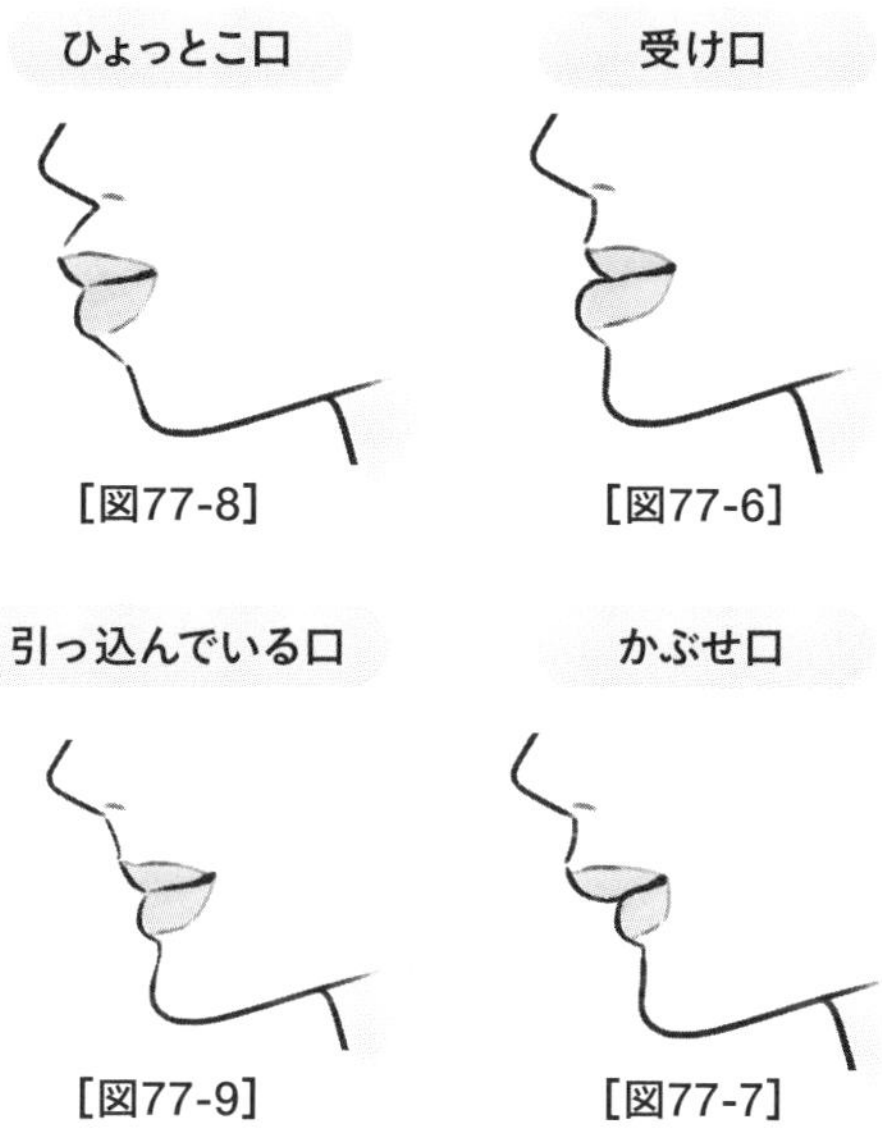

❼かぶせ口は正義感が強く個性的である

かぶせ口は上唇が下唇に重なったような口【図77-7】のことです。この口を持つ人は理屈好きで正義感にあふれた個性の強いタイプです。

❽ひょっとこ口は粗野で直情的である

ひょっとこ口は火を吹くような形をしている口【図77-8】のことです。この口を持つ人は我が強く頑固です。また、感情的になるため、人間関係のトラブルが多いようです。暇さえあれば何かしゃべっていないと気がすまない人です。

❾引っ込んでいる口は主体性に欠ける

引っ込んでいる口【図77-9】を持つ人は、無口で消極的、内向的で物静かな性格です。

意志が弱く主体性に欠けるため、他人に振り回されやすい人です。

❿めくれ口はうぬぼれが強く、孤独である

めくれ口は上唇がめくれている口【図77-10】のことです。この口を持つ人はうぬぼれが強く、感傷的になりやすい性格です。身びいきが強く孤独になりやすく、また他人の言葉をすぐ信じるのでだまされやすい傾向も。

⓫出っ歯の口は好奇心と性的関心が強い

出っ歯【図77-11】で引き締まった口を持つ人は、好奇心と性的関心が強く野性的です。自己主張が強く、行動力があり、生活力の旺盛な人です。出っ歯で口に締まりのない人は、だらしない性格で根気がなく、その上、強情なところがあると見ます。

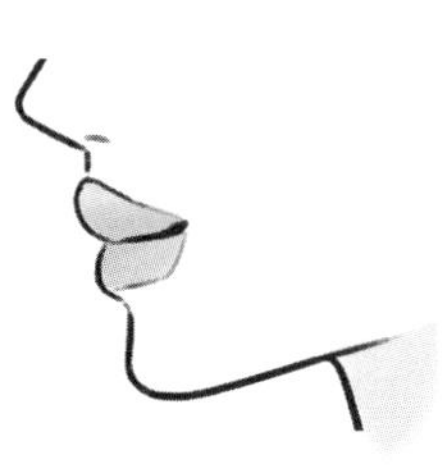

【図77-10】

【図77-11】

第六章

「耳」で体力と寿命を見る

長寿、健康、体力、財力など、耳に、その人の人生が表れる

耳は五感のひとつである聴覚をつかさどり、音や話を聞いたり、情報を集めたりする大切な器官です。

また、耳は金運、性格、寿命、健康、特に腎臓の強弱を見ることができ、耳を見れば、その人の人生が見えると言われています。

耳の形は顔の中でも一生を通して最も変化の少ない部分であり、両親からの遺伝をいちばん受け継いでいます。恵まれた環境や夫婦が健康で仲がよい時に生まれた子どもの耳は、両耳とも不思議と形がよく、大きく肉厚で弾力があります。

逆に両親が逆境の時、夫婦仲が悪い時、体調が悪い時に生まれた子どもの耳は、形が悪く、小さく肉薄で軟らかいようです。

仏像や七福神の布袋、大黒、福助、お多福はすべて耳たぶが豊かで大きな耳、つまり、福耳で作られています。これは福耳が長寿、健康、体力、財産に恵まれるという証明です。

その大切な耳に、ピアスをつけるために穴を開けている男女を見かけますが、耳に穴を開けるのは、金運と寿命を減らしていることになります。

耳の位置が高い人・低い人

耳の位置は眉と鼻底の間を標準の位置【図78-1】とし、それより高い位置についているか、低い位置についているかで判断します。

❶耳の位置が高いと生活能力も高い

耳の位置が高い【図78-2】人は生命力が強く、生活能力にも優れています。野性味を備え、本能的な俊敏さがあります。義理人情にも厚く、地味で堅実な生き方をする庶民的な人です。記憶力に優れ、仕事上では上司の引き立てもあり、お金に恵まれます。

❷耳の位置が低いと育ちがよい

耳の位置が低い【図78-3】人は育ちがよく、知性、品性が備わり、豊かな趣味を持っています。指導力があり、同僚や部下の面倒見もよく好感の持てる人柄ですが、神経質で嫉妬心の強い面もあります。

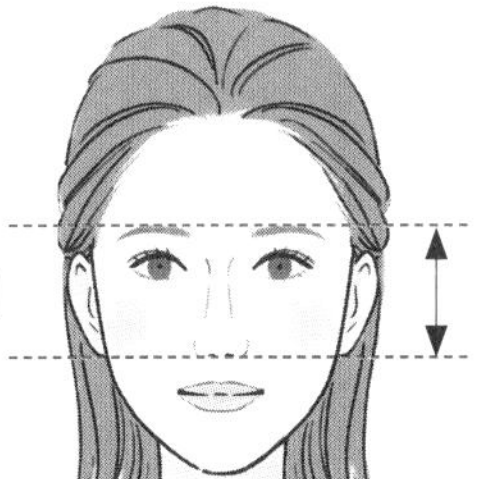

[図78-1]

耳の位置が高い

[図78-2]

耳の位置が低い

[図78-3]

耳を三分すると知・意・情になる

人相学に「耳そびえ立つは智あり、低く垂れ下がるは智少なし」という言葉があるように、耳の上部が大きい人は知力に優れ、知恵があります。耳の下部（耳たぶ）が豊かな人は、体力があり情も豊かです。

　耳を三分した上部は天輪《てんりん》【図79-1】と言って、「知」を表し、知力、知識、感受性、才能を見ます。耳の上部の縁（輪郭）がはっきりとしたよい形で、厚くて硬く弾力があれば、知力に優れ、才能があります。人間関係も円満にこなせる人です。しかし、上部だけが大きい人は、感受性が強く、頭でっかちで夢や

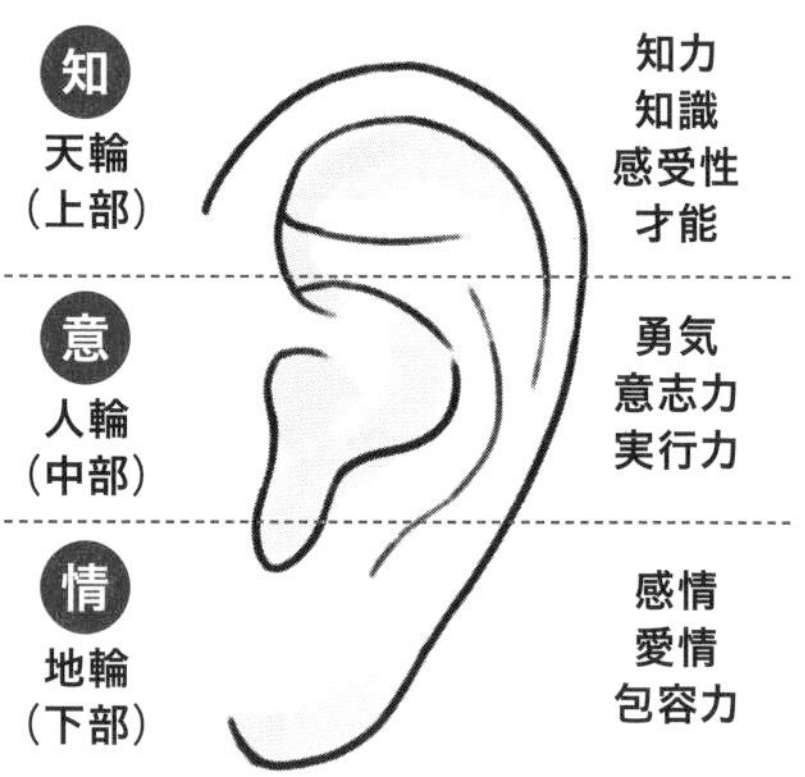

【図79-1】

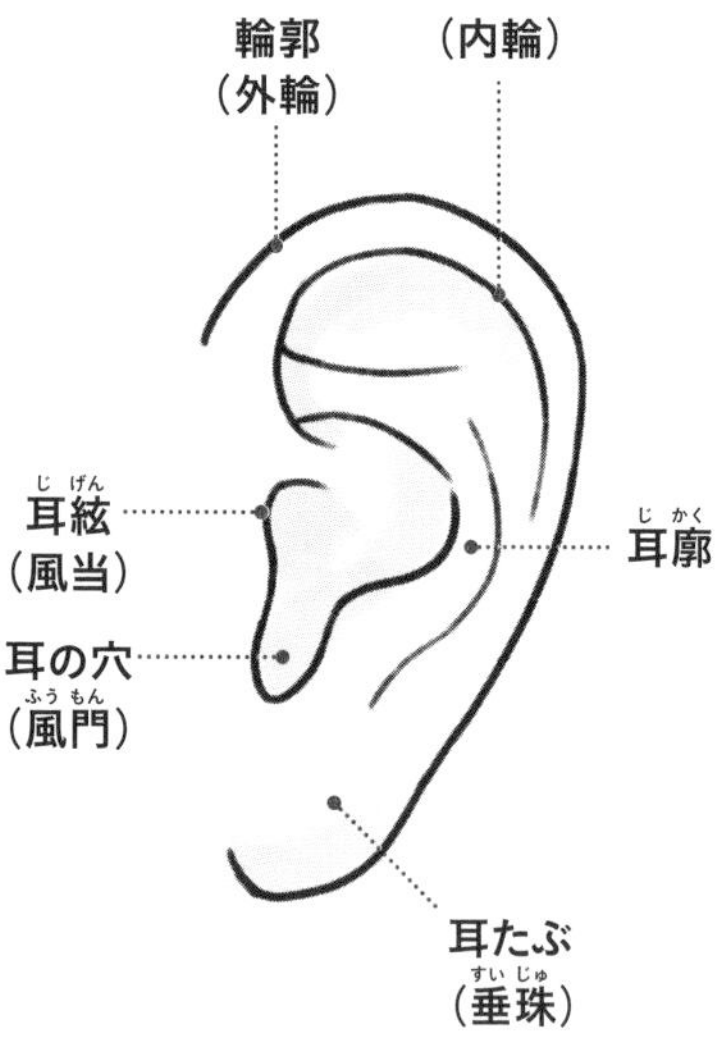

【図79-2】

理想だけを追う傾向にあります。

上部が尖った耳【図80】の人は孤独で反省心に欠け、身体が弱くなりがちです。

耳の中部は人輪《じんりん》【図79-1】と言って、「意」を表し、勇気、意志力、実行力を見ます。

耳廓が内に納まっていれば【図80】、性格は円満で温厚です。常識的で保守性が強いのですが、用心深いせいもあり優柔不断です。耳廓が内に納まるほど、この傾向は強くなります。

反対に耳廓が外に出ていればいるほど【図81】、個性が強く革新的で、固定観念にとらわれず自由な発想をします。また、好き嫌いが激しく負けず嫌いです。利己的ですが、積極性、独創性、実行力があります。女性で耳廓が極端に外に出ている人は既成の考え方に馴染まないため、独身主義の傾向にあります。

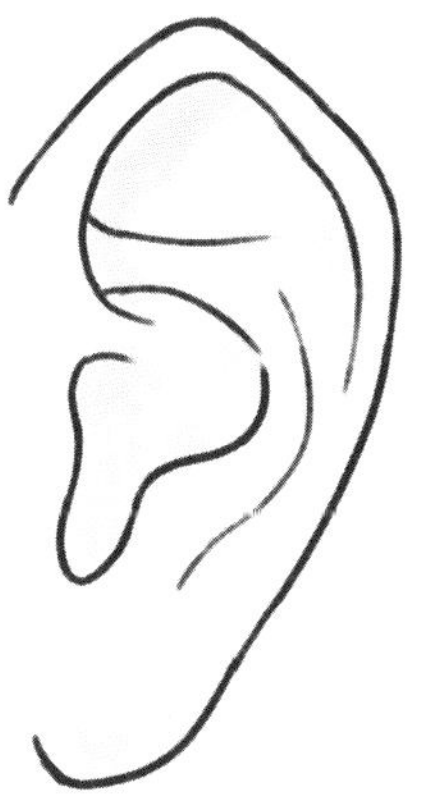

[図80]

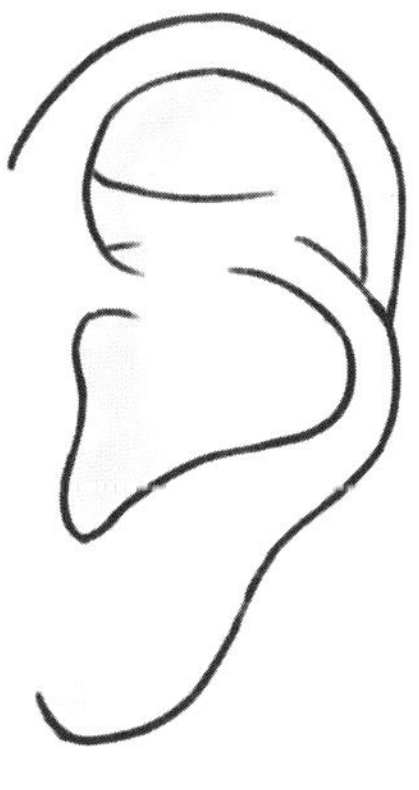

[図81]

耳の下部は地輪《ちりん》【図79-1】と言って「情」を表し、感情、愛情、包容力を見ます。耳たぶが豊かな【図79-2】人は、明るく活動的で社交的です。腎臓が丈夫で、体力にも恵まれています。包容力があり、豊かな愛情で、子どもにも多く恵まれ財産を残すことができます。

　下部だけが大きく発達している人は、運は強くても情にもろく誘惑に乗りやすいため、異性関係でのトラブルが多くなります。また、耳たぶだけがだらしなく垂れ下がっている人は性格も締まりなくだらしがないようです。

　耳たぶがない耳【図82】の人は、冷静で、物事を直感的にとらえる鋭さがあるものの、情が薄い面があります。短気な性格で、人の話を聞いているようでも、本質的には話を聞いていないところがあります。運動神経は発達していますが、スタミナや持久力に欠ける人もいます。才能はありますが、金銭に対して淡泊なため、お金が残らない傾向にあります。

　上部・中部・下部のバランスがとれていることがよい耳の条件です。

耳たぶがない耳

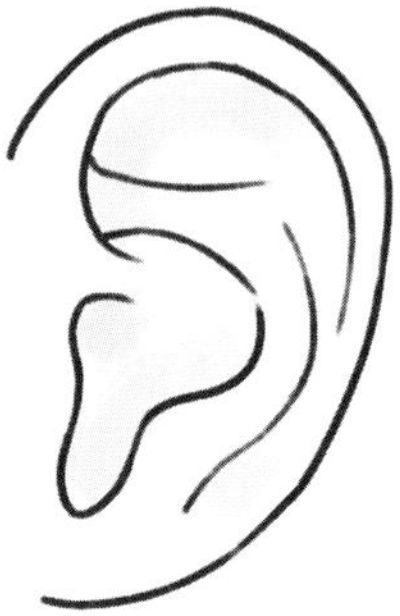

［図82］

耳の大きい人・小さい人

❶耳が大きいと長寿である

　耳が大きい【図83-1】人は知力（知恵）、才能に優れ、指導力があります。心が豊かで、体力にも恵まれます。長寿の人が多く金運もあります。やや神経質ですが、慎重で、人の意見にも耳を傾ける謙虚さがあり、常識的な性格です。

大きいだけで薄い耳の人は体力に欠けます。

❷耳が小さいと攻撃的である

耳が小さい【図83-2】人は個性が強く、度量が狭い面があります。大胆で攻撃的な性格で気分屋、そしてやや軽薄なところもあるようです。

感情的で意志が弱く、人の話を聞かないのは欠点ですが、小さい耳でも、硬く、張りと弾力があれば、勇気と度胸があり意志も強い人です。

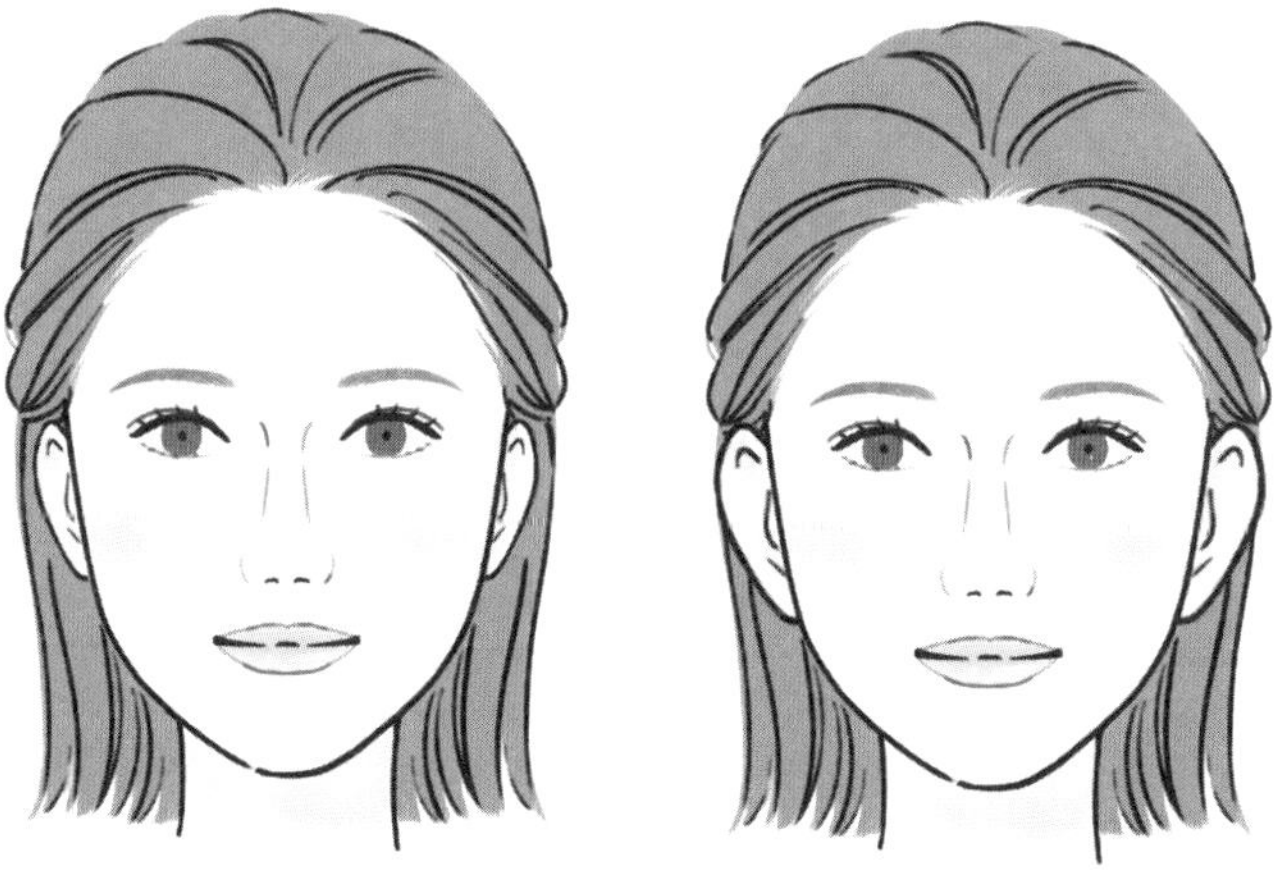

大きい耳

[図83-1]

小さい耳

[図83-2]

耳が硬く肉厚の人・軟らかく肉薄の人

❶耳が硬く肉厚だと体力に恵まれている

硬く肉厚の耳【図84-1】の人は体力があって健康です。積極的な性格で主体性があり、粘着力が強い人です。度量が広く、マイペースで、鈍感なところがあります。特に硬い耳の人は協調性がなく頑固なタイプです。

❷耳が軟らかく肉薄だと才能を発揮

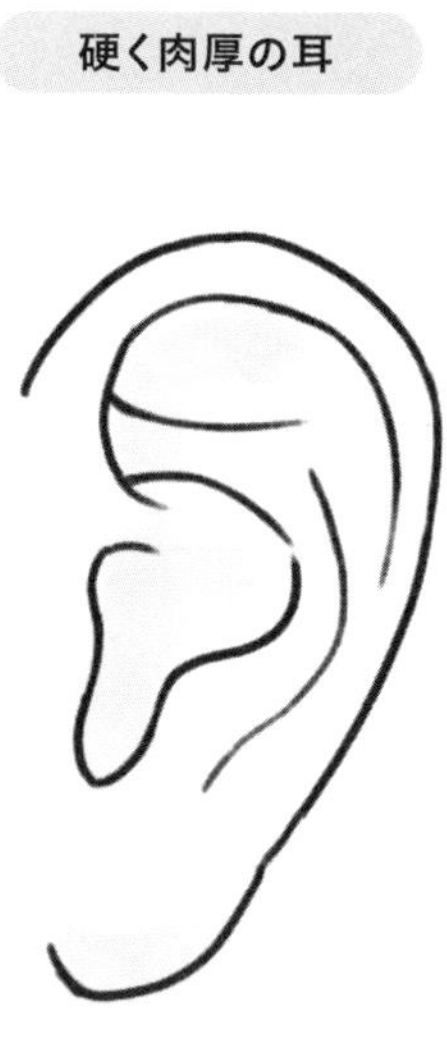

【図84-1】

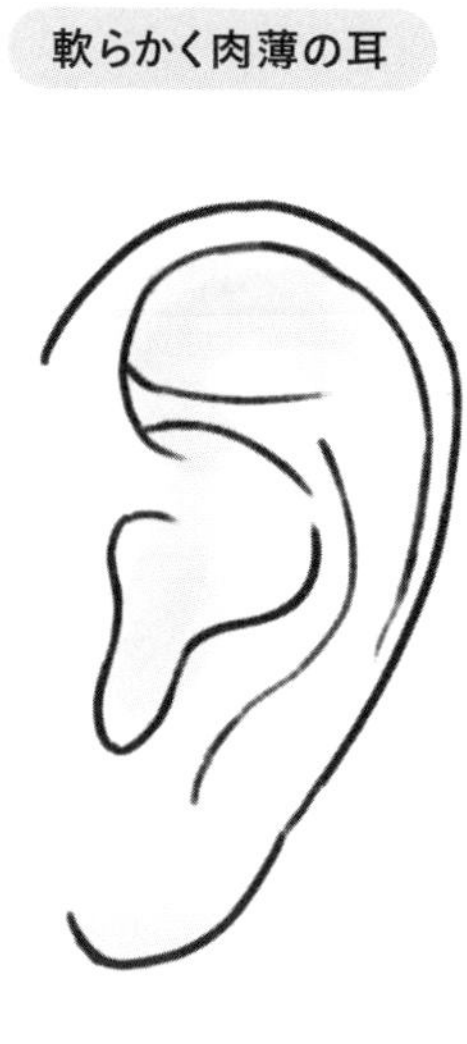

【図84-2】

軟らかく肉薄の耳【図84-2】の人は意志が弱く、消極的な性格です。感受性が鋭く、敏感で神経質な面がありますが、文学、芸術、芸能などに才能を発揮し、知的な仕事に向いています。

耳に張りと艶があれば、優しく思いやりのある性格で、人の面倒見もよいでしょう。

耳の穴が大きい人・小さい人

耳の穴（風門《ふうもん》）の標準の大きさは、自分の小指が入る程度です【図85】。

※四十歳を過ぎて耳の穴から生えてくる毛は長寿の印なので、抜いたりしないこと。

耳

❶耳の穴が大きいと円満な人柄である

耳の穴が大きい人は心が広く、聡明で知恵があり、円満な人柄です。

❷耳の穴が小さいと臆病である

耳の穴が小さい人は感受性が鋭いですが、臆病で度量が狭く、目先のことにこだわる傾向にあります。

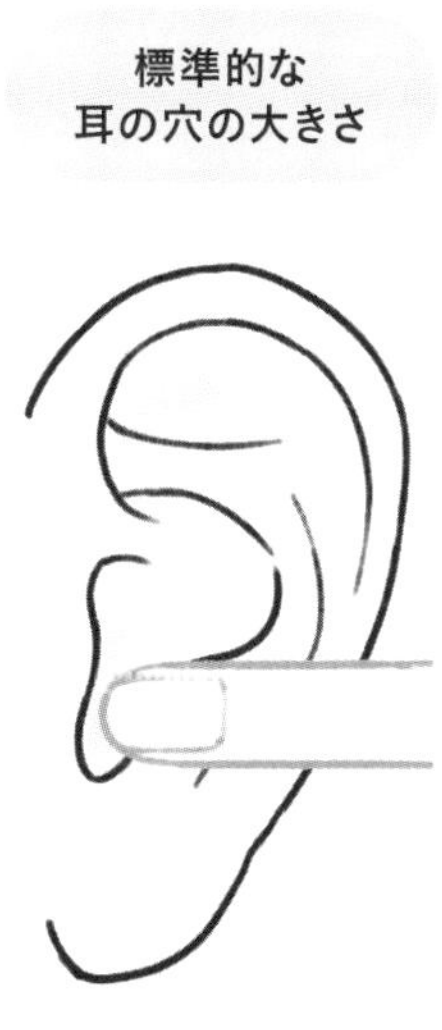

【図85】

耳の形

❶土耳《どじ》は不動産に恵まれる

土耳【図86】は耳たぶが前に突き出ていて、豊かな耳たぶの上に米粒がいくつか乗るような耳です。耳の位置は高く、肉が硬く厚い耳です。

この耳を持つ人はスタミナがあり、意志が強く知力にも優れています。名誉やお金に恵まれ、不動産を所有できます。

❷うちわ耳は知識欲が旺盛である

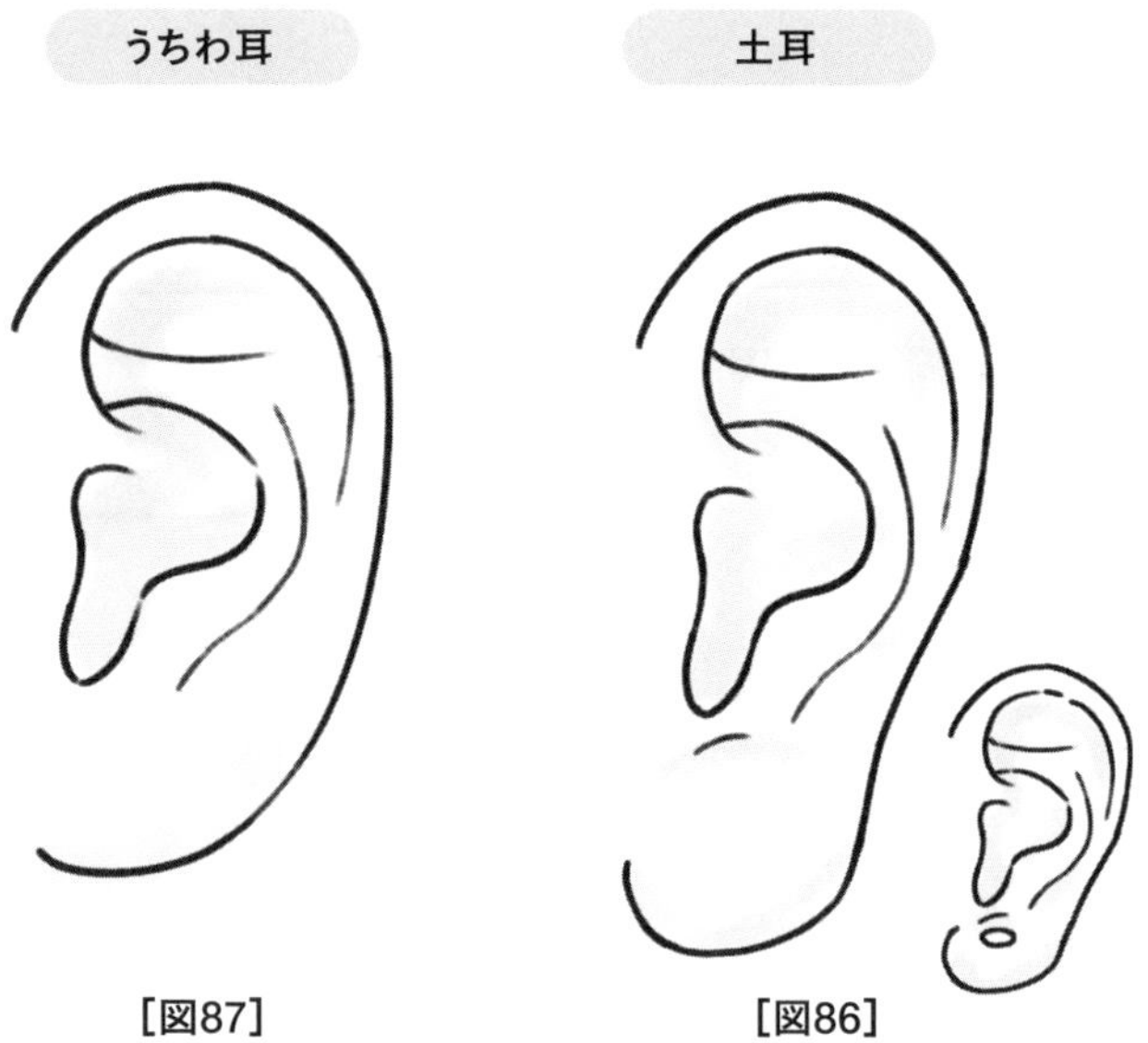

【図86】
【図87】

うちわ耳【図87】はうちわのように大きく薄い形で、耳たぶはないか、もしくは小さい耳です。この耳を持つ人は感受性が鋭く、神経質ですが、知識欲が旺盛です。

小さい頃から親に大切にされ、甘やかされて何不自由なく育った人が多く、地位や名誉は求めるが、金銭には執着しません。

しかし、うちわ耳でも耳たぶが厚く大きく豊かについていれば、お金に恵まれます。

❸貼りつき耳は度量がある

貼りつき耳【図88】は言葉のとおり、頭に貼りついているような耳で、顔を正面から見ると、耳全体が見えません。

この耳を持つ人は忍耐力、指導力、行動力、直感力に優れ、勇気があり、度量も大きいようです。

知力、体力、才能に恵まれ、何をやっても成功する運の強さを持ち、名誉もお金も手に入ります。他人の意見によく耳を傾けますが、やや猜疑心が強いのが欠点と言えるでしょう。

貼りつき耳

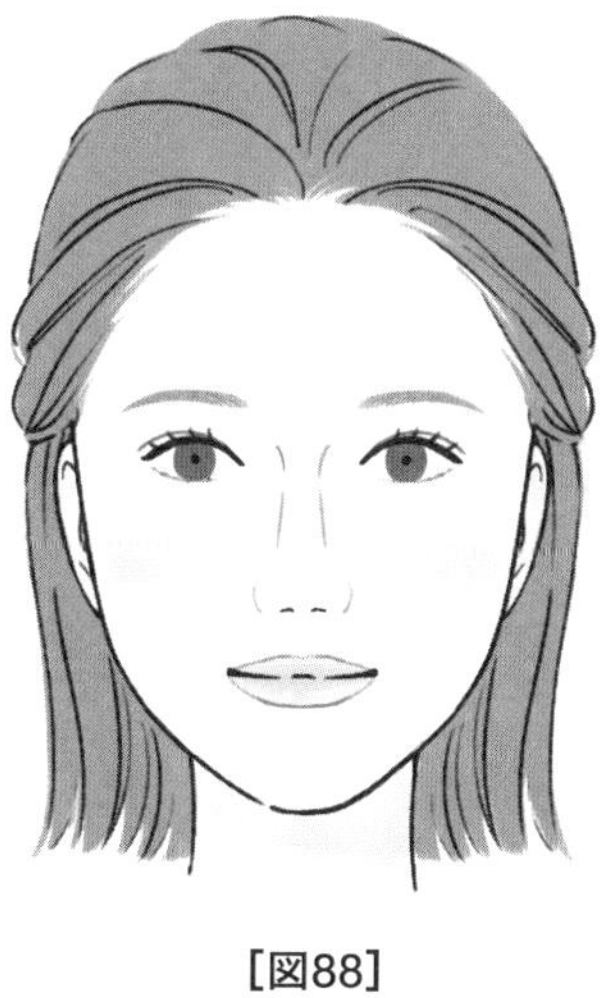

[図88]

❹袋耳は主体性に乏しい

袋耳【図89】は耳廓がないか、もしくはないに等しく、全体的に丸く見える、肉厚の耳です。

この耳を持つ人は消極的な性格で、主体性に乏しく人の影響を受けやすいでしょう。

袋耳

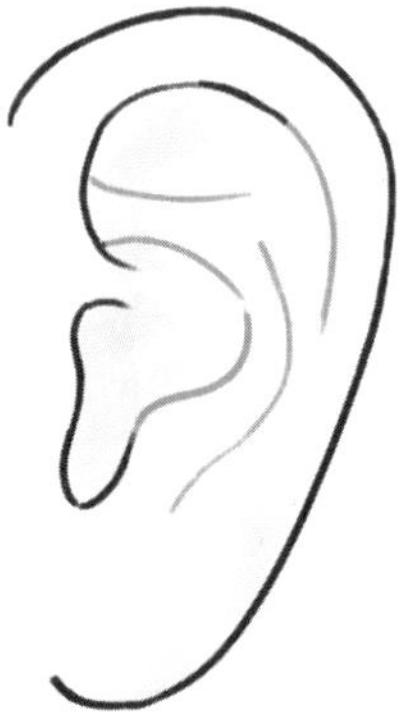

[図89]

❺三角耳は知的で頭脳明晰である

三角耳【図90】は耳の上部が広く大きく、下部にいくほど細くなっていく逆三角形で、耳たぶはないか、ないに等しい耳です。

この耳を持つ人は上品で、知的で頭脳明晰です。物質的な面より精神的な面のほうが強い性格です。人間関係はあまり得意ではなく、金銭的に恵まれない傾向にあります。

❻丸耳は協調性を持ち人望がある

丸耳【図91】は肉が厚い脂肪型で、耳たぶが発達している丸い耳です。耳廓がはっきりしていれば意志は強いと見ます。

三角耳

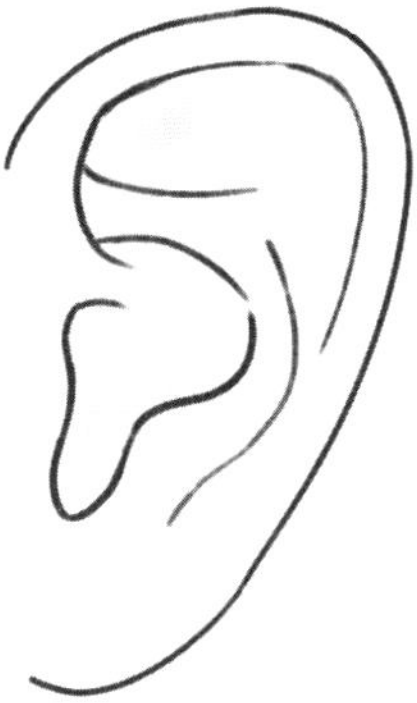

［図90］

丸耳

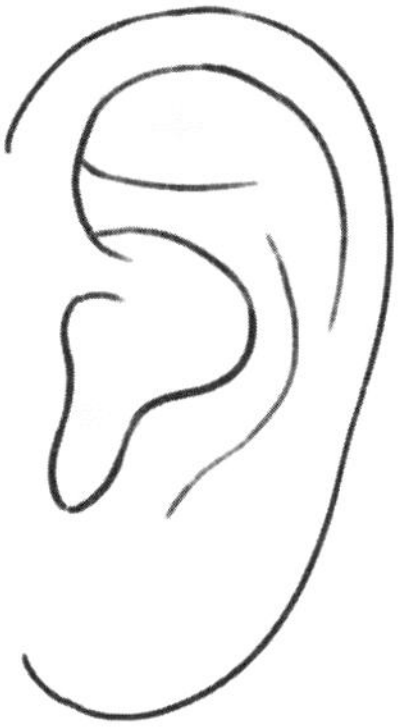

［図91］

四角耳

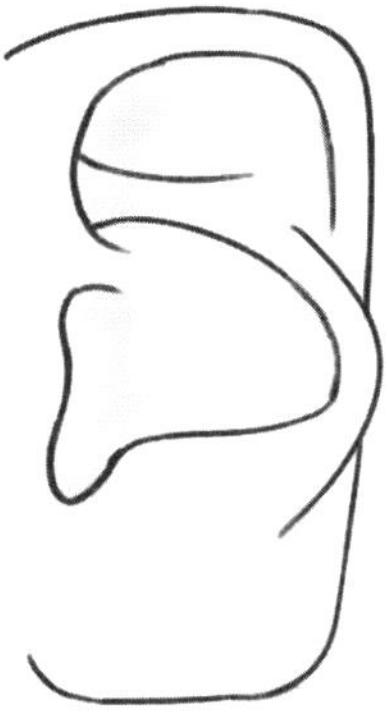

［図92］

この耳を持つ人は、温厚円満な性格で、協調性があり、万人に好かれるタイプです。身体が丈夫で行動的なため、お金にも恵まれます。

❼四角耳は我が強くマイペースである

四角耳［図92］は肉が硬く四角形で筋肉質の耳です。耳廓が外に出て硬ければ、個性的で我が強く、意志力と実行力に秀でています。

この耳を持つ人は頑固で強引な性格で、常にマイペースです。人間関係においても、トラブルを抱えることがあるでしょう。

［コラム］3

年を重ねて人相がよくなっていく人、悪くなっていく人（後編）

■「業」をふまえ、「我」をおさえて心を豊かに

年を重ねるほど人相が悪くなる人は、もともと「業」が深く、「我」もとても強いものです。性格は利己的で偏屈、頑固で意固地です。本能のおもむくままに飲み食いをし、たばこを吸ってギャンブルに明け暮れ、性生活も乱れきり不規則な生活をしている人です。人間関係も非常に悪く、いつも感情的で性格が暗く利己的なので、人にも嫌われます。このようなストレスの多い生活により苦労と疲れが表れて、人相が悪くなっていくのです。

ただ、これまでで述べた人相の善し悪しは、極端な例です。大多数の人たちは人相がよくも悪くもないのが実相でしょう。いずれの人も、年を重ねながら生きてゆき、その生き様が人相になっていくのです。

大切なのは、年を重ねながらも人格形成をしていくこと。人相がよい人に読書家が多いように、読書は脳の栄養です。幅広い分野の本を読むことが、想像力を豊かにしてくれます。感性も磨かれ、相手の気持ちや立場を理解する能力を強くします。よりよい人生を送るためには、自分自身の小さな「小我」を、利他の大きな「大我」にすることです。地道に努力して日々、人のために生きることがいちばん大切なことであります。そうやって年を重ねていくと人相はどんどんよくなっていき、福運のある福相になっていきます。

一説には、おいしいものを食べて幸せを感じながら、セックスでも喜びを感じ、深い睡眠に恵まれる人は、心が豊かだとも言われています。幸せで安定した人生を過ごしながら年を重ねていくことも、福相になるには大切な要素です。

第七章

「眉」で美意識と品性がわかる

眉の形、濃淡、色艶などで品性や美的感覚を見る

眉を使って表現される言葉には「眉唾物《まゆつばもの》」（真偽のほどが定かでない）、「眉が曇る」（心に心配事がある）、「媚《こ》びる」（人の心を引くなど、心を表現するものが多くあります。人間は心が乱れると不思議と眉が乱れ、心が安定して豊かだと眉も美しく形が柔らかく整ってきます。

人相学では、眉の形、濃淡、色艶、硬軟などで、その人の品性、性格、知力（特に計算能力、文章力、表現力）、美的感覚、人間関係（肉親、兄弟、友人）、心臓の強さ、寿命などを見ます。

十二宮では眉は兄弟宮と言い、兄弟との縁を見ます。適度な長さがあり、眉の形が整い、色艶・毛並みがよければ、兄弟の仲がよく、協調性があります。眉が目の幅より遥かに長かったり、眉毛が少なく短ければ、兄弟の仲が悪いか、縁が薄いと見ます。

別名、文章宮とも言われるのは、文章を書く能力や芸術的才能が眉に出るからです。

眉の標準の長さは、目の幅より少し長めです【図93】。理想的な眉の条件は、眉骨が高く眉の形が美しく整っていて、毛が軟らかく

黒く色艶がよいことです。

眉の太さは眉頭が太く、眉尻にかけてだんだんと細くなっていることが望ましいでしょう。濃すぎず薄すぎず、眉頭から眉尻に向かって毛並みが美しく流れているものがよい眉毛です。

眉には傷や死にぼくろなどがなく、左右の眉の高さは水平でずれがなく、眉頭と眉尻の高さが変わらなければさらによいでしょう。

このような眉を持つ人は、素直な性格で情が豊かです。美的感覚、知力にも優れ、品性があり、聡明です。また、眉毛に長い毛が出てくれば、長寿です。

頭を使えば使うほど、眉は美しく艶が出てきて、細く柔らかく形が整ってきます。眉が硬く濃い人ほど、知力を使うより、身体を使うスポーツや仕事を選んだほうが自分を生かすことにつながっていくでしょう。

眉毛が乱れていたり、逆毛の人は、頑固で粗雑な性格で、ものわかりがよくないところがあります。他人の話を聞いていないか、理解しようとしない傾向があり、人間関係が得意ではないでしょう。また、眉が途中で切れているような人は、道徳観念が乏しく、独りよがりに考えがちな性格と見ます。

眉の標準の長さ

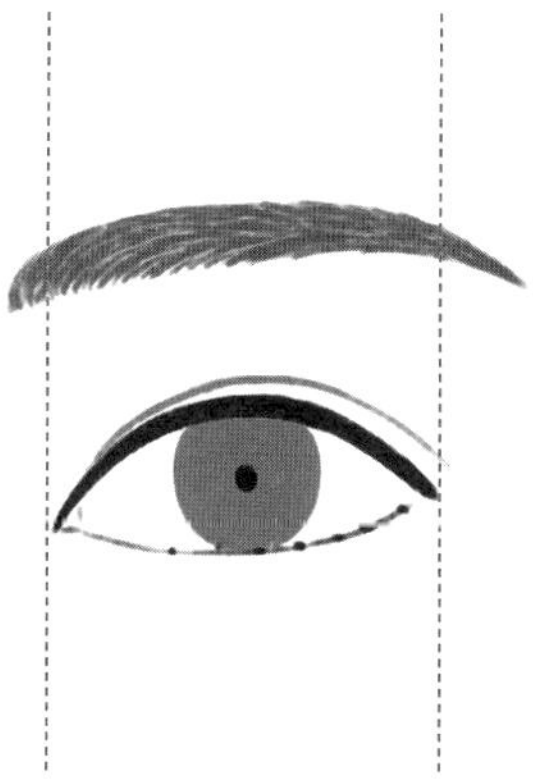

[図93]

眉

眉が濃い人・薄い人

❶眉が濃いと欲望が強く粘着力がある

眉が濃い【図94】人は物事に対して積極的で、感情に流されない理性と意志の強さを持っています。本能的な欲望が人一倍強く、仕事や愛情などすべてにこだわりが強く、粘着力があります。

特に眉が長く太く濃い人は、志が高く器量も大きいのですが、真剣さゆえに人生を楽しむ気持ちが少ない傾向も。頑固で独善的になり、人間関係で問題が絶えないでしょう。

❷眉が薄いと要領がよく感情的である

眉が薄い【図95】人は肉親や兄弟との縁が薄くなりがちです。交遊関係が狭く、友人も多くはないでしょう。利己的な性格で、相手の隙を見て策をろうする要領のよさがあります。感情的になりやすく、リーダーには不向

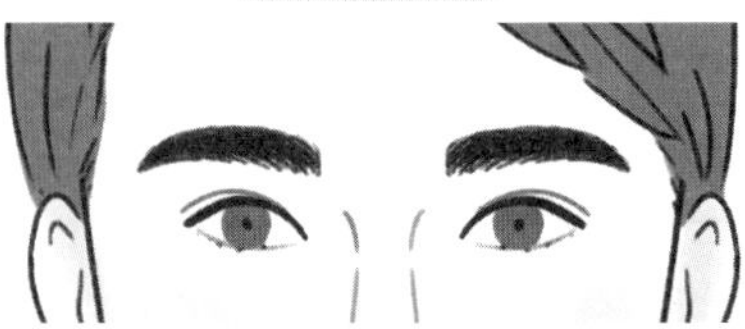

【図94】

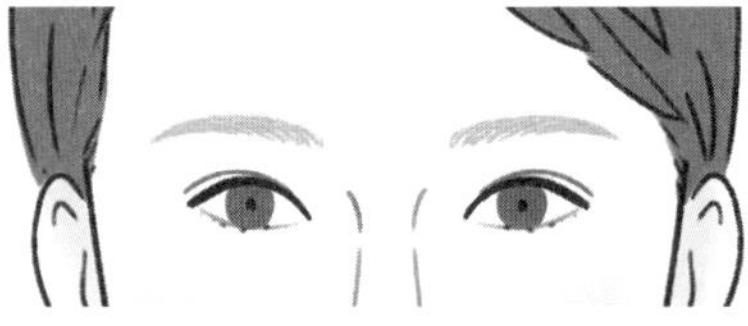

【図95】

きなタイプです。心臓が弱い傾向もあるでしょう。

ほとんど眉がない人は、策略を得意とする孤独な性格と見ます。ただ、眉が薄い女性は、積極的に仕事をし、社会で活躍する人です。

眉が長い人・短い人

❶眉が長いと気が長く、心が豊かである

眉が長い【図96】人は、気が長くのんびりとした性格です。度量が広く、他人の話をよく聞き、協調性、社交性があります。心が豊かで温かく、情が細やかで思いやりが深いため、肉親や兄弟、友人に恵まれ、精神的、経済的にも応援され、協力してもらえます。心臓が強く、生命力にあふれています。

❷眉が短いと短気で偏屈である

眉が短い【図97】人は短気で、性格や才能に偏りのある偏屈な人が多いようです。持久力、忍耐力に乏しく、情が薄くて利己的な性格と見ます。

長い眉

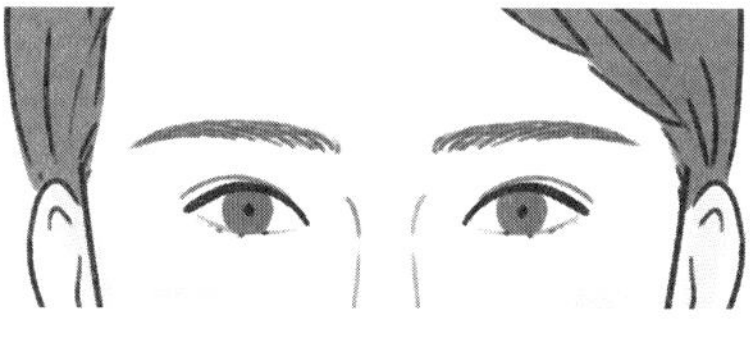

[図96]

短い眉

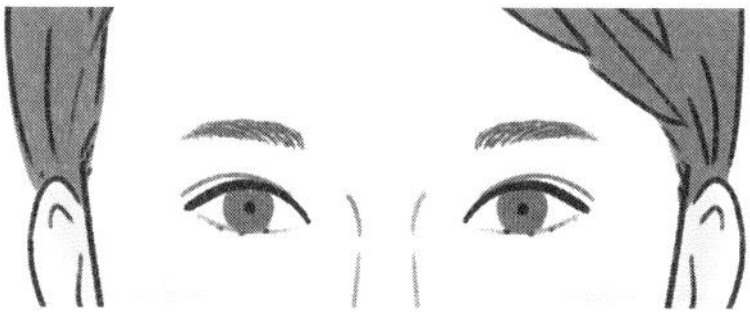

[図97]

金銭や物質へのこだわりだけが強いので、肉親、兄弟、友人の協力を得られず、孤独です。
特に、眉が濃くて短い人は、気性が激しく、眉が薄くて短い人は、両親と離れて暮らすことになるか、肉親との縁が薄いでしょう。

眉が太い人・細い人

❶眉が太いと男性的な性格

眉が太い【図98】人は男性的な性格で、決断力や実行力に優れ積極的です。しかし、行動が先行し、思慮に欠ける面があります。
両親や兄弟の援助はありますが、強引な性格で他人に迷惑をかけることもあるでしょう。

❷眉が細いと女性的な性格

眉が細い【図99】人は女性的な性格で、万事に消極的で用心深く、優柔不断なところがあります。保守的で人間関係が狭くなり、両親や兄弟の援助も得にくいと見ます。

太い眉

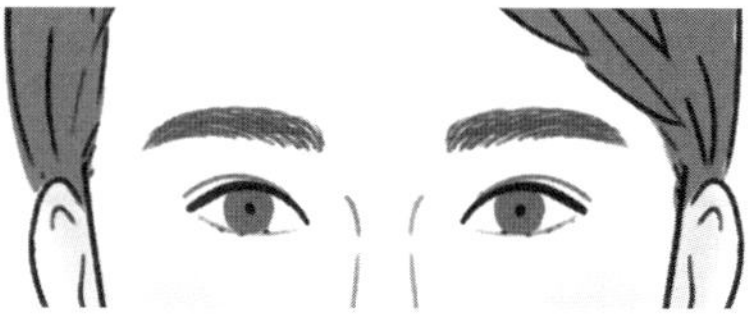

【図98】

細い眉

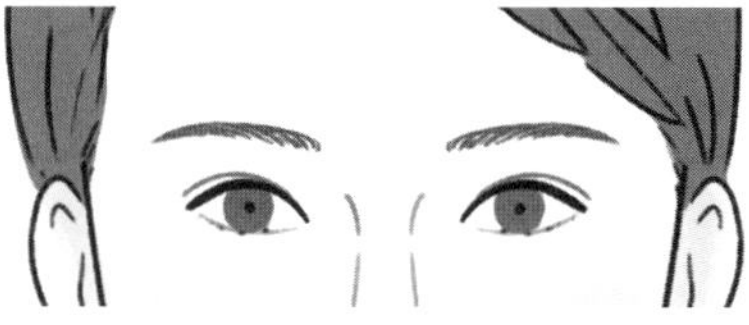

【図99】

眉が曲線の人・直線の人

❶眉が曲線だと柔軟な思考をする

眉が曲線【図100】の人は、思考に柔軟性があり、物事を多面的にとらえられます。知識が豊富で、知恵が備わり聡明な人が多いでしょう。人柄は円満で女性的な性格です。

❷眉が直線だと我が強く頑固

眉が直線【図101】の人は直情的で、シンプルに考えるタイプです。頑固で我が強く、マイペース。融通性に欠ける面もあります。割り切りのよさがあり、他人から見るとわかりやすい性格です。

曲線の眉

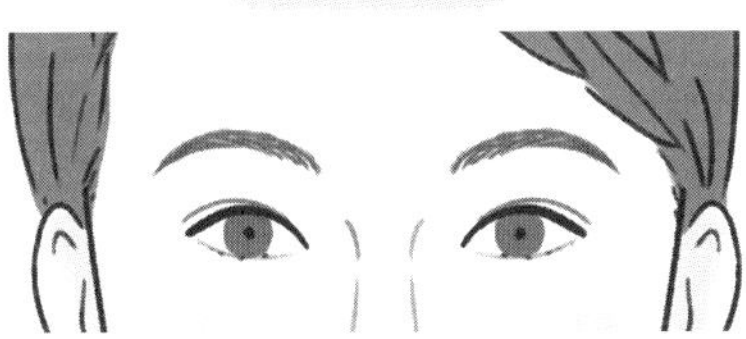

[図100]

直線の眉

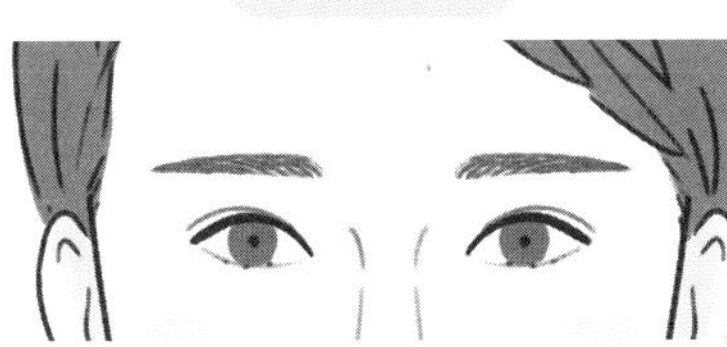

[図101]

眉の部分が表す意味

眉頭から眉尻までを四分して、それぞれの部分が表す意味を説明します【図102】。

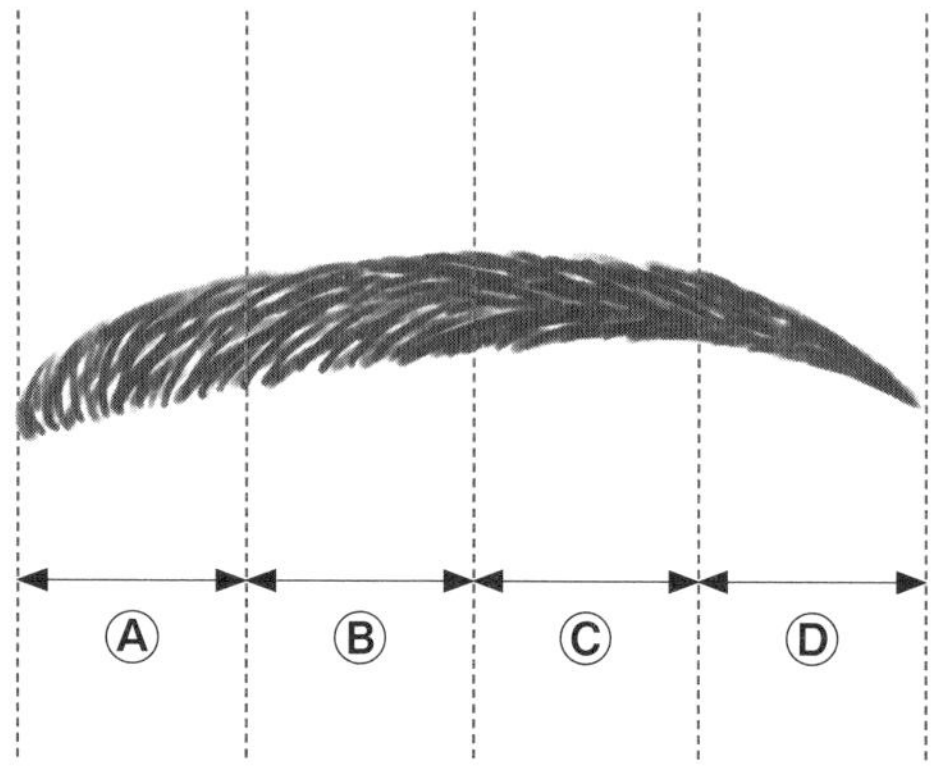

【図102】

●Ⓐ（眉頭）

眉頭の部分Ⓐに密集して毛が多い人は、形を確認したり重さを直感的にとらえたりする能力を持っています。

●Ⓑ（眉頭に近い真ん中）

眉の真ん中で眉頭に近い部分Ⓑの毛が濃い人は、美的感覚に優れ、特に色や形に対する感受性が鋭く、芸術的な才能があります。

●Ⓒ（真ん中から眉尻近く）

眉の真ん中で眉尻に近い部分Ⓒの毛が多く濃い人は、道徳や規律など社会的ルールを重んじる傾向が強いでしょう。

●Ⓓ（眉尻）

眉尻の部分Ⓓに毛が多く濃い人は、合理的なタイプで、数字や計算に強く、経済観念や金銭感覚に優れています。

眉尻が上がっている人・下がっている人

❶眉尻が上がっていると気性が激しい

眉尻が上がっている【図103】人は積極的な性格で気性が激しく、負けず嫌いです。合理的な行動と思考力を基盤にした決断力があり、数字にはめっぽう強い経済通です。

眉尻が極端にはね上がっている人は、意志が強く実行力があります。

❷眉尻が下がっていると人柄がよい

眉尻が下がっている【図104】人は消極的な性格ですが、人柄がよく、他人と争うことが嫌いな平和主義者です。また、面倒見がよく、人に好かれます。のんびりしているせいか、長寿の人が多いようです。

上がった眉尻

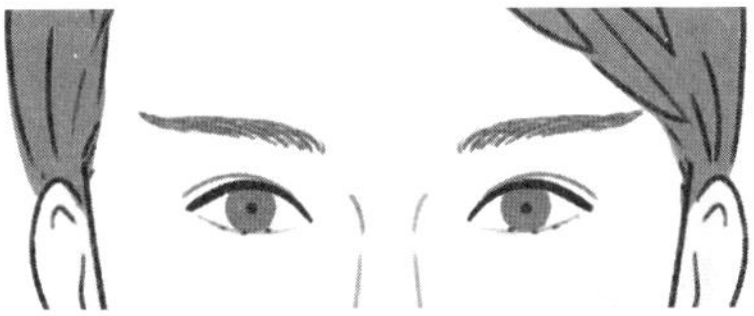

［図103］

下がった眉尻

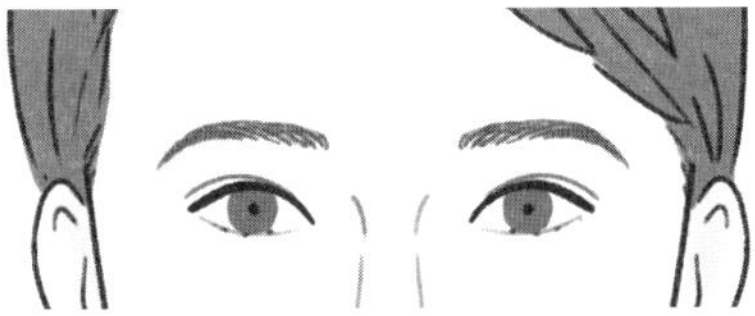

［図104］

眉頭と眉尻が整っている人

❶眉頭が整っていると兄弟が力になる

眉頭がきれいに整っている【図105】人は、勇気、協調性、忍耐力を兼ね備えているので、困った時に肉親や兄弟、友人が助け船を出してくれます。

眉頭が乱れている人【図106】は悩みを抱え、精神的に不安定になりがちです。眉頭の毛が巻いている人は好んで他人と言い争う性格と見ます。

❷眉尻が整っていると感性が豊か

眉毛が細く艶があり、眉尻がきれいに整っている【図107】人は、感性が豊かで美的感覚が鋭く、芸術的才能に恵まれています。また、文章力もあります。

眉尻の毛が八方に広がり乱れている【図108】人は、お金が散らばることを意味し、この眉尻を持つ人はなかなかお金が貯まりません。

乱れた眉頭

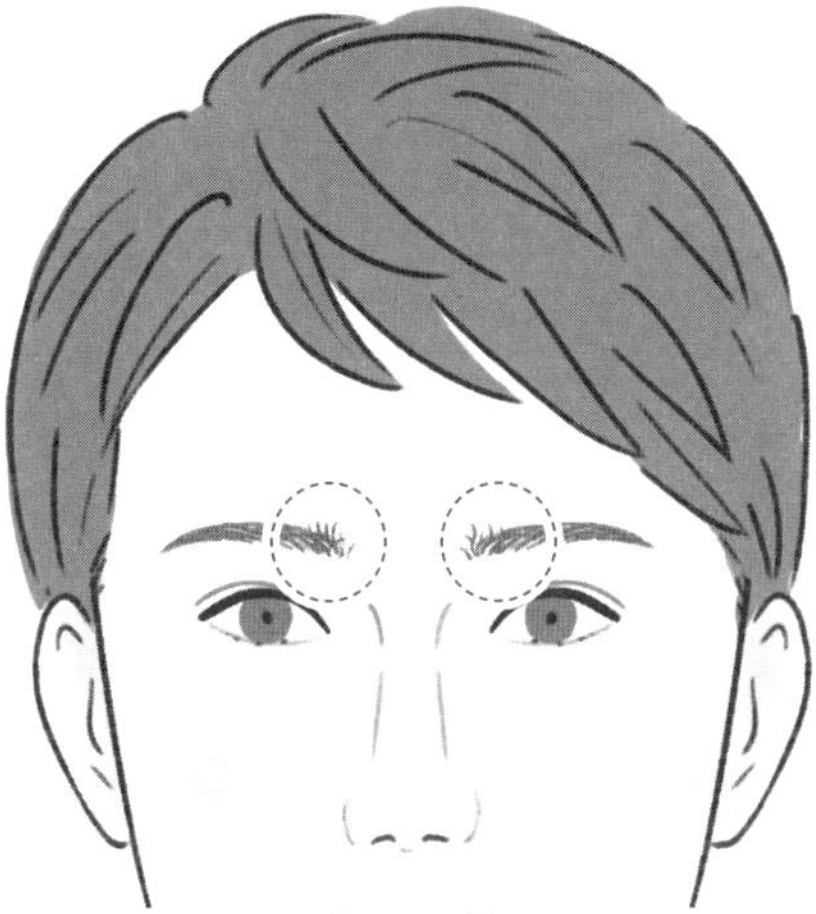

[図106]

整った眉頭

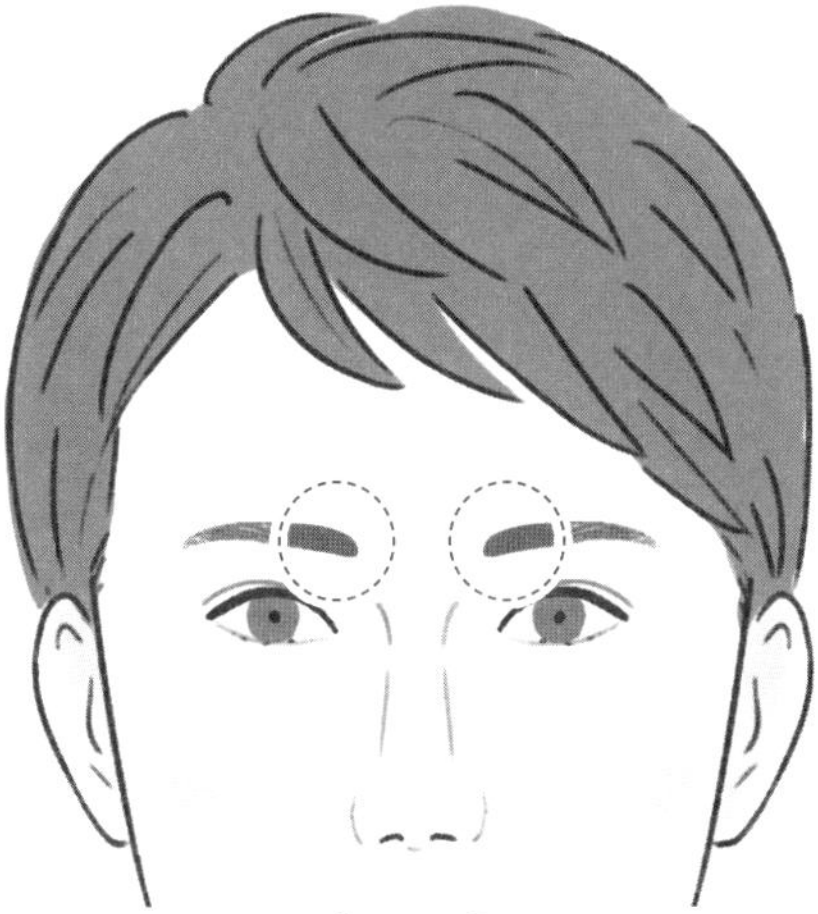

[図105]

乱れた眉尻

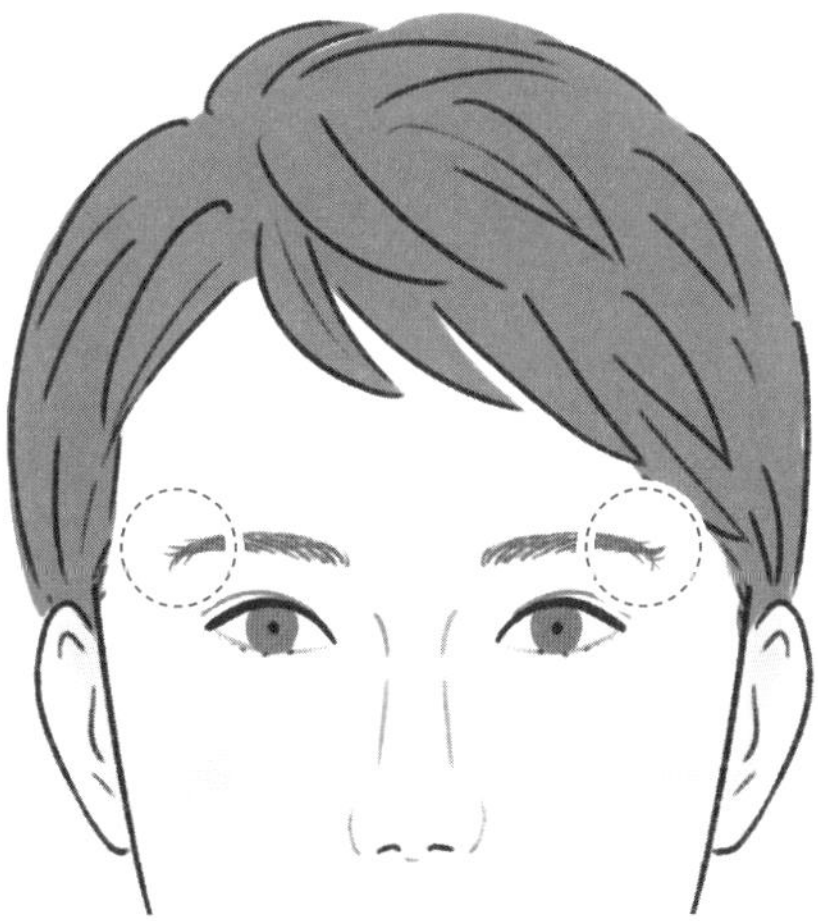

[図108]

整った眉尻

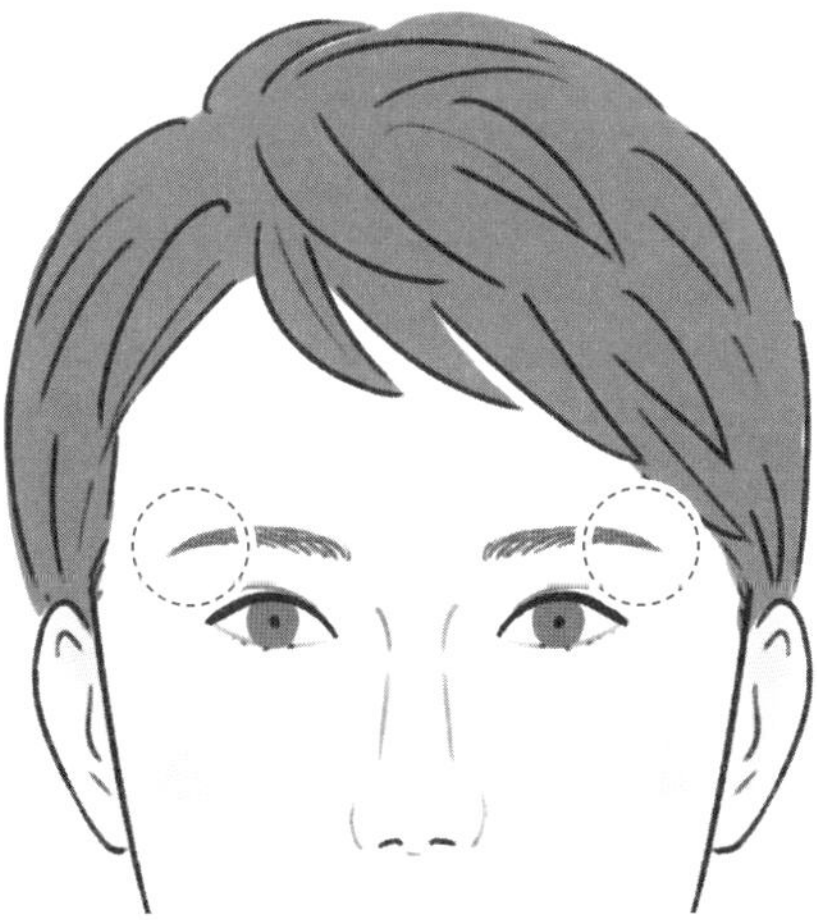

[図107]

眉の形

❶一字眉は一本気な性格である

一字眉は男眉とも言い、眉毛が一の字を筆で書いたように濃く、きれいに整い、柔らかく長い眉のことです【図109】。

この眉を持つ人は一本気な性格で、勇気があって意志が強く、決断力と実行力を備えています。ただし、利己的で思いやりと情緒に欠け、他人の気持ちを理解できない面もあるでしょう。

女性でこの眉を持つ人は、理屈っぽく合理的で頭の回転が速いでしょう。身体もよく動かしますが、攻撃的な性格で向こうっ気が強く、気持ちにあまり余裕がないため、人生を楽しむことがうまくないタイプでしょう。

❷柳眉は理知的で美的感覚がある

柳眉は柳葉眉とも言い、柳の葉に形がよく似た細くカーブした眉【図110】で、女性に多く見かけます。この眉を持つ女性は理知的で文才があります。貞操観念が強く素直な性格

一字眉

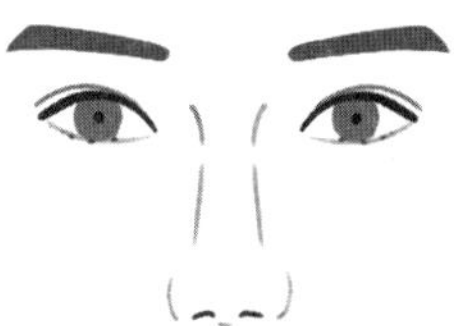

【図109】

柳眉

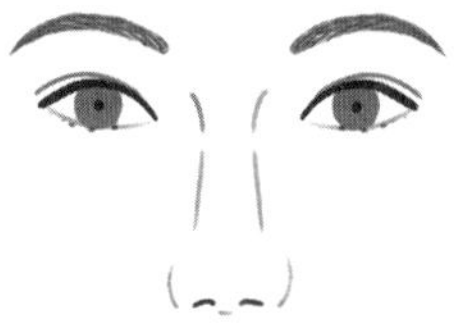

【図110】

ですが、人のよさが裏目に出て、だまされやすいでしょう。

男性でこの眉を持つ人は優しすぎるところがあり、依頼心が強く、忍耐力はあまりありません。生活力には欠けますが、文章力、表現力に恵まれ、美的感覚に優れています。

❸三日月眉は清らかで純な心を持つ

三日月眉は新月眉、女眉とも言い、文字どおり三日月の形をした眉のことです［図111］。眉頭と眉尻で曲線を描き、毛並みがきれいにそろった女性的な美しく長い眉です。

この眉を持つ人は清らかで純な心を持ち、優しい性格です。感受性が強く、情が細やかで順応性があり人柄もよいでしょう。社交性があり、人を楽しませることもうまい人です。消極的で実行力に少し欠けますが、異性や友人の協力で、運が自然と開いていくタイプの恵まれた人です。

この眉に艶がある人は勘が鋭く、知性的です。文学、美術、音楽などの方面で才能を発揮し、名誉や地位も得られます。

三日月眉より細い眉を糸眉［図112］と言います。この眉を持つ人は、意志が弱いため、性的な誘惑には気をつけましょう。

三日月眉

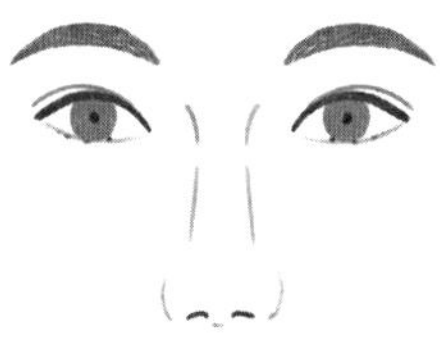

［図111］

糸眉

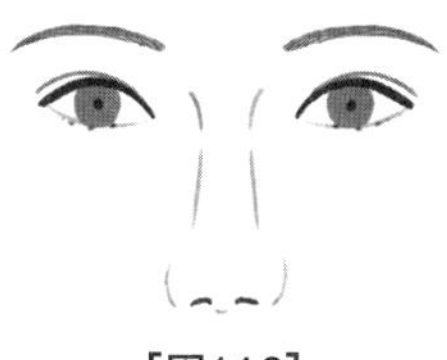

［図112］

眉

❹八字眉は陽気なお調子者

八字眉は左右の眉が八の字を書いたように見え、眉尻が太く下がっている眉【図113】で、眉頭より眉尻の毛が濃いのが特徴です。この眉を持つ人は度量が広く器が大きいでしょう。

陽気で楽しい性格ですが、思慮は浅く雑な面があります。お調子者で要領がよく、世渡り上手です。金離れもよいでしょう。しかし、浮き沈みの多い人生です。慎重にそして地道に生活することが大切です。女性でこの眉を持つ人は身体の弱い人が多い傾向があります。

❺へ字眉は職人気質

へ字眉は仕事眉とも言い、眉がへの字のような形をしています【図114】。

この眉は一芸に秀でた職人気質の男性に多く見かけます。性格は情熱的で自尊心が強く、大胆で実行力があります。働くことに情熱を傾けるタイプです。スタミナに恵まれ、熱意のある仕事をするため、金銭的にも恵まれますが、人の意見をあまり聞かないという欠点があります。

八字眉

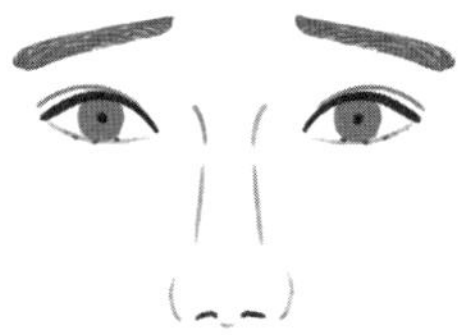

［図113］

へ字眉

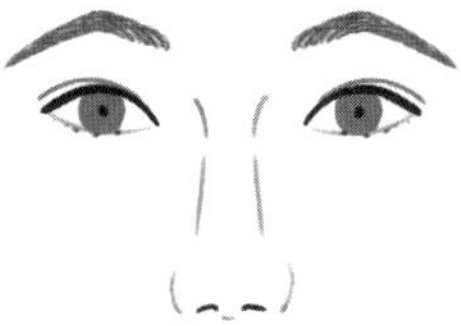

［図114］

女性でこの眉を持つ人は、社会で活躍をするタイプが多く、タフで気が強いでしょう。家庭においても主導権を握ります。

❻三角眉は打算的でスタミナがある

三角眉は眉の中央を起点に三角になっていて、男性的な眉のことです【図115】。

この眉を持つ人は意志と自尊心が強いタイプです。打算的ですが、独立心があり、行動力、忍耐力、決断力が備わったスタミナのある人です。

女性でこの眉を持つ人は、頭の回転が速く、行動力があり、体力に恵まれています。

❼剣眉は利己的で強引な性格

剣眉は刀眉、義経眉とも言い、眉骨が高く、毛が硬くて濃く、剣の形をした直線的な眉のことです【図116】。

この眉を持つ人は信念はありますが、協調性の乏しい利己的な性格と見ます。勇気、決断力、意志力、実行力に恵まれているため、

三角眉

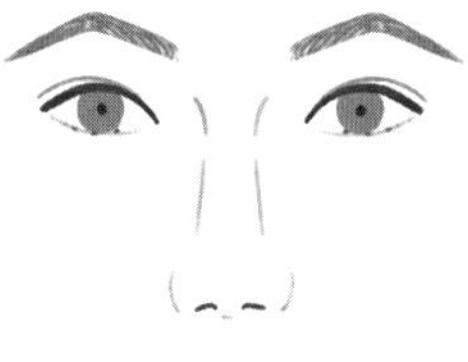

[図115]

剣眉

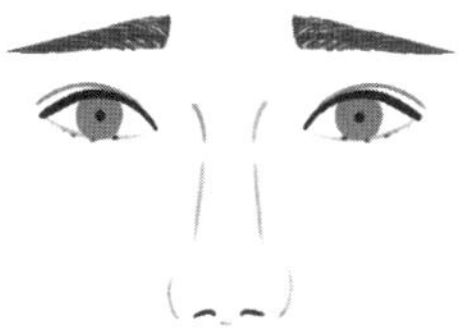

[図116]

苦労を乗り越え仕事をやり遂げていくタイプですが、強引な性格が人の反感を買い人間関係で損をすることも。

女性でこの眉を持つ人は少ないですが、短気で感情的になりやすい欠点があります。

❽清秀眉は清らかな心を持つ秀才

清秀眉は一字眉と同じ形ですが、肌が透けて見える薄い眉のことです【図117】。

この眉を持つ人は、頭がとてもよく、清らかな性格です。

家柄も育ちもよい秀才タイプに多い眉です。度量があまりなく、実行力に欠けますが、清廉潔白な人柄のため、人々に愛されます。

❾羅漢眉は頭脳明晰である

羅漢眉は一般的にはゲジゲジ眉とも言い、眉毛が濃く、ゲジゲジ虫のように眉頭から眉尻までの太さが同じ眉のことです【図118】。

この眉を持つ人は、頭脳明晰で性格は温厚です。説得力を持ち合わせているため、聖職

清秀眉

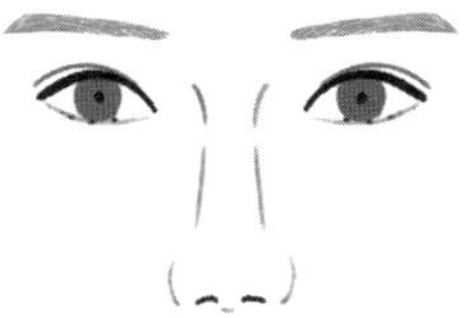

［図117］

羅漢眉

［図118］

者に向いています。美術、芸術、文学などの才能があり、社会的に成功する人も多いでしょう。

名誉や地位に興味はありますが、金銭的なことには執着がありません。生涯結婚せず、孤独な人生を送る人もいます。

⑩地蔵眉は人徳がある

地蔵眉は三日月眉より眉の真ん中の部分が太く、目の幅と同じ長さで、色が薄く軟らかで優しそうに見える眉のことです［図119］。

この眉を持つ人は消極的ですが、心根が優しく思いやりにあふれ、人徳を備えているため、人に好かれます。しかし、この眉を持つ人は多くありません。

⑪乱草眉は粗雑な性格

乱草眉は字のごとく、草があっちこっちに生えたように、乱れて生えている眉のことです［図120］。

この眉を持つ人は性格が粗雑で、突発的に

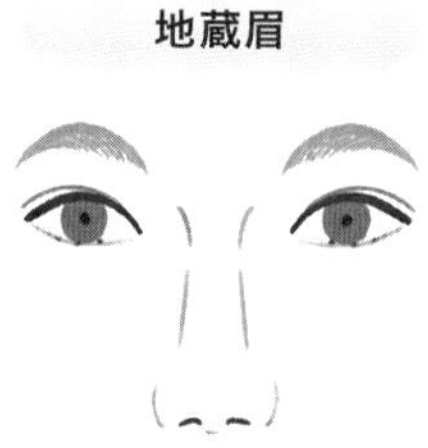

［図119］

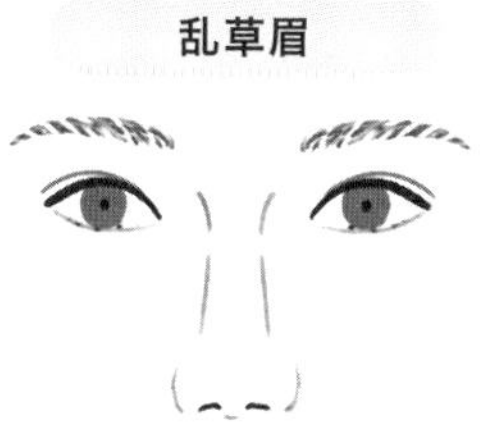

［図120］

激する面があります。経済的に恵まれず、生活が安定しない人に多いようです。

⑫逆眉は凶暴性がある

逆眉は、普通の眉の毛並みとは逆に、眉尻から眉頭に向かって生えている眉のことです【図121】。

この眉を持つ人は自己主張が強く、頑固で短気な面があります。

荒っぽい性格の人が多く、ルールを無視した行動をとる傾向が強いため、精神的な修業がないとトラブルの多い一生となります。この眉は三白眼、四白眼に多い眉と言われています。

⑬間断眉は兄弟に縁が薄い

間断眉は眉に切れ目があるのが特徴です【図122】。眉は兄弟宮を表すため、この眉を持つ人は親兄弟の縁が薄く、家族と別れて暮らしたりする人が多いようです。情が薄い性格で、金銭的にも恵まれないことがあるでしょう。

逆眉

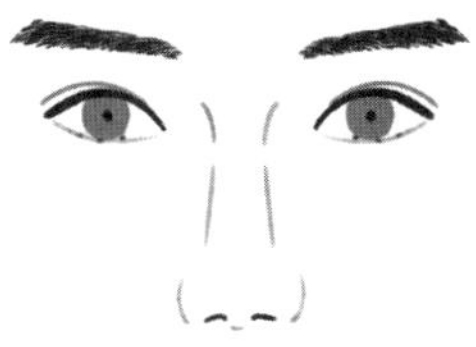

[図121]

間断眉

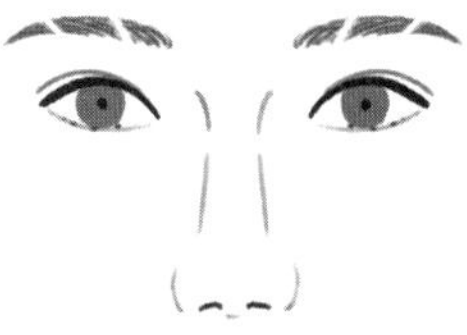

[図122]

眉間が広い人・狭い人

❶眉間が広い人は器も大きい

眉間が広い【図123】人は視野が広く、人間としての器も大きく度量もあります。楽天家で、細かいことを気にしないおおらかでのんびりした性格です。

社交性に富み、人生を楽しむタイプです。目上の引き立ても強く、若いうちから運が開けます。女性で眉間が広い人は人柄がよく円満な性格ですが、決断力に欠ける面があります。

眉間が広すぎる人は、おおらかすぎて呑気《のんき》になり、すべてにおいて無責任です。貞操観念も薄く、金銭面においても散財しがちで、その傾向は眉間が広ければ広いほど、強くなります。

❷眉間が狭い人は神経質

眉間が狭い【図124】人は視野が狭く、人間としての器も小さく度量もあまりないこと

眉間が広い

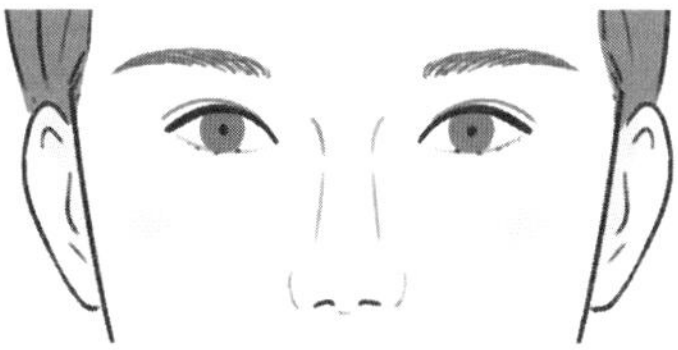

[図123]

眉間が狭い

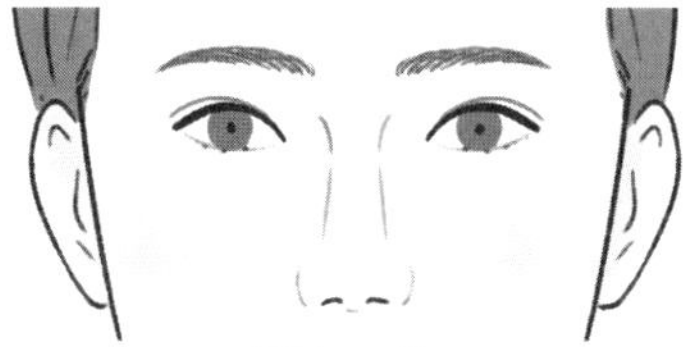

[図124]

も。性格も神経質で細かいことにこだわり、短気です。

しかし、頭の回転は速く、時代の流れを読む先見性があり、世間を渡る知恵には優れています。何事にも不平不満を持ち、取り越し苦労が多く、自分には甘く他人には厳しいため、人間関係では損をしやすいでしょう。

眉間が狭すぎる人は、小心で疑い深い性格と見ます。嫉妬心も強いでしょう。

眉間は一生の運気を見る

眉間は十二宮では命宮《めいきゅう》、別名を印堂《いんどう》と言います。人相学では「一身の運気ここ（命宮）に集まれり」と言い、眉間を見れば日々の運気がわかるため、この部分をいちばん初めに見ます。

そして、眉間を割られるとすべてが終わるように、顔の中では最も大切な部分です。その人の一生の運気や、気力、活力、言葉を変えれば、精神力、健康、生活力、金運がわかります。

命宮の色艶がよく、骨高で、肉付きがよくふっくらと盛り上がり、指が二本入る広さ（標準の幅）【図125】がある人は、希望や目的が達成できます。人柄がよく、性格は円満で指導力もあります。

目上の人からの引き立てもあり、経済的にも生涯困ることなく、裕福で幸せな生活が送れる運の強い人です。

しかし、命宮がへこんでいたり、しみや傷

があると努力しても、もう一歩のところで、希望や目的を達成できません。

眉尻の上の部分は金運を見る

眉尻の上の部分を十二宮では福徳宮《ふくとくきゅう》、別名を天倉《てんそう》とも言い【図126】、天の財を蓄える倉の意味があります。財運、金運、人徳を見ることができ、現在の金運がわかります。

この部分の肉が豊かな人は財運に恵まれますが、へこんでいたり、肉が薄かったり、しわ、傷、ほくろがある人は散財し、お金が貯まりません。

命宮の標準の幅

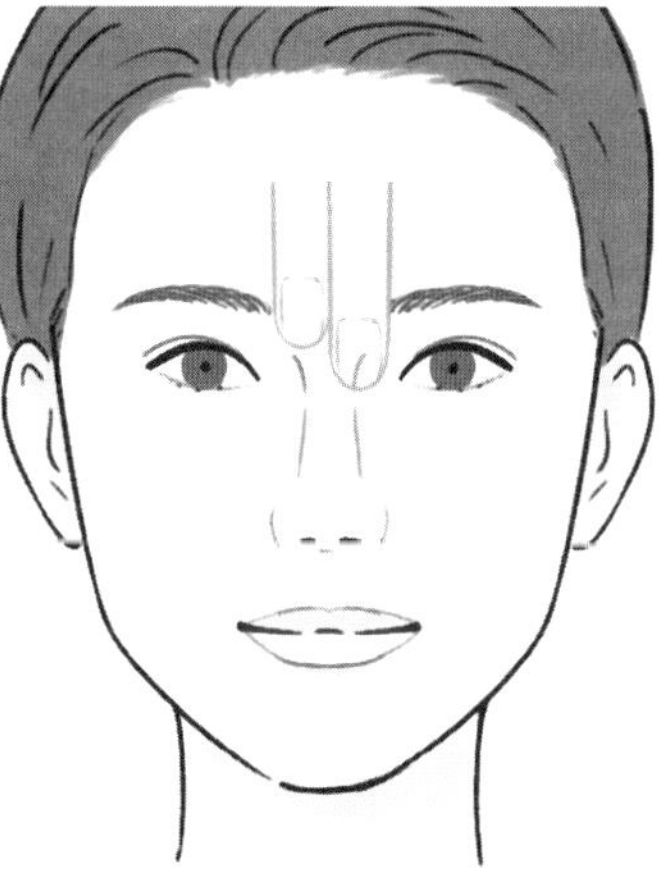

【図125】

福徳宮

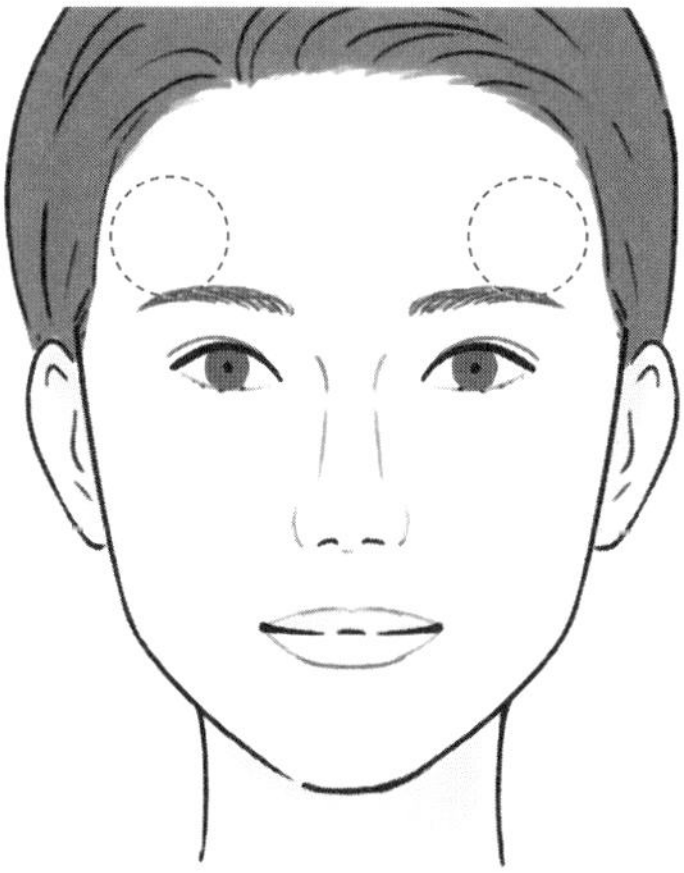

【図126】

眉間の紋

❶懸《けん》針《しん》紋《もん》は意志が強い

眉間の真ん中にある一本の深い筋は懸針紋と言います【図127】。この紋を持つ人は意志が強固で根性はありますが、自己主張が強く他人との協調性に欠けます。

不平不満が強く、そのためもあって人生に波乱があるでしょう。

❷傷害紋は短気

眉間の眉頭を起点に上に向かっている一本の筋を傷害紋と言います【図128】。この紋を持つ人は短気な性格がすぐ行動に出るため、トラブルが絶えず、傷つけたり傷つけられたり、障害を受ける傾向にあります。

懸針紋

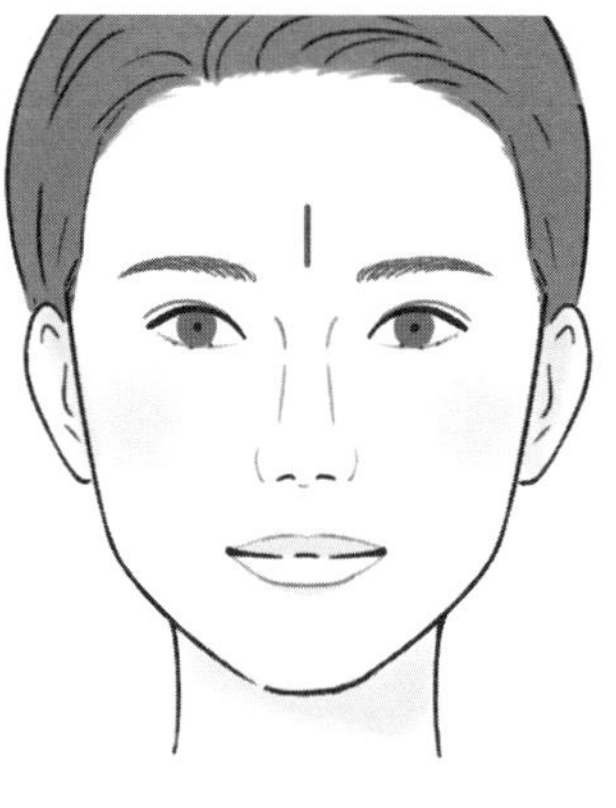

[図127]

傷害紋

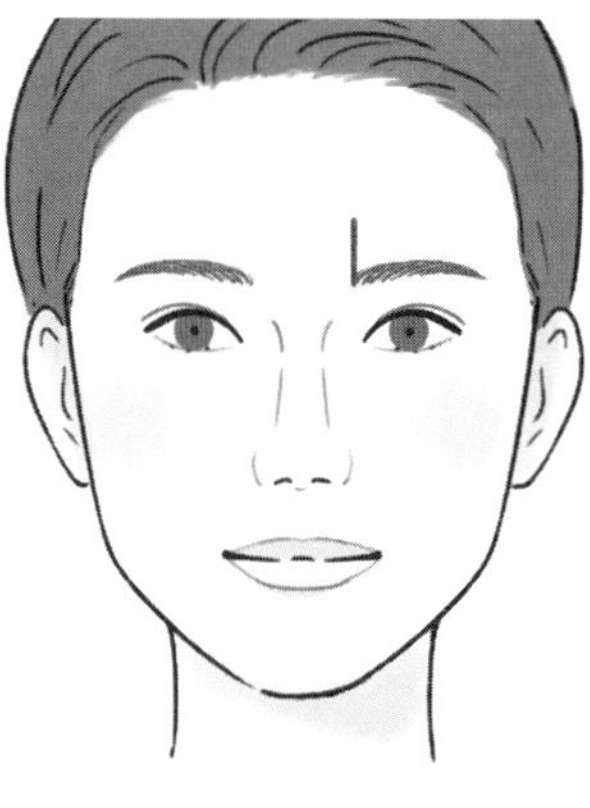

[図128]

❸嫉妬紋は猜疑心が強い

眉間にあるハの字の筋を嫉妬紋、またはハの字紋とも言います【図129】。この紋を持つ人は感情的になりやすく、疑い深い性格で嫉妬心が強いでしょう。

心に悩みや、いやなことがあると刻まれる筋なので、常時このしわがある人は、心配事を常に抱えています。

❹川字紋は孤独癖がある

眉間に川の字のように入った三本の筋を川字紋と言います【図130】。この紋を持つ人は神経質で、常に先の先のことまで考えてしま

嫉妬紋

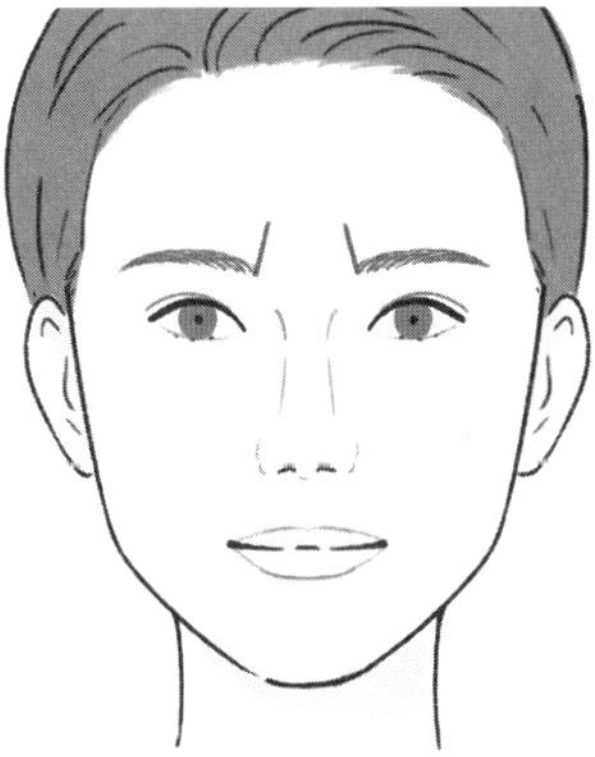

[図129]

川字紋

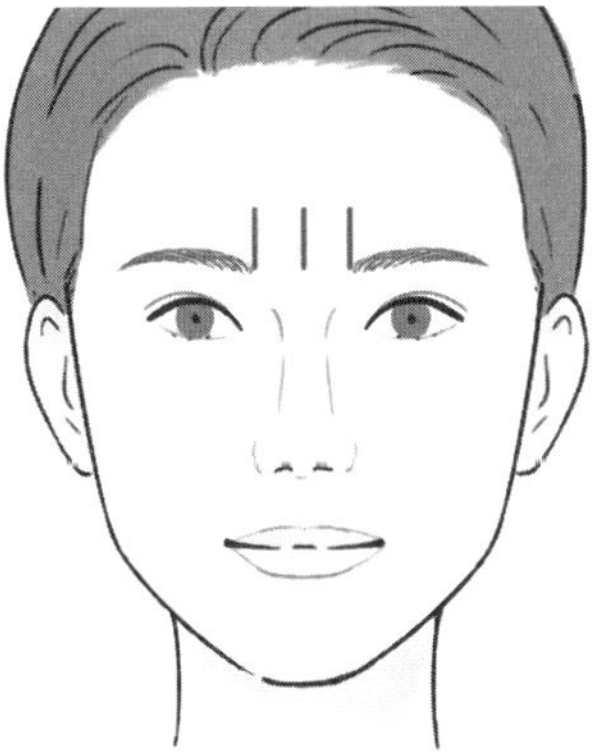

[図130]

うため、取り越し苦労が多くなります。一人でいることが好きな性格です。

❺貧窮紋は生活に困る

眉間の両方の眉頭から三日月のように刻まれている筋を貧窮紋と言います【図131】。

この紋を持つ人は不平不満が多く、自己反省をすることがなく、常に他人や社会に責任転嫁をしがちなタイプと見ます。

向上心を持ちにくく、嫉妬心が強いでしょう。精神的、経済的にも恵まれにくいと見ます。

❻極め紋は特殊技能を持つ

眉間に格子状に交錯している筋を極め紋と言います【図132】。この紋を持つ人は専門的な仕事や技術に優秀な能力を発揮しますが、まれにしかいません。

貧窮紋

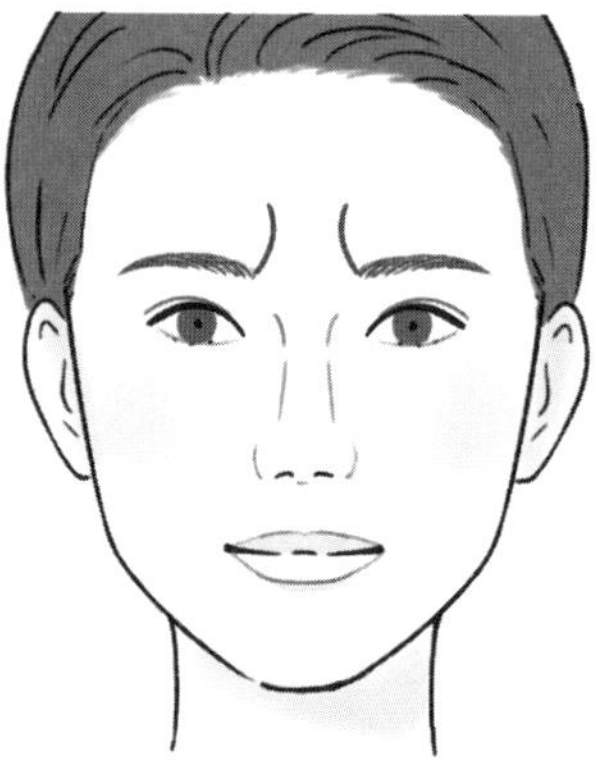

[図131]

極め紋

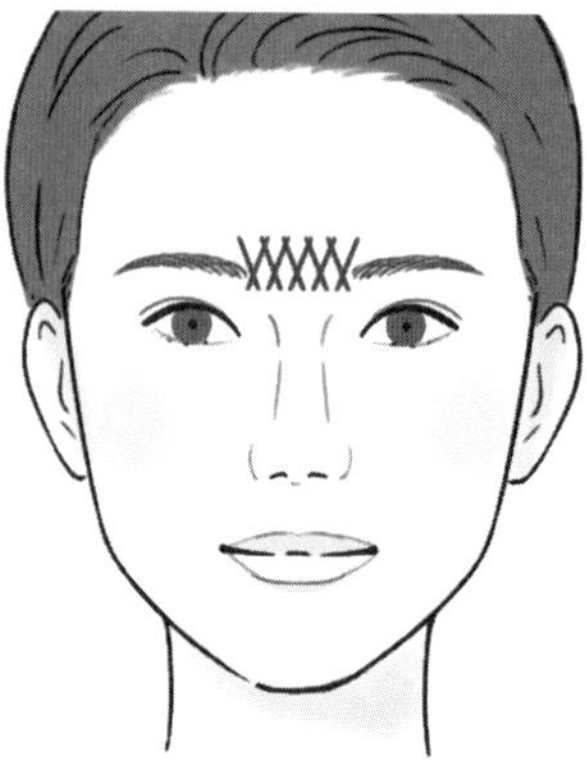

[図132]

第八章

「額」で知性と育ちを見る

額には知性や育ちが表れ、引き立て運や出世運などを見る

額は、その人の知性を総合した知力と環境や育ちを見ます。人相学の十二宮では額は官《かん》禄宮《ろくきゅう》と言って、目上の人の引き立てや力添えによる地位、出世、それに伴う金銭などを見るとともに、交渉事の成功を見る部分です。

額は髪の生え際から眉の上までの間を言い、指三本が標準の広さです【図133】。額が横に広い人は視野が広く、狭い人は視野が狭い傾向にあります【図134-1】。

額が縦に広い人は気が長くのんびりした性格で、狭い人は短気で人間関係が下手なようです【図134-2】。

額が広すぎる人は、利己的で多情多感な人であり、狭すぎる人は小心で情に薄く、闘争心の強い本能的な性格で自己抑制の能力に欠けがちと見ます。

よい額とは、広くて色艶がよく、きれいで曲がったしわや死にぼくろがない額のことを言います。さらには隆起した骨を肉が厚く包み、見た目に少し出っ張っているような額であれば聡明さを表しています。

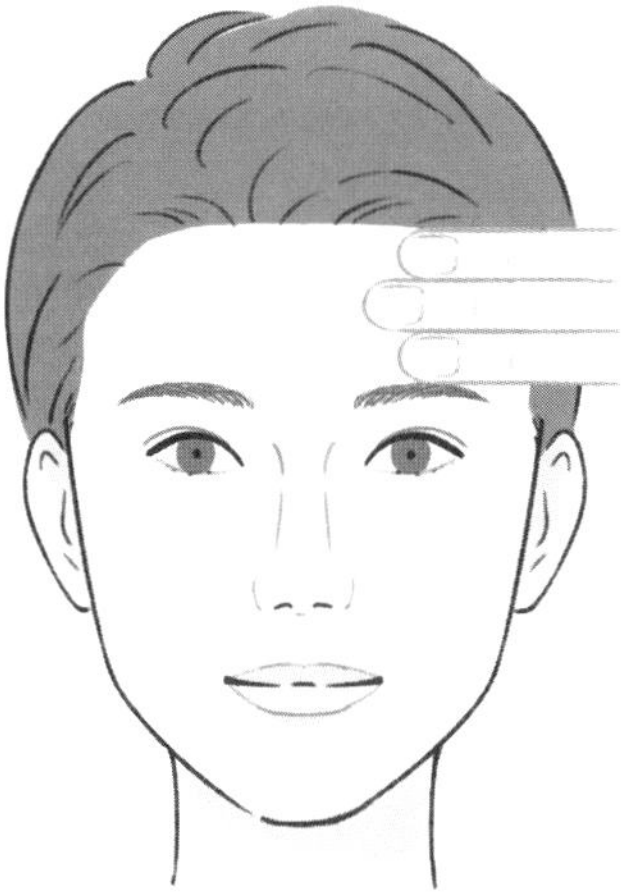

額の広さの標準

[図133]

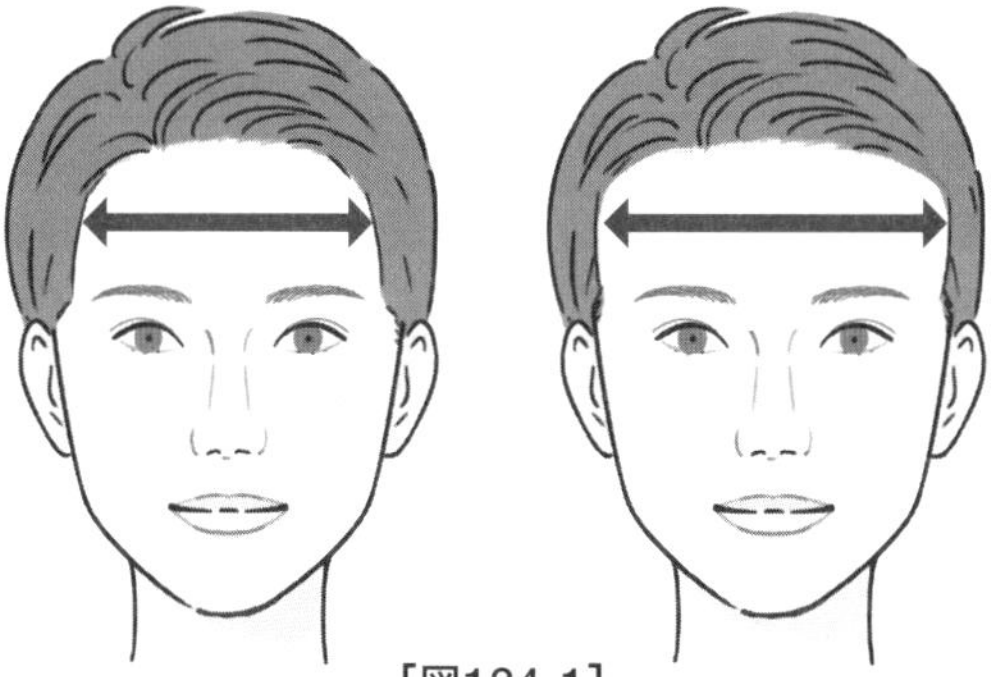

横に広い・狭い

[図134-1]

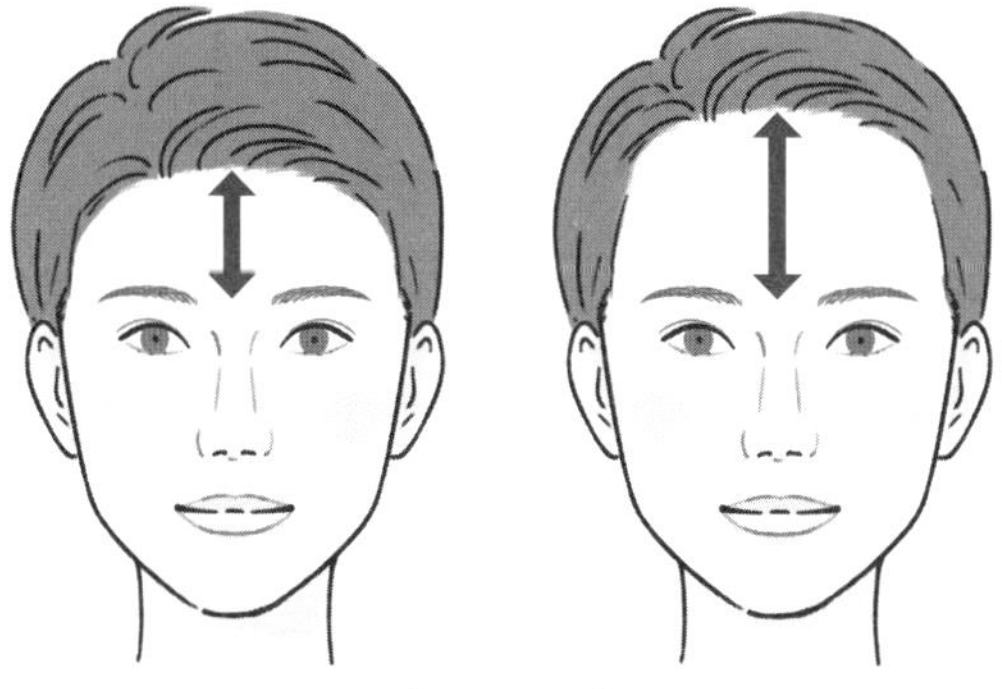

縦に広い・狭い

[図134-2]

額を三分すると推理力、記憶力、直感力がわかる

額は図のように上部、中部、下部に三分することができます【図135】。上部は天中《てんちゅう》と言い、この部分が隆起している人は推理力が特に優れ、予知能力があります。創造力、想像力、反応力も発達し、善悪の判断力もあります。

中部は官禄《かんろく》と言い（額全体を指す場合もありますが、特にこの部分を指す場合が多い）、この部分が隆起している人は、記憶力、判断力に優れ、責任感、常識があり、計画的な性格です。出世するタイプで、それに伴い、収入も増え金銭的に安定します。

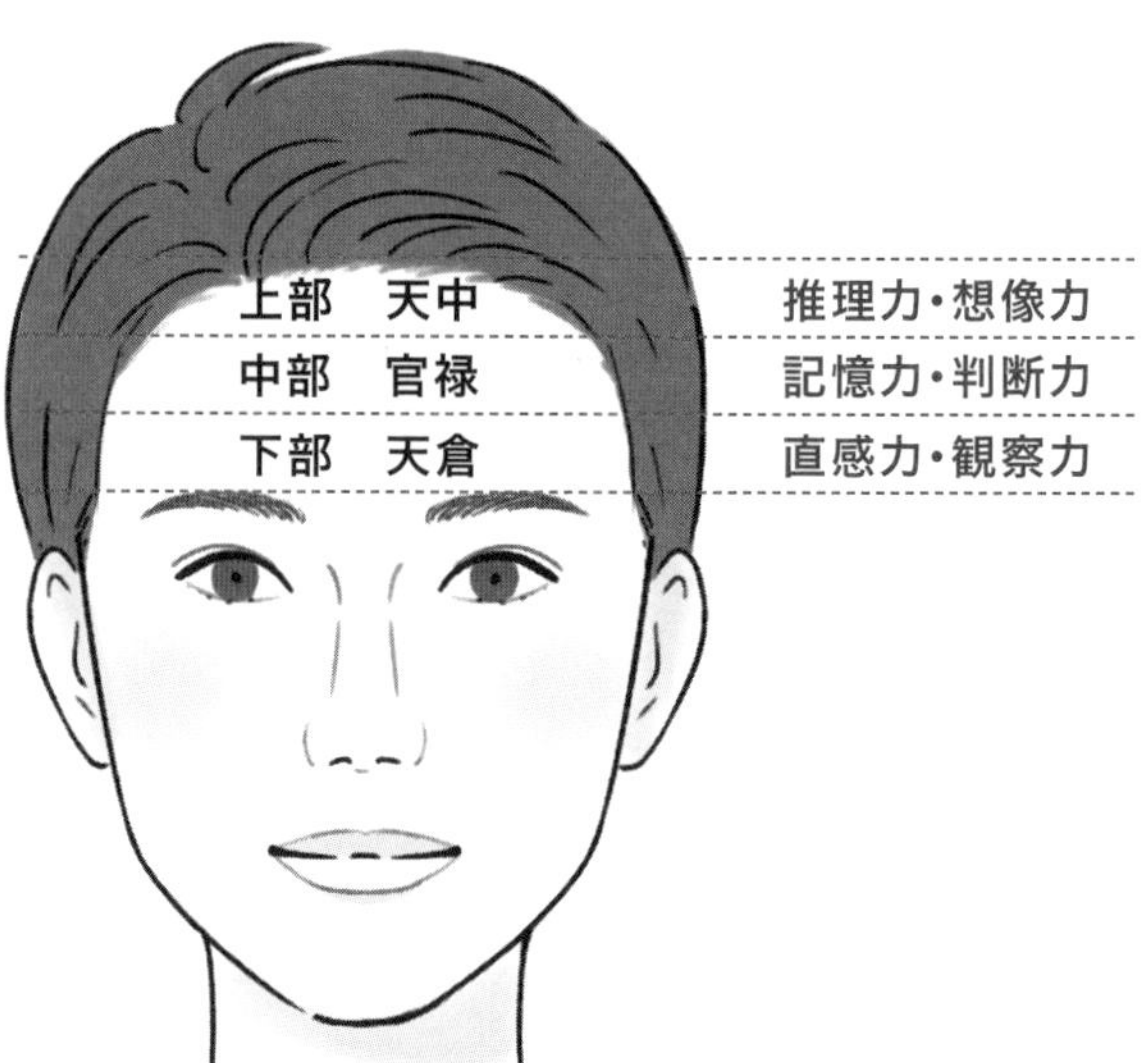

［図135］

下部は天倉《てんそう》と言い、直感力を表わします。この部分が隆起している人は観察力、決断力に優れ、数字に強いのが特徴です。合理的で現実的な性格の上に集中力もあるため、お金にも恵まれます。

額のしわで人生の安定度を見る

額に三本のしわが横に平行して、はっきりと美しく刻まれている人をあまり見かけることはありませんが、このしわのことを節条線と言います。節条線が三本はっきりとそろっている人は、現実的ですが、真面目で几帳面な性格です。希望にあふれた人生で、生活も地について安定しています。また、このしわの両端が上を向いていれば積極的な性格、下を向いていれば消極的な性格です【図136】。

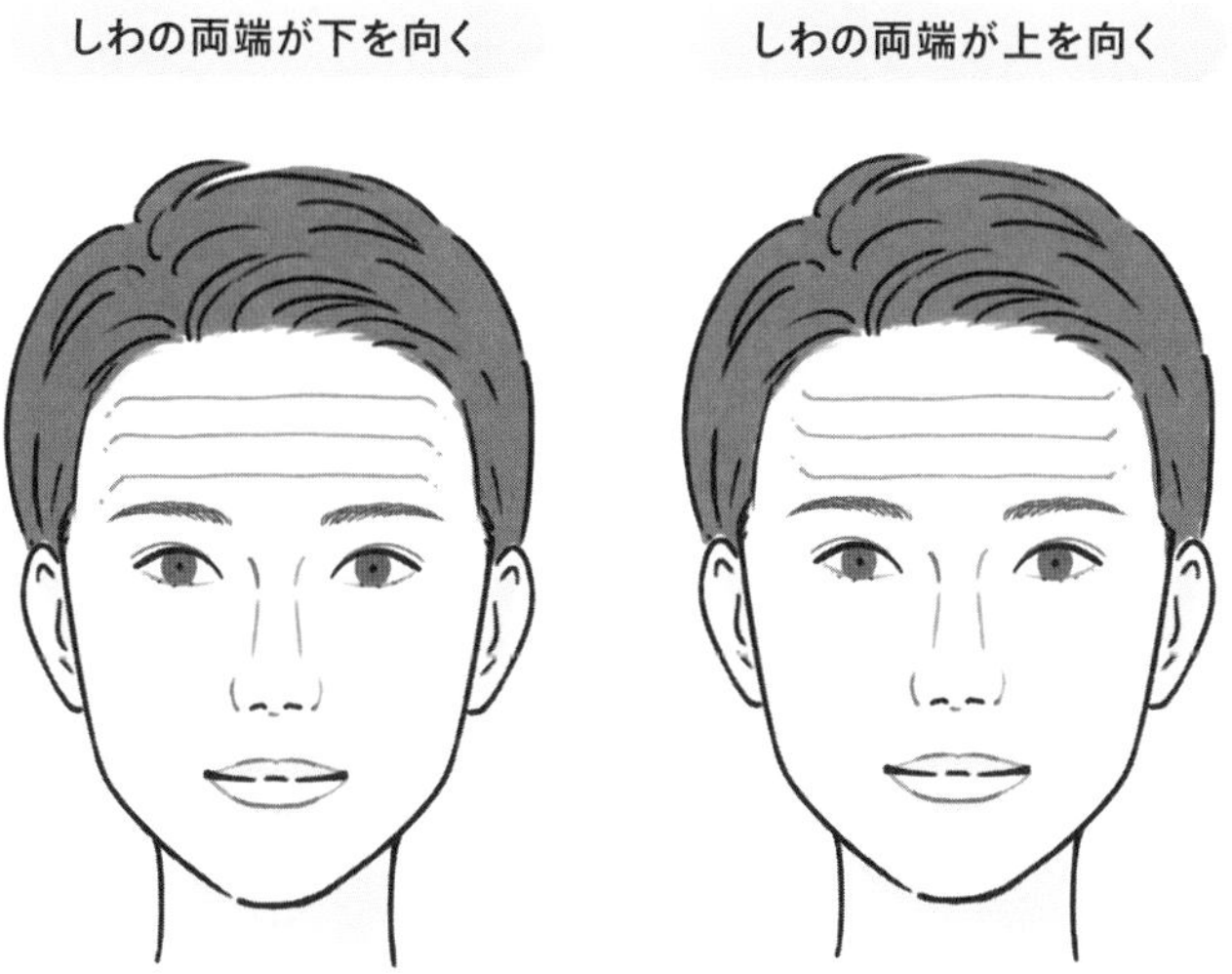

[図136]

四十歳を過ぎて額にしわが一本もない人は、非常に運が強いか、よほど人間関係に恵まれているかです。あるいはとても円満な人柄でみんなに愛され苦労のない人か、根っからの楽天家でその日暮らしを楽しんでいるか、もしくは進取の気性が強すぎて社会的、家庭的にあえて安定を求めない人と考えられます。

逆に二十歳くらいから額にしわがある人は、物の考え方が堅実でしっかりしているか、少し取り越し苦労の多い性格です。

額の三本のしわ【図137】のうち、いちばん上の線を天紋と言い、両親、目上の人、上司から受ける引き立てのよさを見ます。また、その人の知力も見るところです。この天紋が真横にきれいに一直線に刻まれていれば、よい会社に就職でき、人間関係も円滑で、目上の人からの引き立ても強く、早く楽に出世できます。

真ん中のしわを人紋と言い、健康状態、能力、実行力、意志力を見ます。人紋のみで他のしわがない人は、他人からの協力を得られず、自力で人生を切り開いていくタイプです。

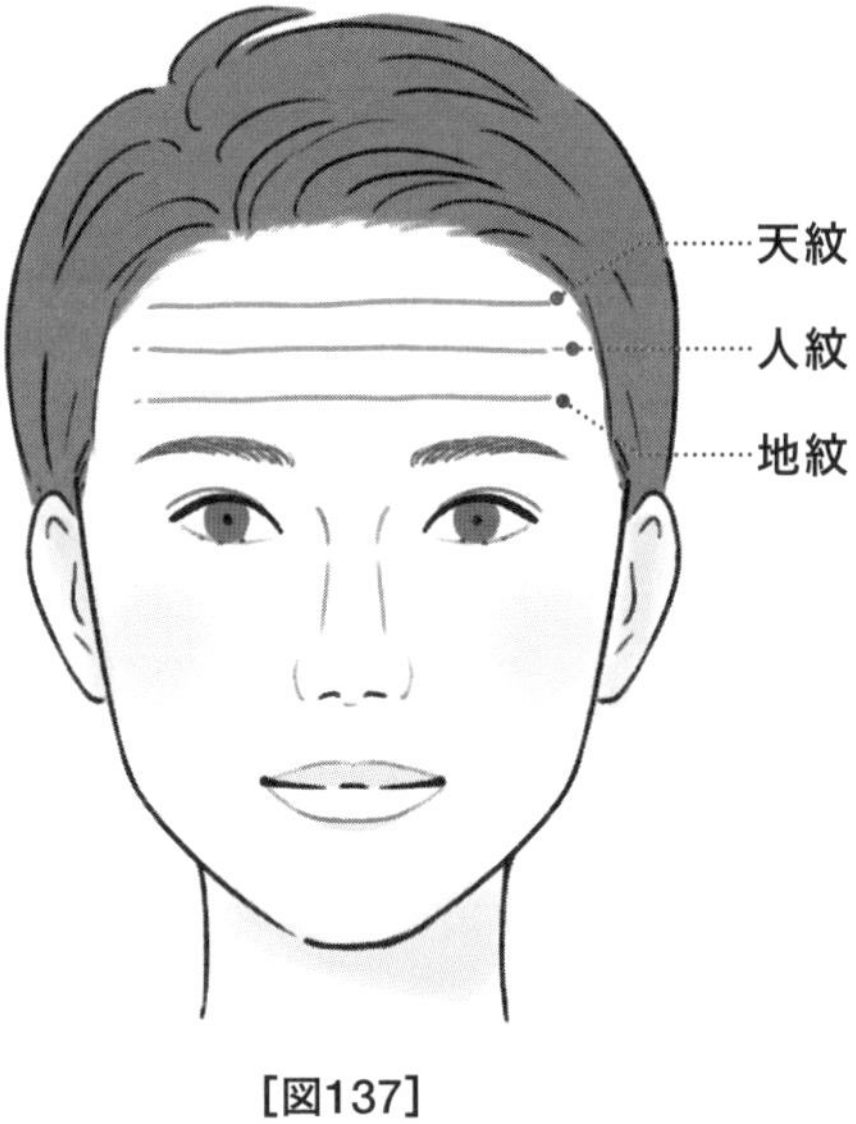

【図137】

いちばん下のしわは地紋と言い、部下の協力や情的な面を見ます。地紋がくっきりと刻まれている人は、面倒見がよく、目下の人たちから慕われて協力が得られるタイプです。

額の形

❶男額は我が強く実行力がある

男額【図138】は角額とも言い、この額を持つ人は明るく積極的な性格で、行動的ですが、頑固なところもあります。現実的で状況判断が速く、機敏な対応ができて、実務処理能力に優れています。

男額の特徴である玄《げん》武《ぶ》（眉尻の上方）がはっきりしている人は、頭がよく意志が強く行動力もあります。女性で男額の人は、キャリアウーマンで、自我が強く聡明で実行力にあふれています。

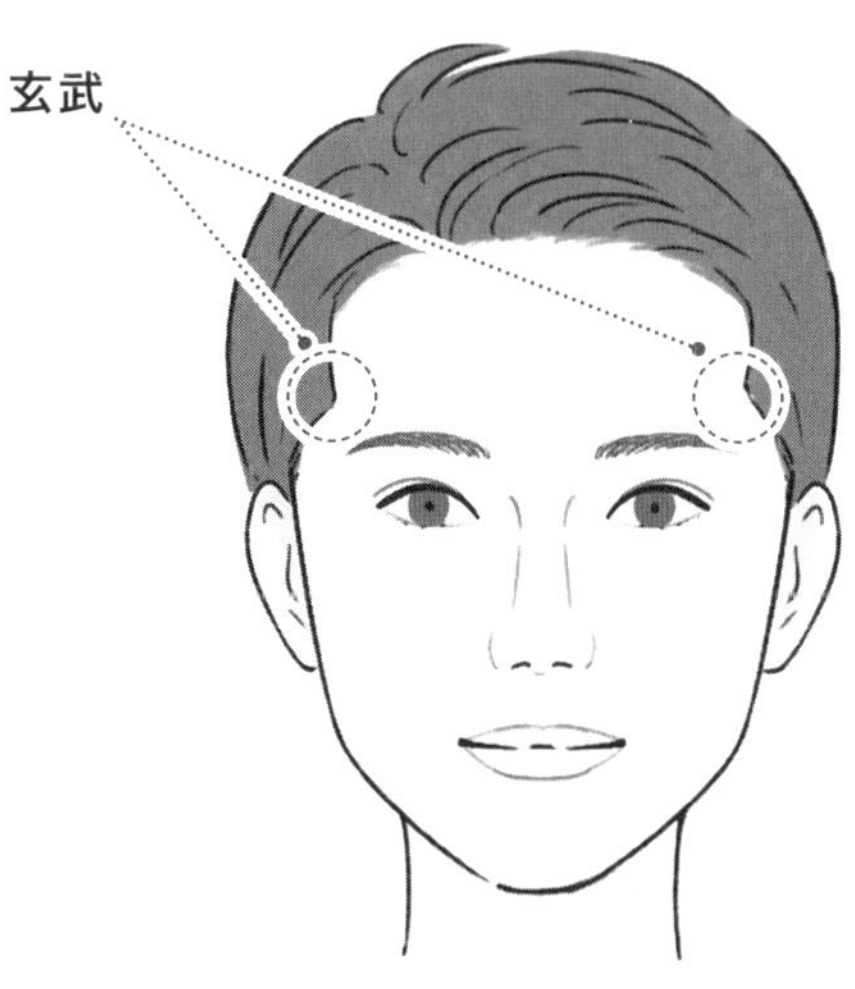

［図138］

❷富士額は素直で忍耐強い

富士額【図139】の女性は、協調性があり、素直で心が優しく、細やかな心遣いができる人です。

男性でこの富士額を持つ人は、見た目にもややひ弱な感じが見受けられ、控えめな物腰であり、消極的で神経質な性格です。

しかし、努力家で忍耐強い人です。人柄はよいため、人を使う側より使われるほうが向いています。

❸M字額は独創的な発想をする

M字額【図140】は両角が禿げ上がり、ちょ

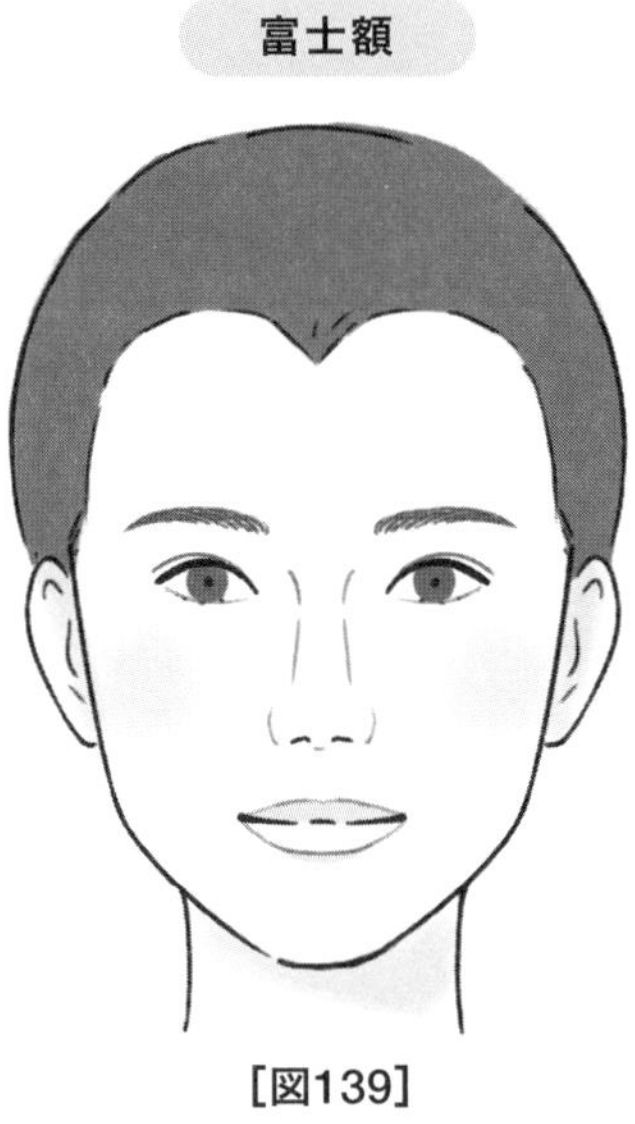

[図139]

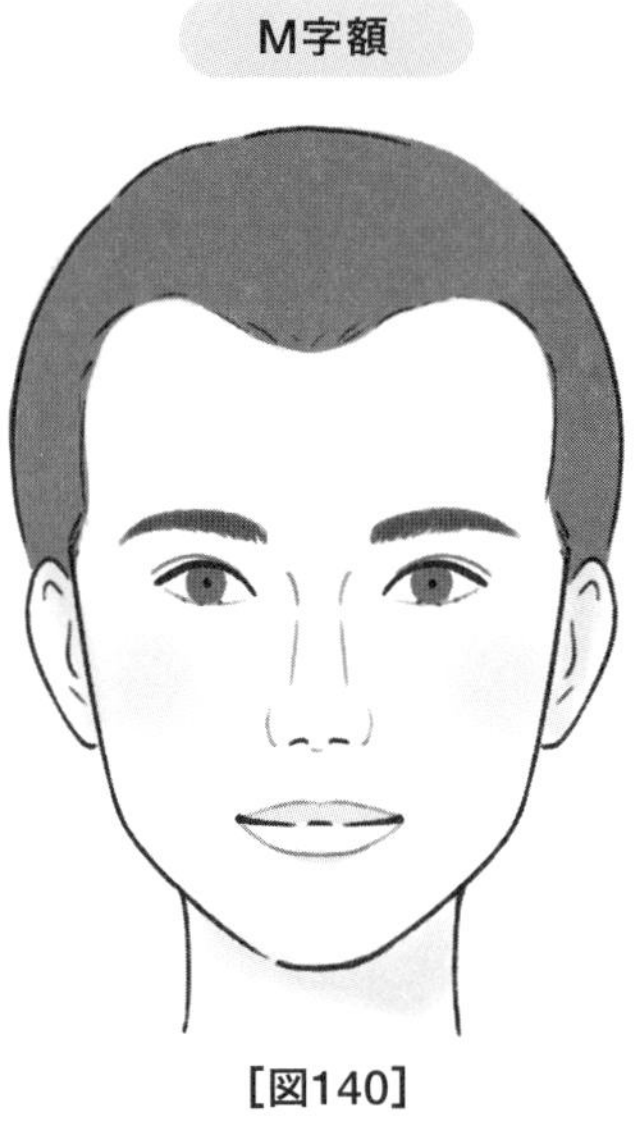

[図140]

うどM字に見えるように広くなっている額のことです。この額を持つ人は想像力が豊かで人が思いつかない独創的な発想の持ち主です。頭脳明晰で集中力にも恵まれています。

ただ、頑固で独善的なところがあり、他人の意見をあまり聞こうとしない欠点がありますす。理論的で強気な性格ですが、人の面倒見はとてもよい人です。

体力にも恵まれ、スポーツは得意です。

また、芸術、文学、音楽、企画などの分野でも才能を大いに発揮できます。

❹おでこ額は活動的で生活の知恵がある

おでこ額【図141】は額の中部が丸く出ている額のことです。この額を持つ人は個性が豊かで才気があり、勘が鋭く記憶力は特に優れています。

活動的で、生きていく上での生活の知恵を身につけています。社交性、協調性があり、人に好かれるタイプです。

ただ、嫉妬心が少し強いのが欠点です。

おでこ額

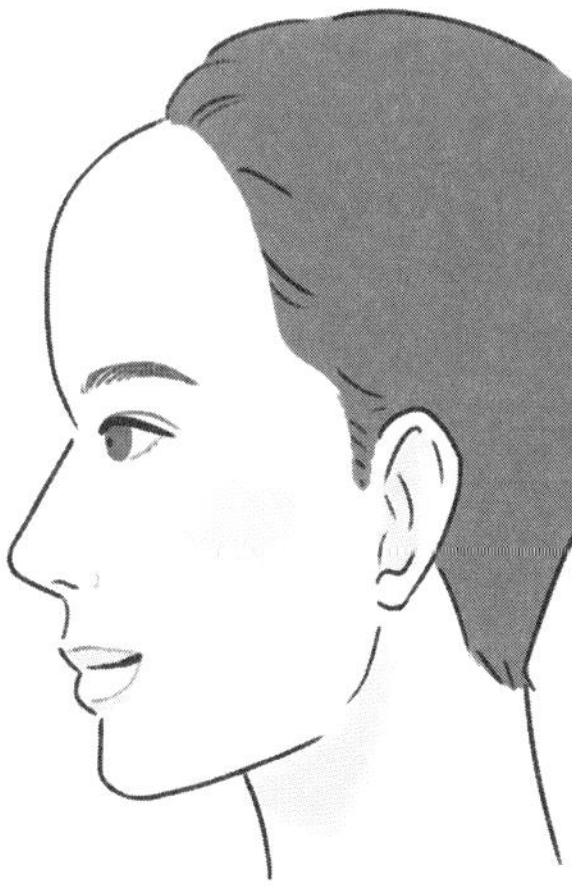

［図141］

❺女額は真面目で努力家である

女額【図142】は髪の毛の生え際が丸くなっている額で、女性に多く見られます。この額を持つ人は、真面目で努力家です。よく働き、金銭感覚も優れているので、お金には恵まれます。

男性で女額の人は女性的で優しく、温和な性格です。真面目で人柄もよいでしょう。

女額

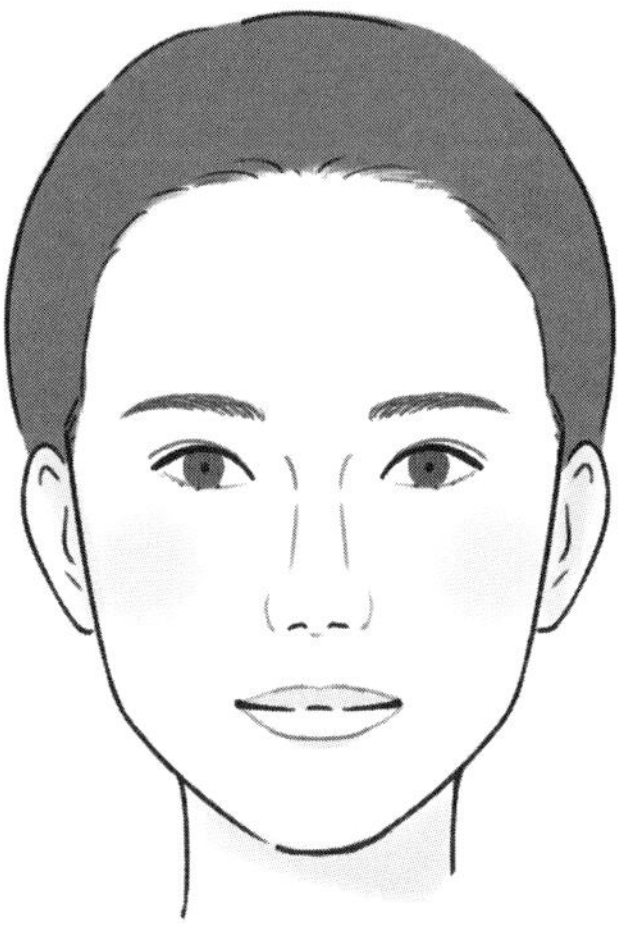

【図142】

第九章

「あご」で包容力と不動産運を見る

意志力、包容力などの内面と不動産運があごに表われる

あごに関する言葉では、「あごを出す」（自分の体力を超えて疲れる）、「あごで使う」（横柄な態度で人を使う）、「あごをなでる」（得意になる）などが日常的にもよく使われています。

あごは、顔を三分した場合の下停に当たり、知・意・情の情（本能的な面）を見るところです。一般には顔の下の部分を指しますが、耳の下のえら「あぎと」と、あごの真ん中の部分「おとがい」を含めた総称であると考えてください【図143】。

あごの骨格の太さや張り具合、肉付きなどで、意志力、決断力、持久力、包容力、指導力、誠実さなどの内面的な部分と、土地、家屋などの不動産運、健康運、家庭運、愛情運、部下運、そして六十代以降の晩年運など総合的な運を見ます。

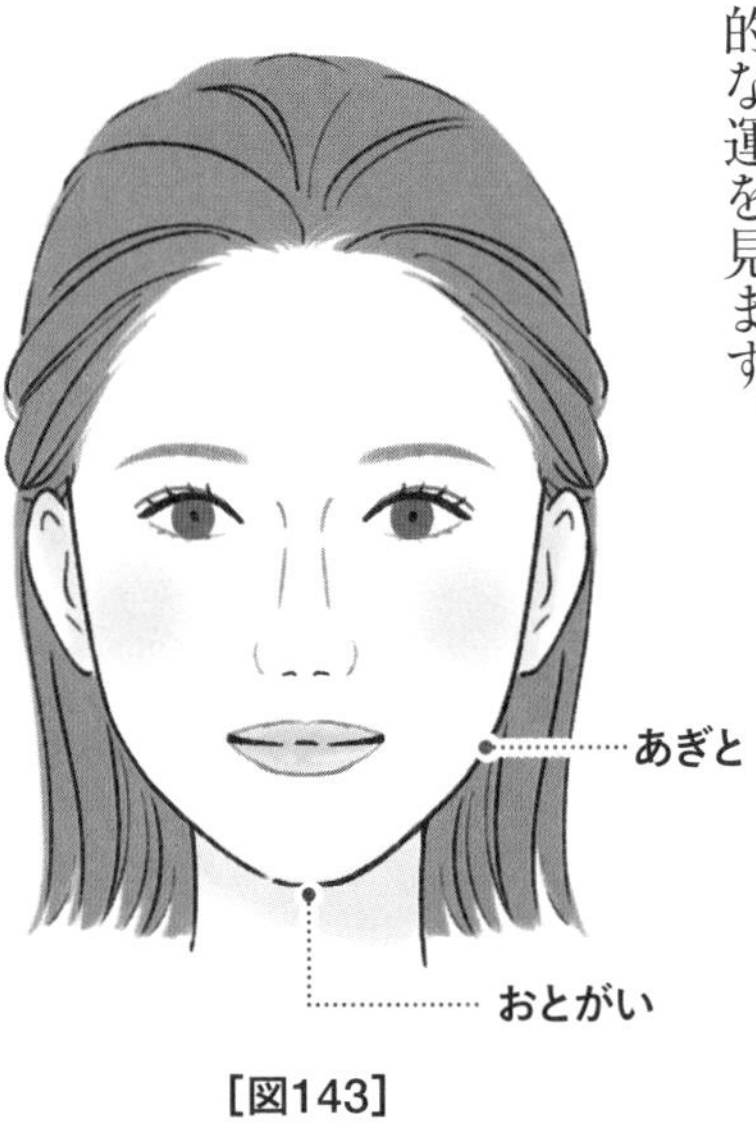

【図143】

えらは、その人の意地と意志の強弱を表します。左右にえらが張っている人は意地っ張りで我が強く、大胆な行動をとり、本能的欲望が旺盛でしょう。

また、このタイプの人は強情なだけでなく自分の考え方にこだわるので、他人の意見を心から聞こうとしないところがあります。執念深いのも特徴です。

逆にえらがないか、えらが張っていないような人は意志が弱いため、他人の考えに影響されやすく、自分の感情にも振り回されやすいでしょう。

よいあごとは、あごの肉が適度に丸みを持ち、引き締まっていることと、骨格ががっちりしていることです。こうしたあごを持つ人は、包容力があり、意志が強い人です。そして、不動産、健康、愛情、部下などすべてに恵まれます。しかし、締まりのない肉付きのあごを持つ人は、持久力がありません。

顔全体のバランスから見てあご（下停）だけが発達している人は、我が強く、意地っ張りで底意地の悪いところがあるでしょう。

あごそのものに肉がなく貧弱で、えらだけが目立って張っている人は、意地っ張りな上に、反抗的で、自分のことしか考えない利己的な性格と見ます。

また、あごが広く豊かな人は、広い土地と大きな家を持つことができます。

あごの細い人は小さな家に住む傾向が強く、仮に大きな家に住んだとしても、家中に物があふれ、結果的に狭い場所で生活することになるでしょう。

あごが広い人・尖った人・あごがないように見える人

❶あごが広いと愛情が豊かで包容力がある

あごが広い［図144］人は積極性があり、現実的で男性的な性格です。意志が強く度量があり、心が広いタイプです。

愛情が豊かで包容力、指導力があり、誠実な人柄です。特に実務処理能力に優れています。

❷あごが尖っていると感受性が鋭く先見性がある

あごが尖っている［図145］人は感受性が鋭く、神経質で消極的な性格です。感情的になりやすく度量が狭い人と見ます。協調性に欠け、利己的で情に薄い面があります。精神的に大人になりきれず、依頼心が強く見栄っ張りな面も。忍耐力と体力も不足しがちでしょう。しかし、知的で多趣味でもあり、文学、美術、音楽、芸能、ＩＴ関連などで才能を発揮します。

時代を見抜く先見性はありますが、不動産運には波があり、住居や職場を変わりやすいでしょう。

❸あごがないと主体性に欠け、意志が弱い

あごがないように見える貧弱なあごの人は主体性に欠け、意志も弱いと見ます。その時々の流れに任せた、行き当たりばったりの生き方になるでしょう。異性の誘惑にも弱く、すぐ相手の言うがままになりがちで、トラブルが絶えません。

いつも自分の感情のおもむくままに身を任せてしまうので、他人に迷惑をかけることも多いでしょう。

広いあご

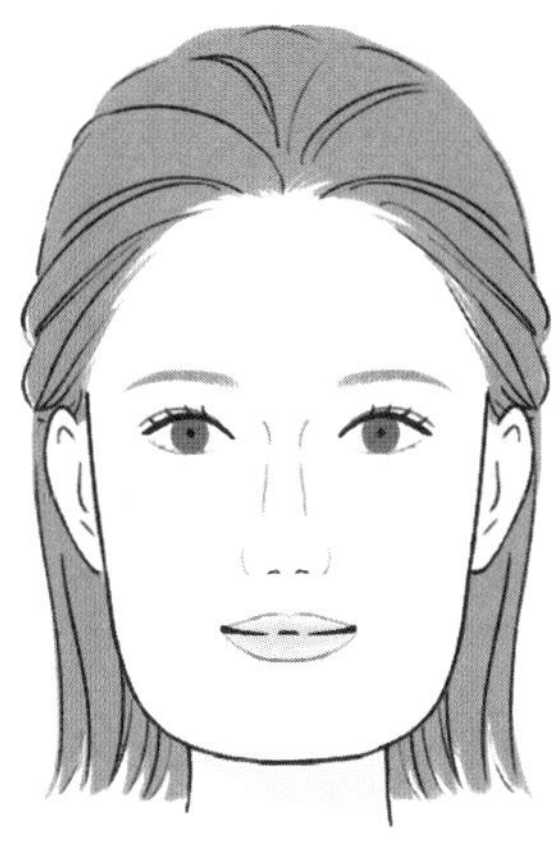

[図144]

尖ったあご

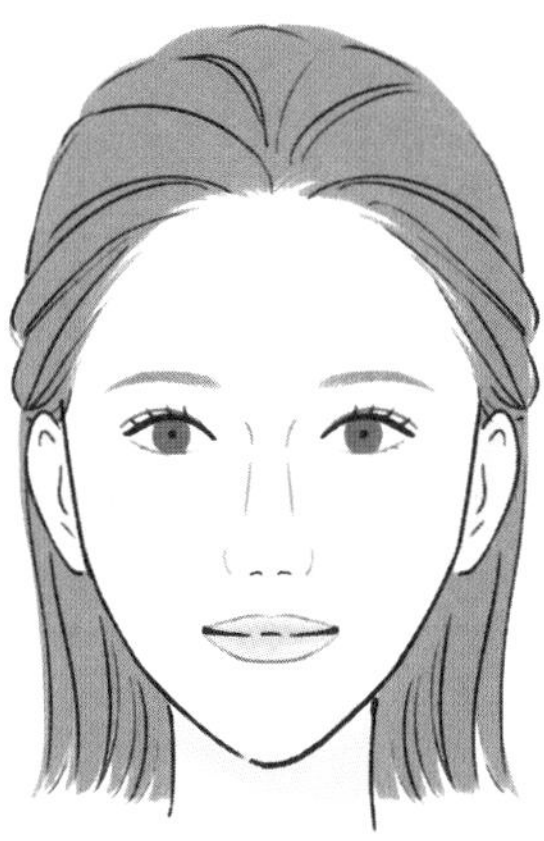

[図145]

あごが長い人・短い人

❶あごが長いとサービス精神がある

あごが長い【図146】人は円満温厚で人柄がよく、人間性が豊かです。サービス精神が旺盛で、他人の世話を焼き、よく尽くしますが、情にほだされやすいタイプです。また、調子に乗りやすく、軽薄なところがあります。

❷あごが短いと用心深い

あごが短い【図147】人は用心深く猜疑心が強いため、他人をあまり信用しようとしません。利己的な性格でわがままな面も。趣味は多彩ですが、飽きっぽく忍耐力に欠けるため、広く浅く楽しむタイプです。

長いあご

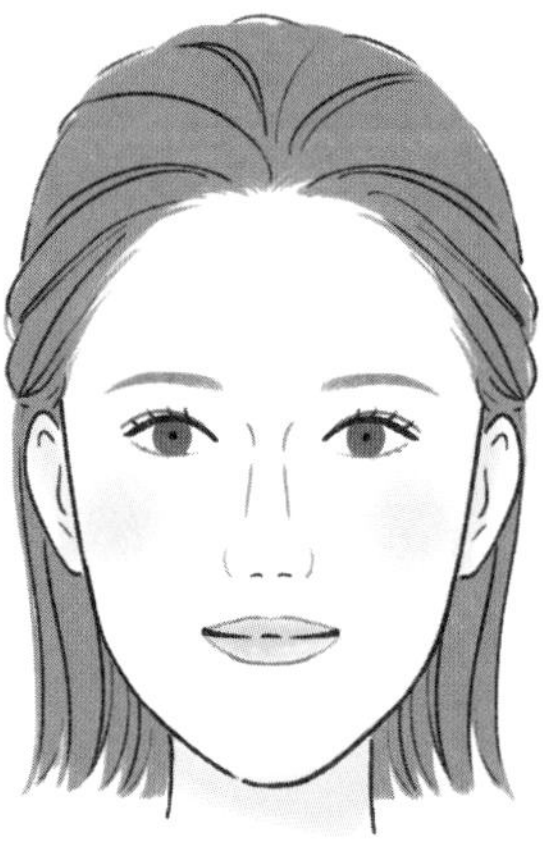

［図146］

短いあご

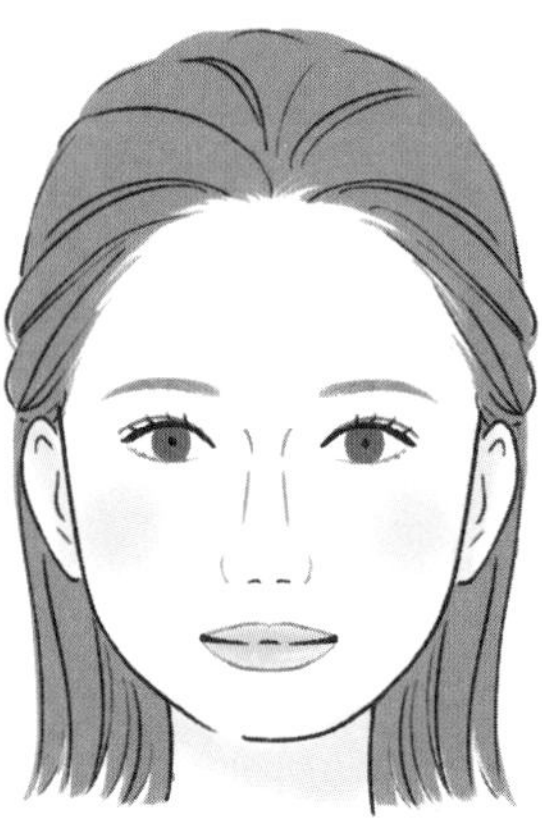

［図147］

あごがしゃくれている人・あごが引っ込んでいる人

❶あごがしゃくれていると楽天家である

しゃくれたあご（三日月あご）【図148】の人は個性が強く情熱的です。

楽天的な性格で物事にこだわらない雑なところもありますが、意志が強く、決断力、実行力に優れ、才能にも体力にも恵まれています。働くことが好きで、根性もあるため、仕事では成功するタイプです。

しかし、物事の本質を言い当て、歯に衣着せぬ言葉を口にし、敵を作るのが欠点です。

❷あごが引っ込んでいると心配性である

あごが引っ込んでいる【図149】人は心配性で、取り越し苦労をします。消極的な性格で覇気に欠け、冷たいところがあります。

しゃくれたあご

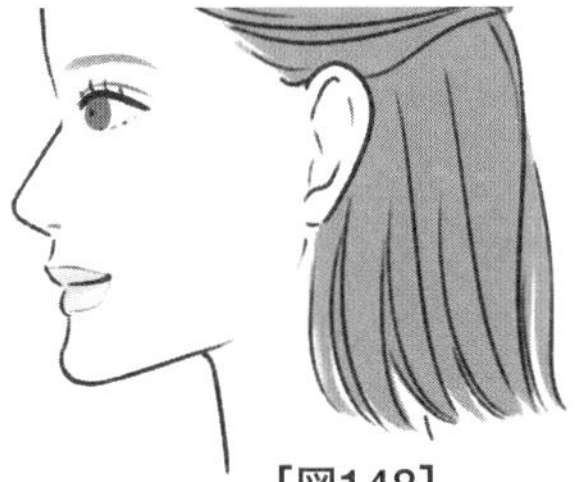

[図148]

引っ込んだあご

[図149]

また、生命力が強くないため、意欲が低く、活力に心配があるでしょう。

あごが肉厚の人・あごが肉薄の人

❶あごが肉厚だと決断力がある

肉厚のあご【図150】とは横から見て、骨に肉が厚くついているあごのことです。

このあごを持つ人は愛情が豊かで、決断力に優れています。意志が強く、包容力もあるため、部下にも慕われます。不動産に多く恵まれ、晩年は孫に囲まれた幸せな生活を送ることができます。

❷あごが肉薄だと偏屈である

肉薄のあご【図151】とは横から見て、骨が目立ち、肉がこけているあごのことです。

あごの肉が厚い

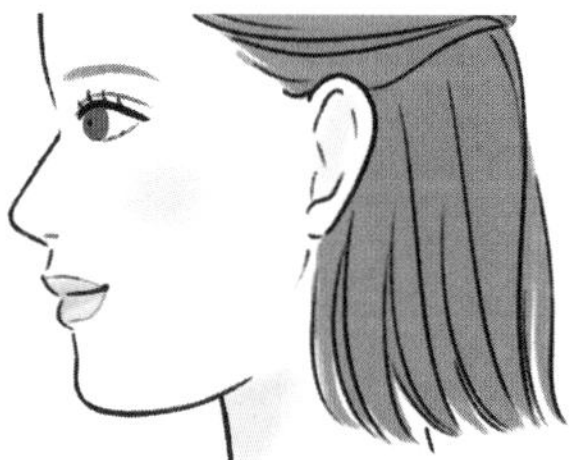

【図150】

あごの肉が薄い

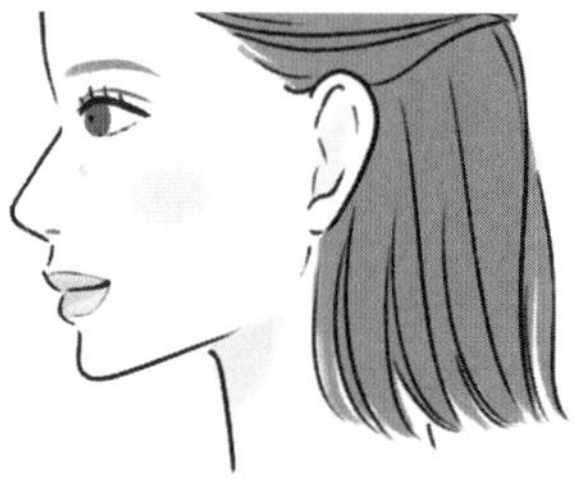

【図151】

このあごを持つ人は知的ですが、主体性がありません。他人の顔色を見て行動するため、人に振り回される傾向が強いようです。神経質で利己的な性格で、愛情も淡泊です。また、偏屈で意地っ張りなところが人間関係にも影響し、お金にもあまり恵まれず、晩年は孤独になりやすいでしょう。

あごの形

❶丸いあごは包容力と信頼性がある

丸いあご【図152】とは脂肪が骨についたために、肉付きが豊かで丸くなったあごのことです。このあごを持つ人は度量が広く協調性があり、性格は円満です。そして、おおらかで落ち着いた雰囲気を備えています。

包容力があり、面倒見もよいため、人望もあり人々に信頼されます。仕事熱心で、家庭や子どもに恵まれる幸せな人です。

丸いあご

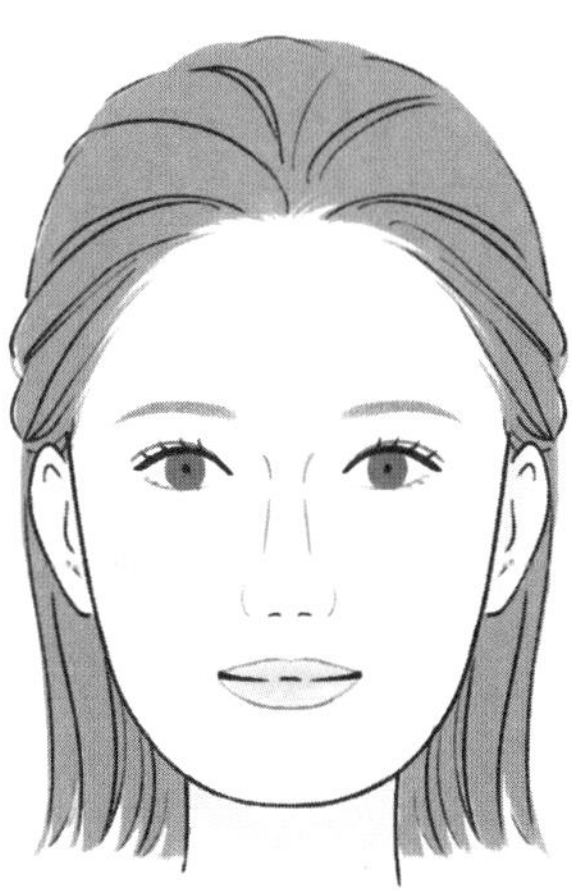

[図152]

❷角張ったあごは現実的で根性がある

角張ったあご【図153】とは骨格が太く四角張っていて、肉が引き締まっている筋骨型のあごのことです。

このあごを持つ人は体力に恵まれ、意志が強く忍耐力もあるため、目標や目的が定まれば、最後までやり遂げられるマイペース型の努力家です。

合理的、現実的な性格ですが、反面、頑固で理屈っぽく負けず嫌いで、物事に対して鈍感なところがあります。人の心を理解せず、情に欠けるのが欠点です。

このタイプで知性が伴わない人は、執念深く強引な性格が災いして孤立します。また、筋肉がなく骨の形だけでえらが張っている人は、ひがむ気持ちが強いために人間関係で損をしがちなタイプと見ます。

❸細いあごは真面目で緻密である

細いあご【図154】とは骨格が細く、脂肪も筋肉もあまりついていない華奢《きゃしゃ》で尖っているあごのことです。

角張ったあご

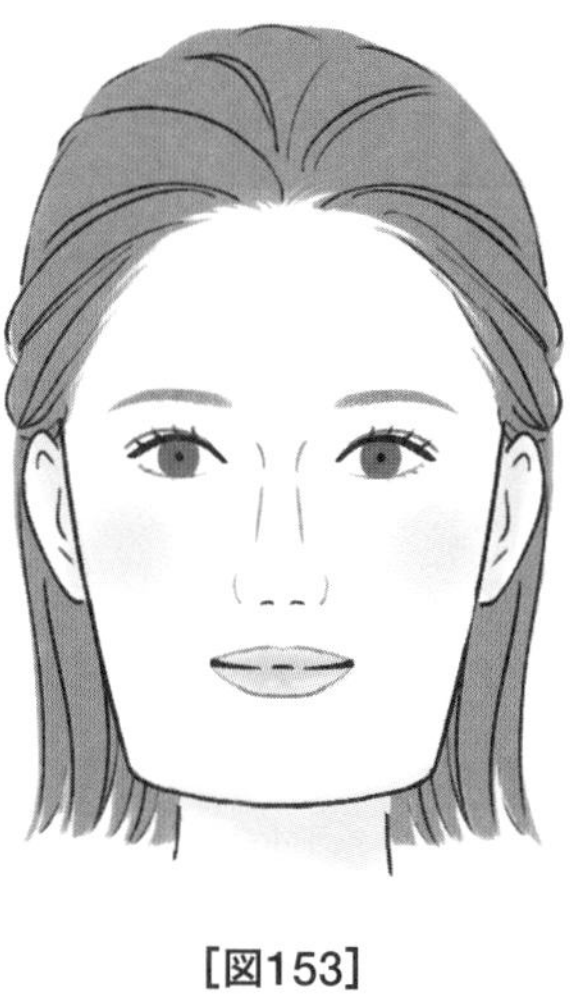

[図153]

このあごを持つ人は常に冷静で真面目な性格ですが、人間関係はあまり得意ではありません。利己的で依頼心が強く実行力が伴わないでしょう。

緻密な計算に強く、知識欲が旺盛なため、頭を使う仕事に向いています。金銭よりも地位や名誉に関心を持つタイプです。

④二重あごはお金と健康に恵まれる

ここで取り上げる二重あごとはあごの肉が二重にはなっていても、引き締まっているあごのことです【図155】。

このあごを持つ人は愛情が豊かで、包容力があります。人徳があって社交性にも優れているため、人間関係、お金、健康に恵まれます。

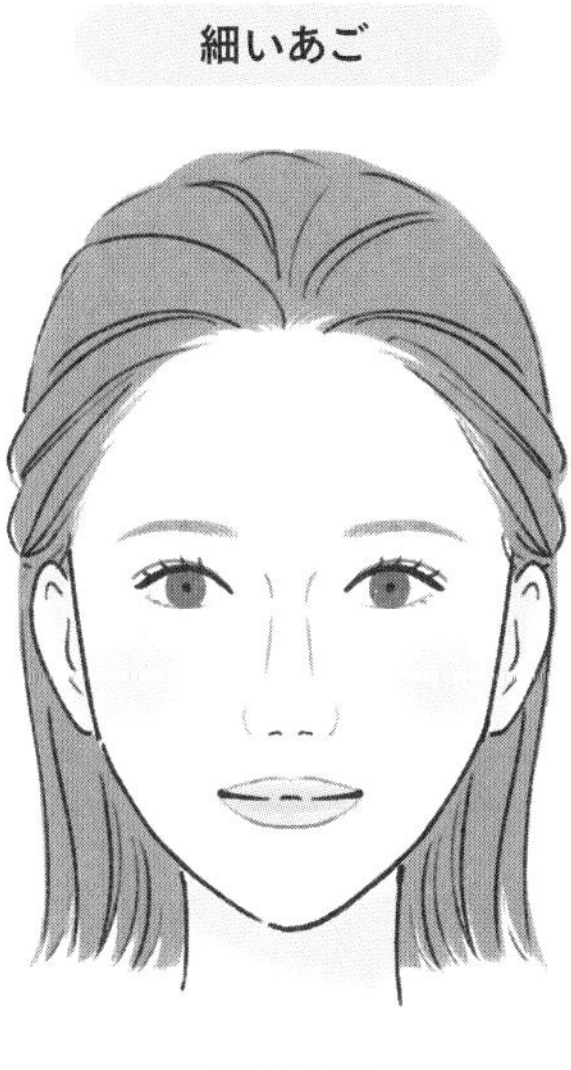

［図154］

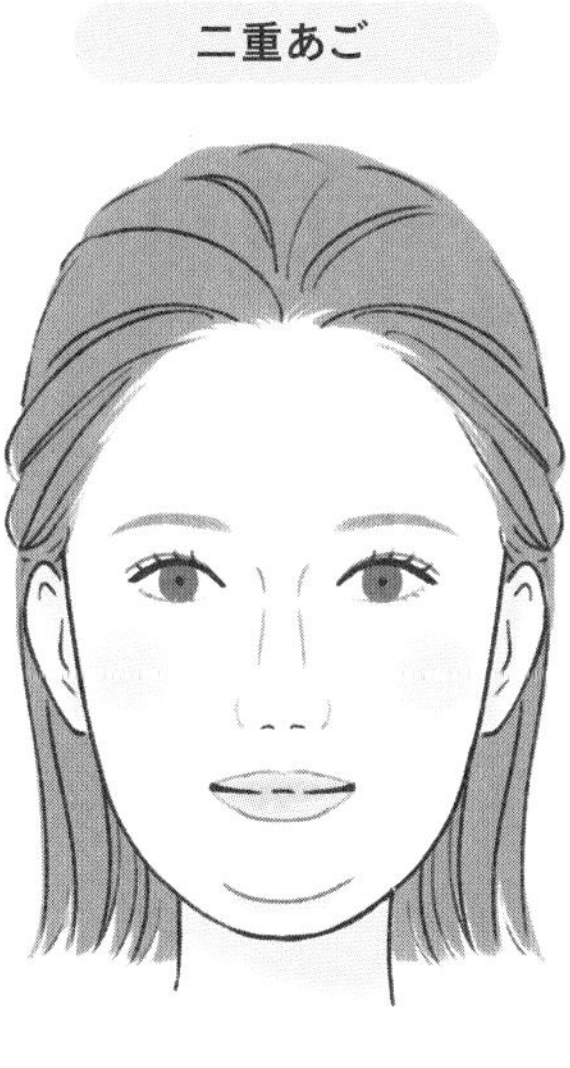

［図155］

おとがいがくぼんでいるあご

おとがい（あごの真ん中）がくぼんでいる【図156】人は、感受性が鋭く神経質な性格ですが、情熱的で物事にすぐ感動するタイプです。

集中力があり、自己抑制と強い意志の力であらゆるものを具現化し、自己表現を芸術にまで高めます。創造的な分野に才能を発揮します。

あごの真ん中がくぼんでいる

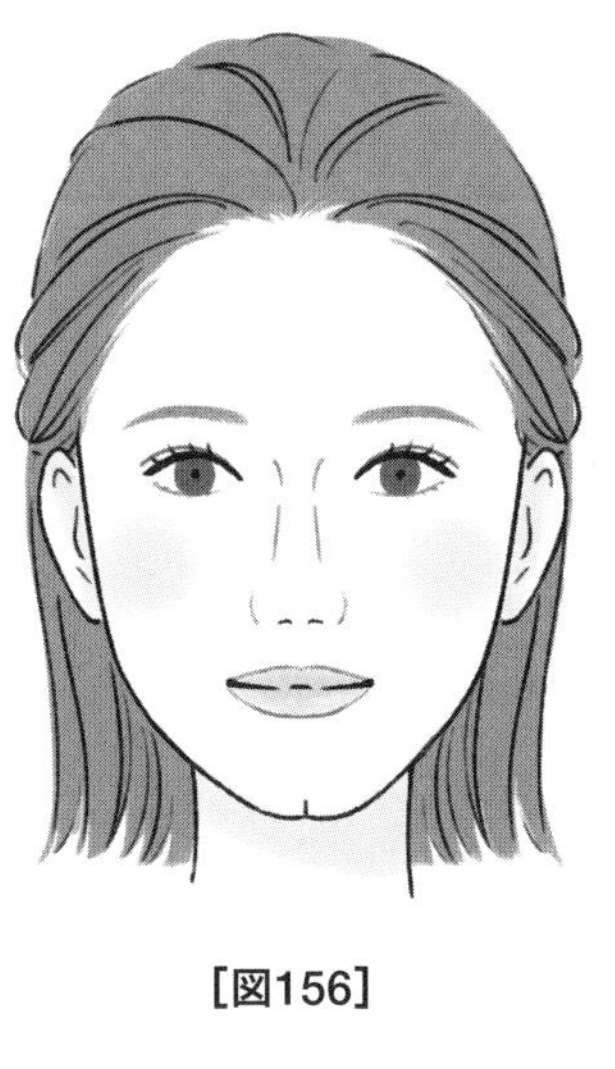

【図156】

第十章

「その他の部位」でわかること

頬／歯／髪／法令／人中／髭／ほくろ

頬で闘争心と忍耐力を見る

頬は権力欲、物質欲の強さ、社会的活躍、人気の有無、包容力の度合い、愛情の深浅、内臓の強弱などを見るところです。

頬骨の出方

頬骨が前に出ている【図157】人は、生命力にあふれ攻撃的な性格を持ち、社会生活において生存競争に勝ち抜き活躍できる闘争心の強いタイプです。しかし、頬骨が前に出っ張りすぎる人は、闘争心が強すぎて、人と争いを起こすためトラブルが多くなります。

頬骨が前ではなく横に出ている【図158】人

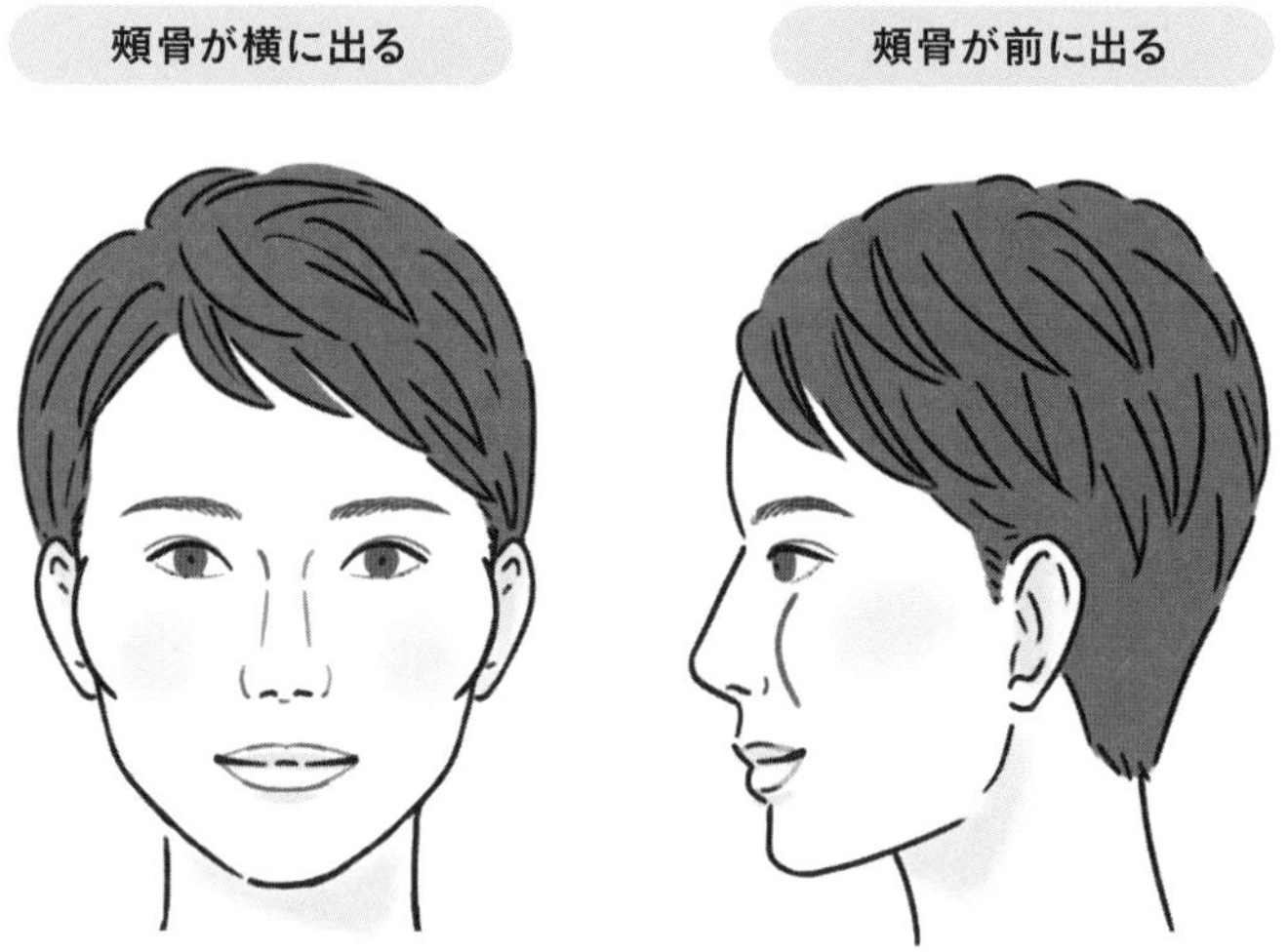

【図157】

【図158】

は、物事に対する抵抗力と忍耐力に優れ、根性があり、がんばりがききます。性格も人柄もよく、他人の面倒をよく見る世話好きなタイプです。体力にも恵まれているため、肉体を使う仕事やスポーツに向いています。しかし、頬骨が横に出っ張りすぎている人は我の強さが出て、やはり、人との争いやトラブルが増えます。

頬の肉付きが豊かな人・頬の肉付きが薄い人

頬骨にふっくらと肉が丸くつき、前、横に適度に頬骨が張っているのが理想です。丸みを帯びた頬は、闘争心が緩和されることを意味し、社会的人気、包容力、忍耐力に恵まれ、社会的な活躍ができます。

❶頬の肉付きが豊かだと人気がある

頬の肉付きが豊かな人は頬が盛り上がってふっくらとしています【図159】。

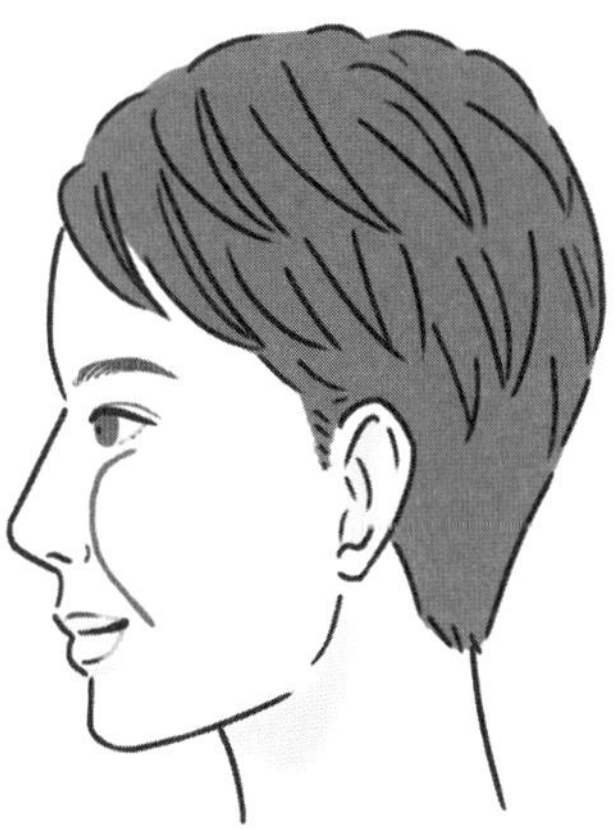

［図159］

性格は温厚円満で人柄もよく、情が細やかです。協調性があり、包容力も豊かなので人々から愛され、人気があります。健康で金銭的にも恵まれる幸せな人です。

❷頬の肉付きが薄いと感情的になりやすい

頬の肉付きが薄い人は、頬骨が前に出ています【図160】。神経質で情緒性に欠け、好き嫌いの感情が激しく、わがままな性格の人が多いようです。

社交性もなく社会性にも欠けるため、人にあまり好かれません。体力はなく身体も弱いほうで、金銭的にも恵まれません。物質的なことより精神的なことを大切にし、実力が伴わない割に権威や名誉をほしがる傾向にあります。

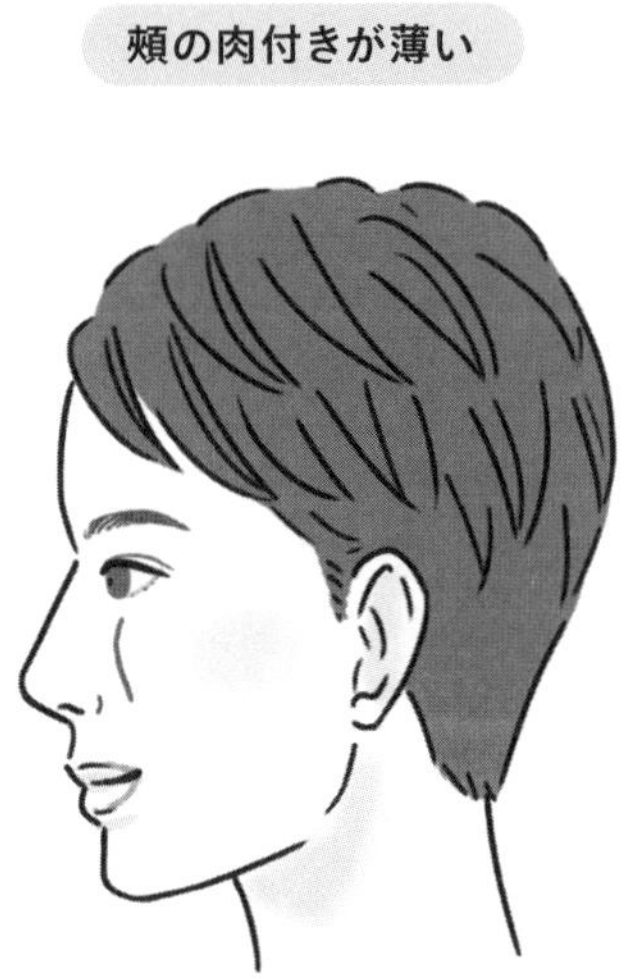

[図160]

歯で若さや体質、知力、品性がわかる

歯はその人の若さを測るバロメーターです。一九八九年から、八〇歳になっても自分の歯を二〇本以上残そうという八《はち》〇《まる》二《にい》〇《まる》運動が行われています。

年をとっても自分の歯で食べられる人は、食べ物をよく噛み、つまりは咀《そ》嚼《しゃく》するため、内臓が強く性欲もあまり衰えず、健康な人が多いようです。

真ん中の上の門歯（二本）【図161】がきちんと整って生えている人は知力に優れ、品性、育ちがよく、健康な体質の人です。

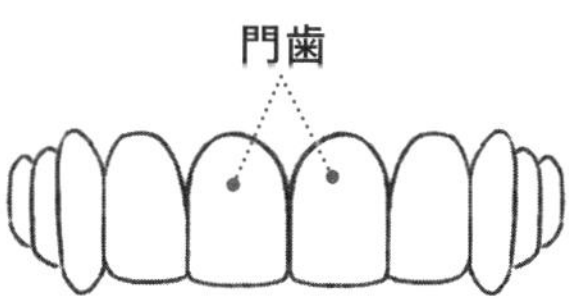

［図161］

歯並びのよい人・悪い人

❶歯並びがよいと几帳面である

歯並びのよい【図162】（182ページ参照）人は真面目で几帳面であり、円満な人柄です。常識が豊かで責任感が強く、世間でも評判のよい人です。

❷歯並びが悪いと感情にムラがある

乱抗歯と言われる歯並びの悪い【図163】人は、利己的で感情にムラがあり、ルーズな性格です。短気でこだわりが強く、道徳観がなくバランス感覚に欠ける面があると見ます。

❸隙っ歯は飽きっぽい性格である

隙っ歯【図164】の人は雑で飽きっぽい性格で、ひとつのことを最後までやり遂げることができず、仕事にもムラが出るので、経済的にもあまり恵まれない傾向にあります。

口が軽く、親との縁も薄いでしょう。身体は丈夫です。

歯並びのよい歯

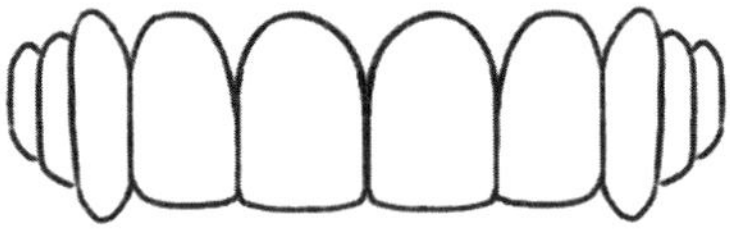

[図162]

隙っ歯

[図164]

歯並びの悪い歯

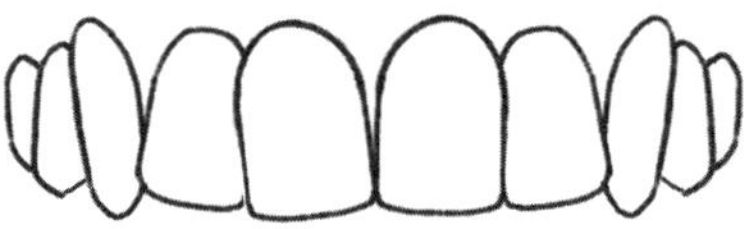

[図163]

❹出っ歯は好奇心が強い

出っ歯【図165】の人は好奇心や、性的関心が強く、飽きっぽいところがあります。

積極的、開放的な性格で、快活であるが、おしゃべりでほら吹きの傾向にあります。

❺八重歯は嫉妬心が強い

八重歯【図166】を持つ人は個性的ですが、わがままで嫉妬心が強い性格です。自分の思いどおりに相手が動かないと気がすまないところがあるでしょう。

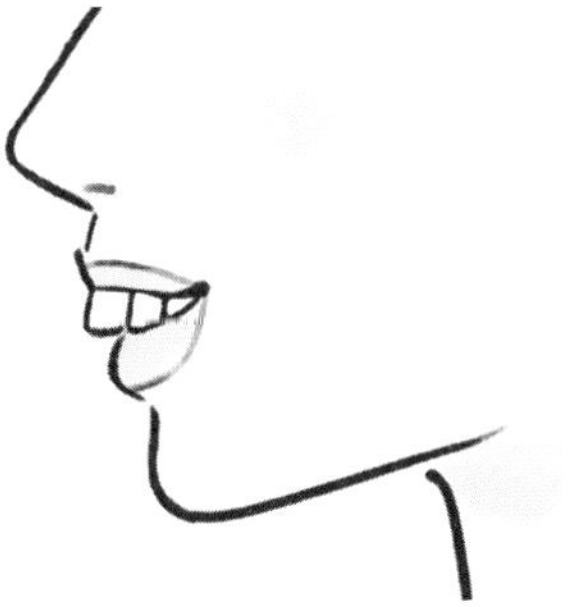

［図165］

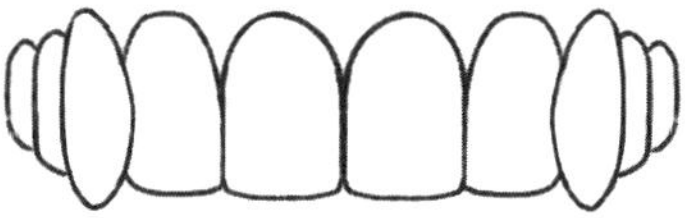

［図166］

歯の大きい人・小さい人

❶歯が大きいと体力に恵まれている

歯が大きい【図167】人は直感力が鋭く理性的ですが、情緒に欠けがち。

誠実な人柄だが、図太い面もあり、思考や行動が大胆です。仕事熱心な上に体力にも恵まれているため、自然に経済的にも豊かになります。

❷歯が小さい人は神経が細やかである

歯が小さい【図168】人は思考・行動が論理的です。几帳面で真面目な性格であり、忍耐力もあります。

情緒が豊かで細やかな心遣いをするため、誰からも愛されるタイプです。ただ、体力的にはあまり丈夫ではないでしょう。

歯が小さすぎる人は、感受性が鋭く神経質すぎる面があり、細かいことにこだわるために人から誤解されやすいでしょう。また、身体が弱く忍耐力にも期待できません。

大きい歯

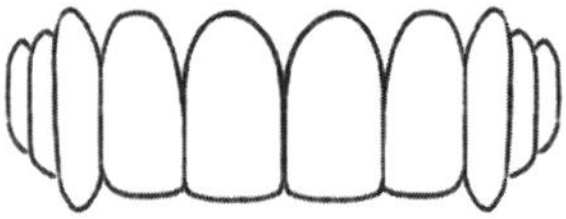

［図167］

小さい歯

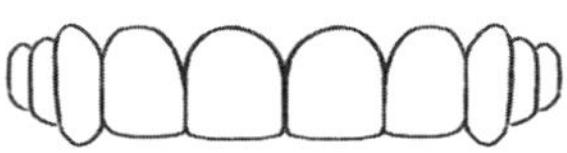

［図168］

髪で健康度や心身の丈夫さがわかる

昔から髪の毛は身体の余った血で造られると言われてきました。身体が健康で体調のよい時は、髪の毛を引っ張ってもそう簡単には切れませんが、体調の悪い時は、髪の毛が切れやすく、艶もありません。

頭が禿げるのも、白髪になるのも、両親からの遺伝によるところが大きく、年齢相応の変化はやむを得ません。

しかし、最近はどちらかといえばストレスが原因で、髪の毛の老化現象が年齢以上に進んでいる場合が増えているようです。

髪が硬い人・軟らかい人

❶髪が硬いと意志が強く行動的

髪が硬い人は頑固で我が強く、柔軟性、協調性に欠けがちですが、積極的な性格で、意志が強く行動的です。健康で体力にも恵まれていますが、血圧は低いほうでしょう。

❷髪が軟らかいと神経が細やか

髪が軟らかい人は愛情が豊かで、神経が細やかで思いやりにあふれています。性格は神経質で、感受性が鋭く頭脳明晰です。身体はあまり丈夫ではなく、血圧は高いほうでしょう。

髪が太い人・細い人

❶髪が太いと忍耐力がある

髪が太い人は積極的で、野性的な面を持ちます。行動力があり、忍耐強くスタミナがあります。

❷髪が細いと持久力がない

髪が細い人は消極的ですが、温和で知性的です。ただ、体力はあまりなく、持久力、忍耐力に欠ける面があります。

髪の色

❶黒髪は情熱的で活力がある

烏の濡れ羽色をした艶のある黒髪を持つ人は情熱的で、活力にあふれ体力に恵まれています。本能的な欲望が強い元気な人です。

❷白髪はストレスが表れている

年老いて白髪になるのはやむを得ませんが、若くして白髪になるのは、遺伝的な要因と精神的なストレスによる老化が考えられます。ストレス性の場合は、たいていホルモンのバランスが崩れていると考えられ、あまり健康とは言えない状態です。

❸赤髪は飽きっぽい性格である

赤髪を持つ人は飽きっぽく、粘着力、忍耐力には欠けますが、情熱的な面を持っています。

法令で社会的な力がわかる

鼻の両側から口を囲むように下がる筋が法令です。その形、長短、大小、太さで指導力、社会的な力、職業運、寿命を判断します。

法令の筋が太くて血色がよく、くっきりと深く、口から離れてハの字に長く伸びている人は情が豊かで包容力、指導力があり、権威を伴って社会的な影響力の強い人です。名誉、地位、金銭にも恵まれ、晩年に至るまで裕福に楽しく暮らせます。

男性で四十歳を過ぎても法令ができない人は、自分の進路や考え方がいまだに定まっていないか、進取の気性が強すぎて、今なお人生に安定を求めようとしない人と言えます。

法令が長い人・短い人

❶法令が長いと長寿である

法令が長い【図169】人は指導力があり、部下を仕切ることが好きです。社会的な地位がはっきりすればするほど、法令は深く長くなっていきます。また、法令が深く刻まれすぎている人は他人に厳しい傾向にあります。はっきりした長い法令を持つ人は長寿です。

❷法令が短いと指導力がない

法令が短い【図170】人は独立心、指導力、包容力がまだ身についていない状態です。今後の努力によって法令は長く伸びていきますが、人間的な成長がなければ、法令は短いままで終わることもあります。

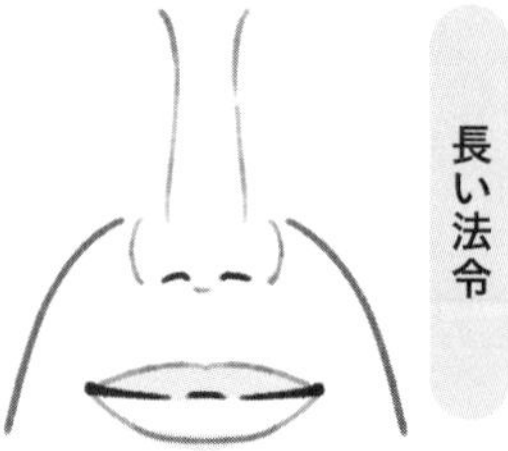

【図169】

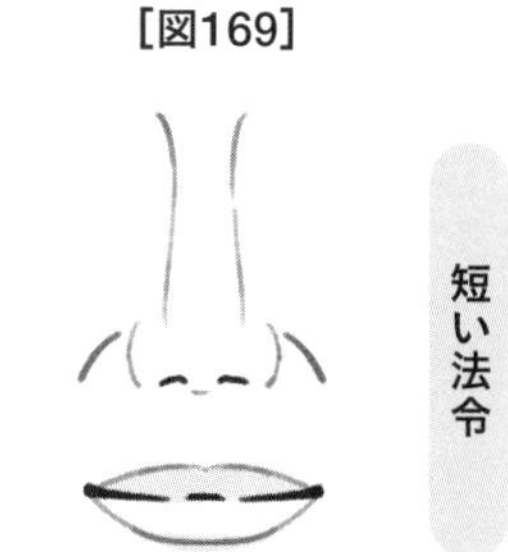

【図170】

法令の形

❶法令が口を囲むと晩年は恵まれない

法令が口を囲む【図171】人は消極的な性格で社交性が乏しく、晩年はあまり恵まれないと見ます。

❷法令の先が口に入ると生活苦になる

法令の先が口に入る【図172】人はとても神経質な性格で、胃腸が弱く、食事ができなくなる病気になったり、経済的に行き詰まったり生活苦になりやすい傾向があります。

❸法令が途中で切れていると無責任

法令が途中で切れている【図173】人は物事を途中で投げ出し、仕事や生活においてあらゆることを最後までやらない無責任さがあるでしょう。

口を囲む法令

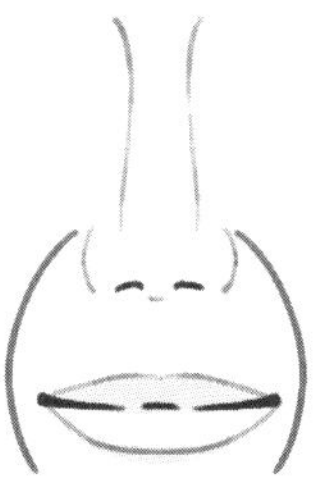

[図171]

口に入る法令

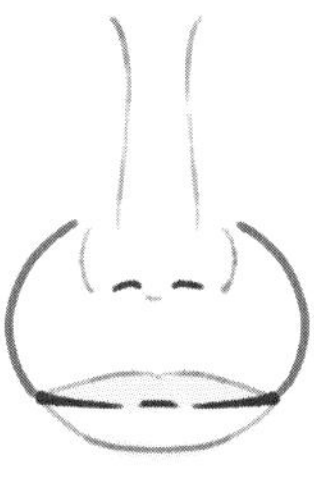

[図172]

切れた法令

[図173]

❹左右の法令の形や長さが違うと偏った考え方をする

法令の形や長さが左右で違うバランスが悪い【図174】人は性格に二面性があります。偏った考え方をしたり、こだわったりする傾向が強く、不誠実な面も。転職を繰り返し、不安定で変化の多い生活をします。片親に縁が薄い傾向も表しています。

❺法令が二本あると個性がとても強い

法令が二本ある【図175】人は個性が強く、わがままな性格で協調性に欠けます。二つ以上の仕事を持ったり、サイドビジネスをやっている人によく見られます。

❻法令がハの字だと長寿を全うする

法令が広く、ハの字になっている【図176】人は独立心が強く度量も大きく、部下運にも恵まれます。健康で長寿を全うし、晩年まで経済的にも恵まれる幸せな人です。

❼法令が狭いと生活力がない

法令が狭い【図177】人は度量が狭く、神経質で利己的な性格と見ます。社交性に欠け、協調性がありません。生活力がなく、経済的にもあまり恵まれないタイプが多いでしょう。

バランスの悪い法令

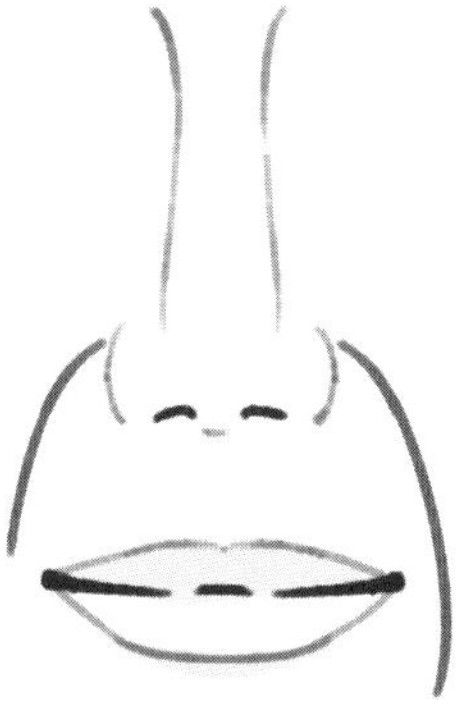

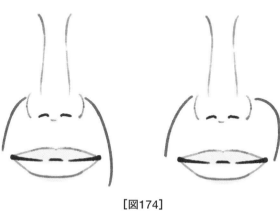

[図174]

狭い法令

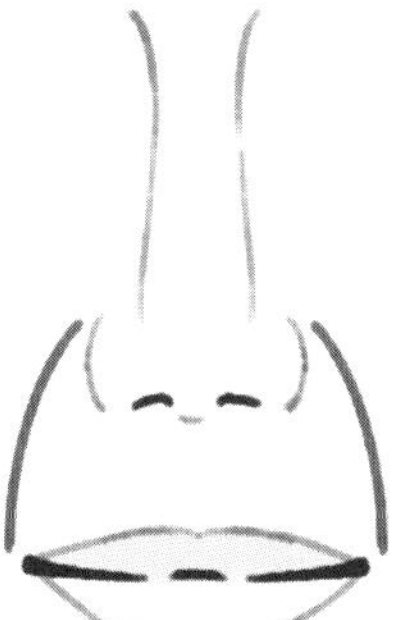

[図177]

ハの字の法令

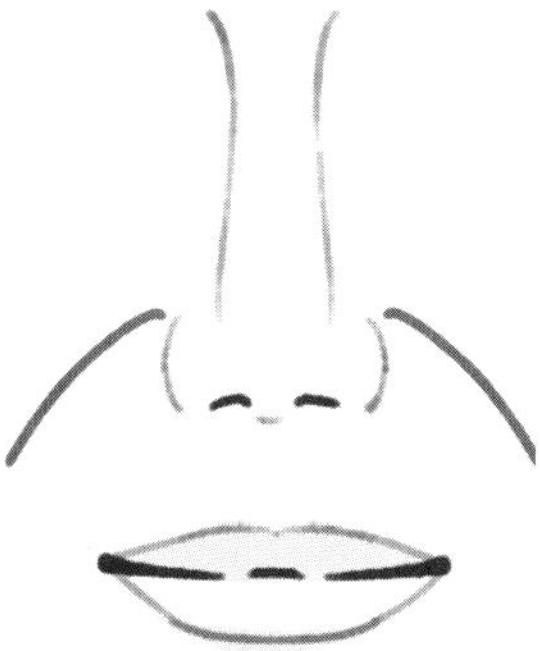

[図176]

二本の法令

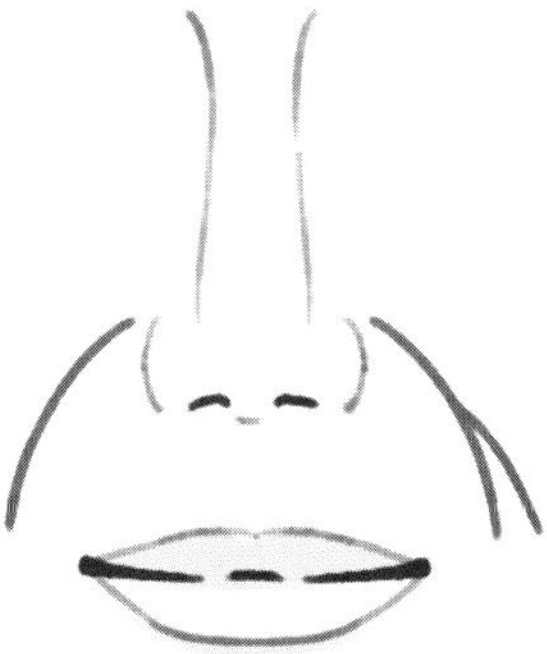

[図175]

人中で道徳観と生命力を見る

鼻の下から上唇に達する溝を人中と言います。人相学では溝の広狭、深浅、長短で寿命、健康、特に生殖器の強弱など生命力の強さを見るとともに、その人の道徳観を見るところでもあります。女性では、子宮の状態や子ども運がわかります。

最もよい人中の条件は、万年筆のペン先のような形で、鼻のほうが狭く、上唇に近くなるほど広くまっすぐに伸び、溝がはっきり刻まれていることです【図178】。

人中が広く長く深い人は道徳観がある

人中が広く長く深い【図179】人は度量が大きく人柄も円満です。道徳観が強く、意志力、忍耐力に優れています。生命力が旺盛で、生殖能力に優れています。子ども運に恵まれ、女性は妊娠しやすく出産も楽です。長生きする人が多いでしょう。

人中が狭く短く浅い人は生命力が弱い

人中が狭く短く浅い【図180】人は、器が小さく度量がありません。偏屈な性格で意志が弱く、道徳観に欠ける人が多いようです。生命力もないため、生活力がなくお金にも恵まれない傾向にあります。生殖器の発達が悪いと見るため、子どもとの縁が薄いでしょう。

人中が特に狭い【図181】人や人中がない人は神経質で気が短く、利己的な性格の人が多いようです。人中が特に短く、上唇がめくれ上がっている人は相手の気持ちを理解しようとしない傾向にあります。

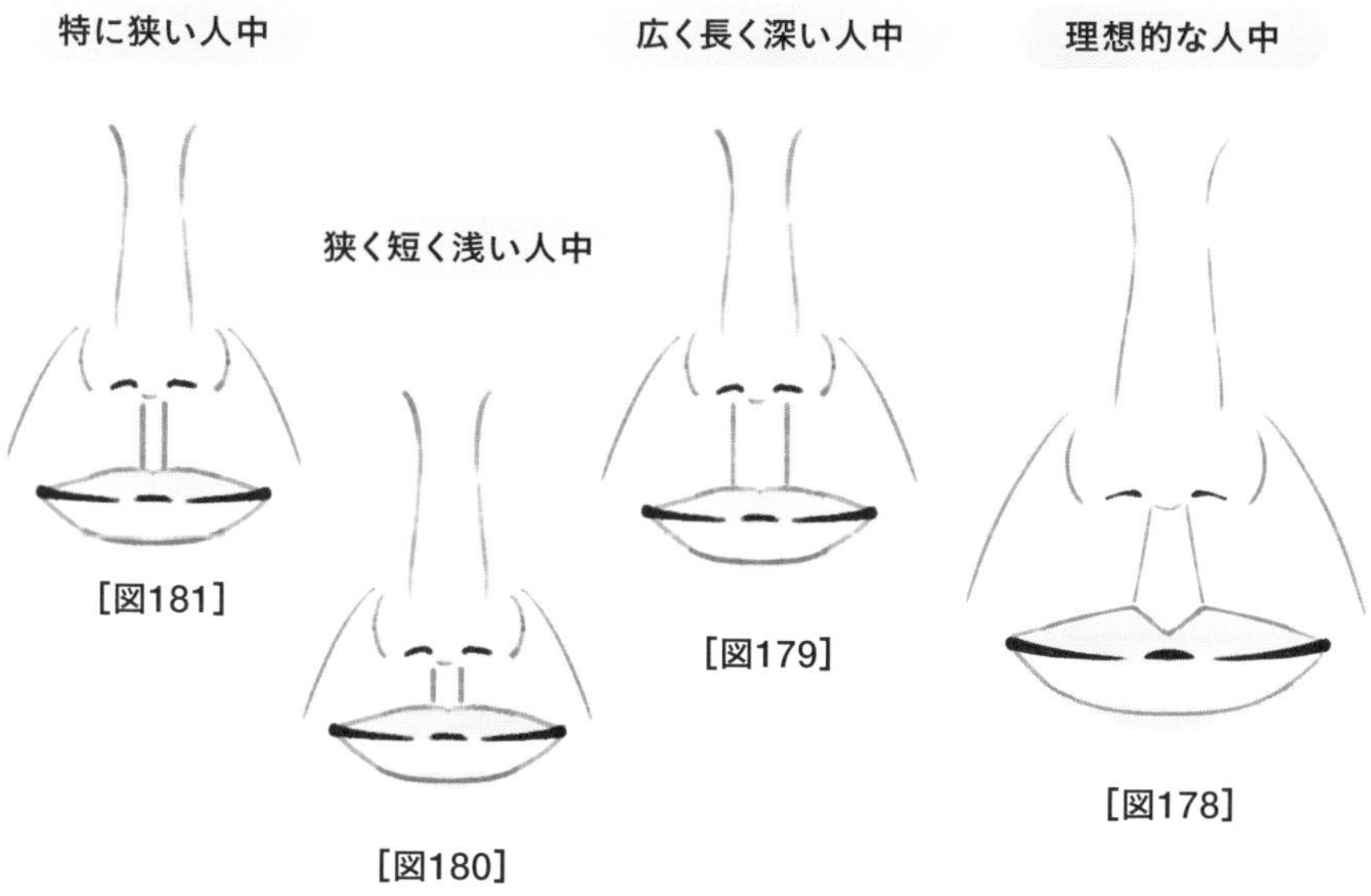

髭で腎臓の強さを見る

髭を含めて毛は血餘、血の余りで造られています。伸ばした髭が青っぽく見え、濃い人は腎臓が丈夫であると言えます。

また、髭を蓄えるような人は感受性が鋭く、強い個性とおしゃれ心を持ち、精神的に自由奔放な人物です。

髭の濃い人・薄い人

❶髭が濃いと積極的である

髭が濃い［図182］人は積極的な性格で陽気で活発です。行動は大胆ですが、愛情は細やかで思いやりと勇気があります。

［図182］

［図183］

❷髭が薄いと消極的である

髭が薄い【図183】人は消極的な性格で、気が小さい面があります。体力はあまりなく生活力に心配があります。

髭の色

❶黒髭は運に浮き沈みがある

髭が墨のように黒すぎる人は運があまりよくありません。仕事や人生に浮き沈みが多く、金運にもよい時、悪い時の波があります。家族についても縁が薄くなるでしょう。

❷青髭は健康に恵まれる

青っぽく見える髭が細く濃く、隙間なく生える人は、努力に応じて希望や目的が達成できます。健康に恵まれて、腎臓が丈夫です。しかし、青髭でもまばらに生え、隙間ができている人は人生に苦労があります。

❸赤髭はお金に困り苦労する

赤い髭が生える時は腎臓が弱って健康状態が非常に心配な時と見ます。心身や、経済的にも苦労が絶えない状態です。また、髭の先が曲がっているのは、運が停滞している時なので、のんびりと時を待つことが大事です。

ほくろで過去・現在・未来を知る

顔のほくろには一つひとつに意味があります。その人の性格、才能、職業、金銭、健康、家庭などの目に見えない、心の奥底にある精神的な動きがシグナルとなって身体の表面に表れたものと考えればいいでしょう。

人相を見る人は、特に顔にあるほくろを通して、その人の過去・現在・未来を知る手掛かりに使っている場合が多いのです。

不思議なことに恋をしたり、お金に恵まれたり、秘密を持ったりすると、その人の心の動きに応じて、その部分にほくろが表れ、少しずつですが、変化していきます。したがって、博愛ぼくろ、反骨ぼくろ、金欠ぼくろ、泣きぼくろ、恋ぼくろ、愛情ぼくろなどを知っておくと、相手の性格や長所、短所がわかり、人と付き合う上で、大変役に立ちます。

ほくろの場所と意味

ほくろには生きぼくろ（1・5ミリ〜5ミリ）と死にぼくろの二種類あります【図184】が、幸運なほくろは少ないようです。

［図184］

生きぼくろは色が黒くて艶があるほくろを言い、ほくろがある部分の意味をプラスの方向に強める働きがあります。反対に死にぼくろは、茶色っぽくて色が薄く艶のないほくろで、ほくろがある部分の意味を弱める働きをします。

ほくろの大きさが大きいほど、生きぼくろのプラスの意味が強くなり、死にぼくろの場合はマイナスの意味が強くなります。ほくろが小さいほど、それぞれのプラスとマイナスの意味は弱くなります。198ページ【図185】を参考に、それぞれの意味を見ていきましょう。

1 天庭《てんてい》

額の1の部分を天庭、天中《てんちゅう》と言い、この部分に生きぼくろがある男性は、幼年期には苦労が多いでしょう。我慢強いため、年をとるにつれて、努力が実り成功します。

また、反骨精神が強く、忍耐力があります。この部分にほくろがある女性は、夫運があまりよくないでしょう。

2 司宮《しきゅう》

額の2の部分を司宮、中正《ちゅうせい》と言い、職業や仕事運、目上の引き立ての善し悪しを見るところです。

顔のほくろの場所 参照図

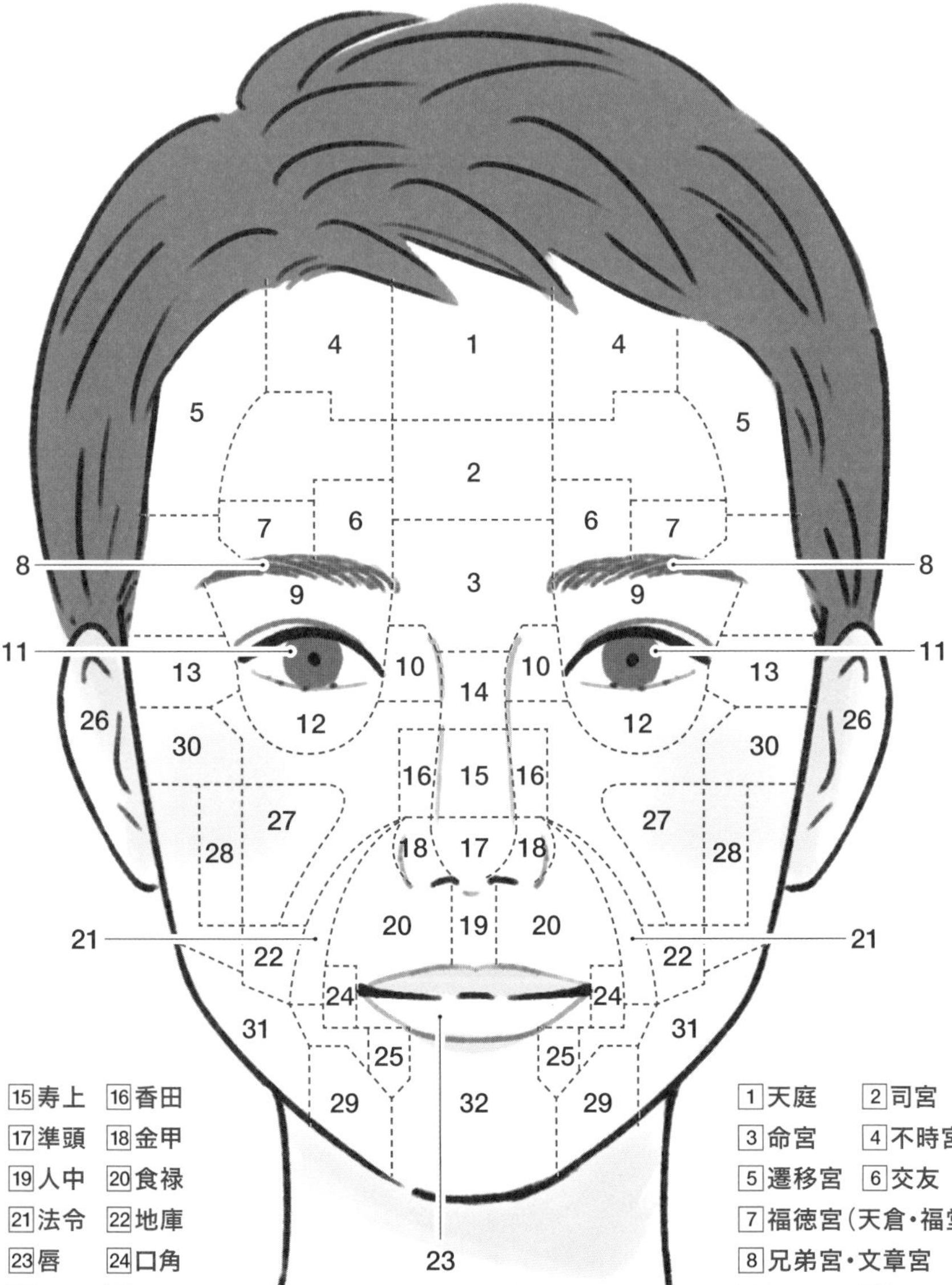

1天庭　2司宮
3命宮　4不時宮
5遷移宮　6交友
7福徳宮（天倉・福堂）
8兄弟宮・文章宮
9田宅宮　10夫婦座
11目のほくろ
12男女宮（臥蚕と涙堂）
13妻妾宮　14山根
15寿上　16香田
17準頭　18金甲
19人中　20食禄
21法令　22地庫
23唇　24口角
25比隣　26耳
27妓堂　28頬骨
29奴僕　30命門
31腮骨　32地閣

［図185］

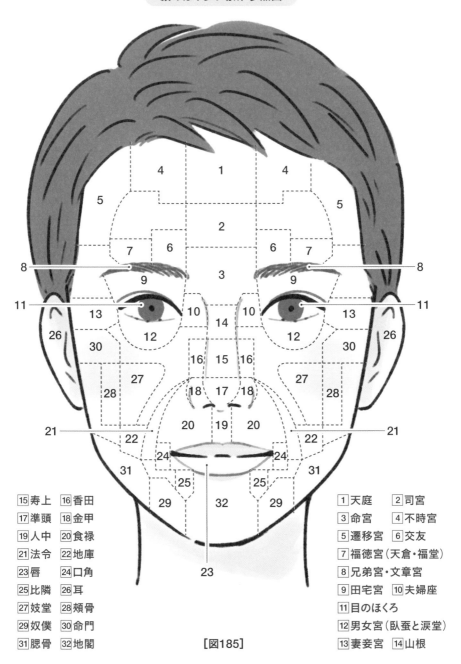

この部分に生きぼくろがある男性は個性が強く、波乱の多い人生です。常に変化を好み、仕事も変わりやすく、目上とのトラブルが多い傾向にあります。

しかし、その人柄を理解し認める人からは、人一倍気に入られかわいがられ成功します。

女性も変わった性格の人が多く、晩婚もしくは一生結婚しない傾向にあります。

3 命宮《めいきゅう》

眉と眉の間、3の部分を命宮、または印堂《いんどう》と言い、顔の急所です。人相学においては、顔の中でまずいちばん初めに見る大切な部分で、その人の一生の運の強弱を見るところです。

この部分に生きぼくろがある人は、運は強いのですが、浮き沈みがあり、よい時と悪い時がはっきりと人生に出ます。

ここにほくろがある女性は性格も運も強すぎて、家庭には落ち着きません。しかし、ジャーナリスト、医者、宗教家、芸術家などの職業に就けば、必ず成功できます。

4 不時宮《ふじきゅう》

額の4の部分を不時宮と言い、この部分にほくろがある人は、他人からの影響を受けやすい性格です。人の気持ちや情にほだされやすく、公私にわたってトラブルに巻き込まれやすいので、注意が必要です。

5 遷移宮《せんいきゅう》

額の5の部分を遷移宮と言い、この部分に生きぼくろがある人は、移転、転勤、出張、旅行など、変化の多い波乱の一生を過ごしますが、人間関係が広がるよい運を持っています。

また、その広がった人間関係が自己の成長につながるなどプラスの方向に働きます。家に長時間じっと落ち着いていられず、いつも戸外や旅行に出たがる性分でもあります。

この部分に生きぼくろが二つ以上ある場合は、恋ぼくろと言って異性の誘惑が多く、誘惑されるとすぐその気になる人であることを意味しています。

この部分に死にぼくろがある人は、生活に変化があるたびに、精神的、肉体的、物質的な苦労が伴います。二つ以上ある死にぼくろは失恋ぼくろと言って、振られることが多いでしょう。

6 交友《こうゆう》

眉頭の上、【図186】6-1の部分を交友と言い、この部分に生きぼくろがある人は、交際範囲が広いタイプです。自分にプラスとなる多くの友人を持つことができます。

この部分に死にぼくろがある人は、我が強く、すぐ感情的になるところがあります。

眉の真ん中の上、【図186】6-2の部分に生きぼくろがある人は、社交性に優れた人です。

眉と田宅宮のほくろ（拡大）

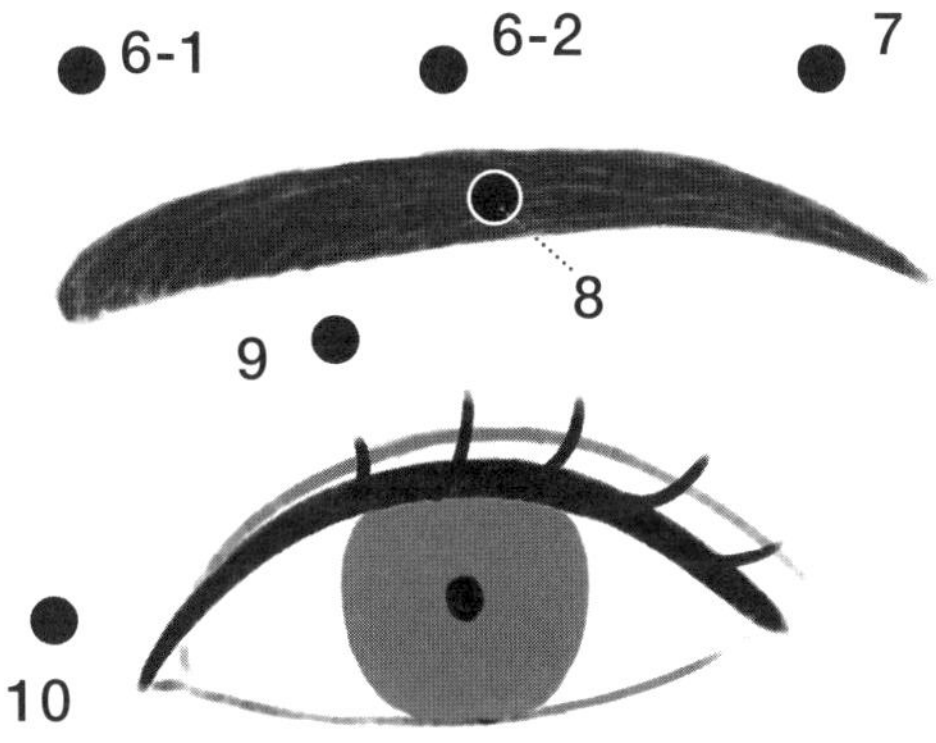

【図186】

7 福徳宮《ふくとくきゅう》（天倉《てんそう》・福堂《ふくどう》）

眉尻の上、【図186】7の部分を福徳宮または天倉、福堂と言い、金銭運、財産（不動産）運を見ます。

この部分に生きぼくろがある人は、お金の出入りが激しいでしょう。この部分にある死にぼくろは散財ぼくろと言い、ギャンブルやサイドビジネス、株などで失敗して散財し、なかなかお金を残せないことを意味しています。この部分には、ほくろがないほうが望ましいでしょう。

8 兄弟宮《きょうだいきゅう》・文章宮

眉、【図186】8の部分を兄弟宮または文章宮と言います。眉に小さい生きぼくろがある人は目上や親戚、友人に援助してもらえる運を持ちます。

勘やひらめき、美的感覚が鋭く、文学、芸術、音楽などの多方面に才能を発揮しますが、特に文章力に優れています。大きい生きぼくろがある人は、頭の回転が速く、口八丁手八丁の人です。

この部分に死にぼくろがある人は、文学、芸術、音楽などに、才能を発揮することは難しいでしょう。

9 田宅宮《でんたくきゅう》

眉と目の間、【図186】9（201ページ参照）の部分を田宅宮と言い、田宅宮に生きぼくろがある人は、親から財産や不動産の相続を受けられ、維持していける幸運に恵まれます。

この部分に死にぼくろがある人は、親戚や兄弟姉妹と相続問題でトラブルが多く、最悪の場合は、わずかの財産しか相続できないか、もしくは全く相続ができないでしょう。

10 夫婦座《ふうふざ》

目頭、同【図186】10の部分を夫婦座と言い、夫婦座に生きぼくろがある人は、異性や他人の援助があり、夫婦関係のトラブルも少ないのでうまくいきます。

男性で左のこの部分に死にぼくろがある人は、妻との間に性の不一致があります。右のこの部分に死にぼくろがある人は、利己的な性格と見ます。

女性で左のこの部分に死にぼくろがある人は、相手の三角関係で苦労させられます。右のこの部分に死にぼくろがある人も、夫の浮気癖で心配事が絶えないでしょう。

11 目のほくろ

目のほくろ、【図187】11-Ⓐの黒目の部分に生きぼくろがある人は、性を楽しむことが大好きなタイプです。

同じく11-Ⓑの白目に生きぼくろがある人は情にほだされやすいタイプです。

目頭に近いほうに生きぼくろがある11-Ⓒの人は、自分から積極的に異性に誘いをかけていくタイプです。

目尻に近いほうに生きぼくろがある11-Ⓓの人は、異性に誘われるのを心待ちにしているタイプです。

目のほくろ（拡大）

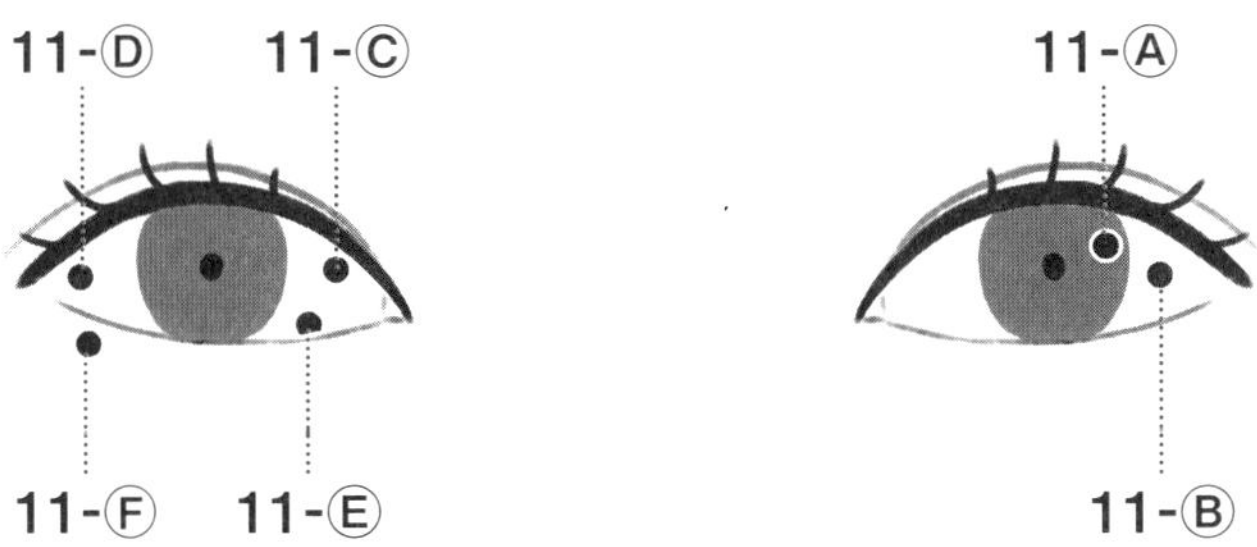

【図187】

下まぶたのまつ毛の内側にあるほくろ11-Ⓔは異性関係が多いことを表し、この部分に生きぼくろがある女性は、異性からの誘惑も多いでしょう。

同11-Ⓕのように下まぶたの縁に生きぼくろがある男性は気力にあふれていますが、死にぼくろがあるとスタミナ不足なタイプです。

12 男女宮《だんじょきゅう》（臥蚕《がさん》と涙堂《るいどう》）

目の下、12の部分を男女宮と言い、臥蚕・涙堂【図188】のことを言います。

12-Ⓐ涙堂にあるほくろは泣きぼくろとも言います。このほくろがある人は泣き虫ですぐに泣きます。子どもに縁が薄いか、子どものことで苦労し泣かされると見ます。

臥蚕と涙堂のほくろ

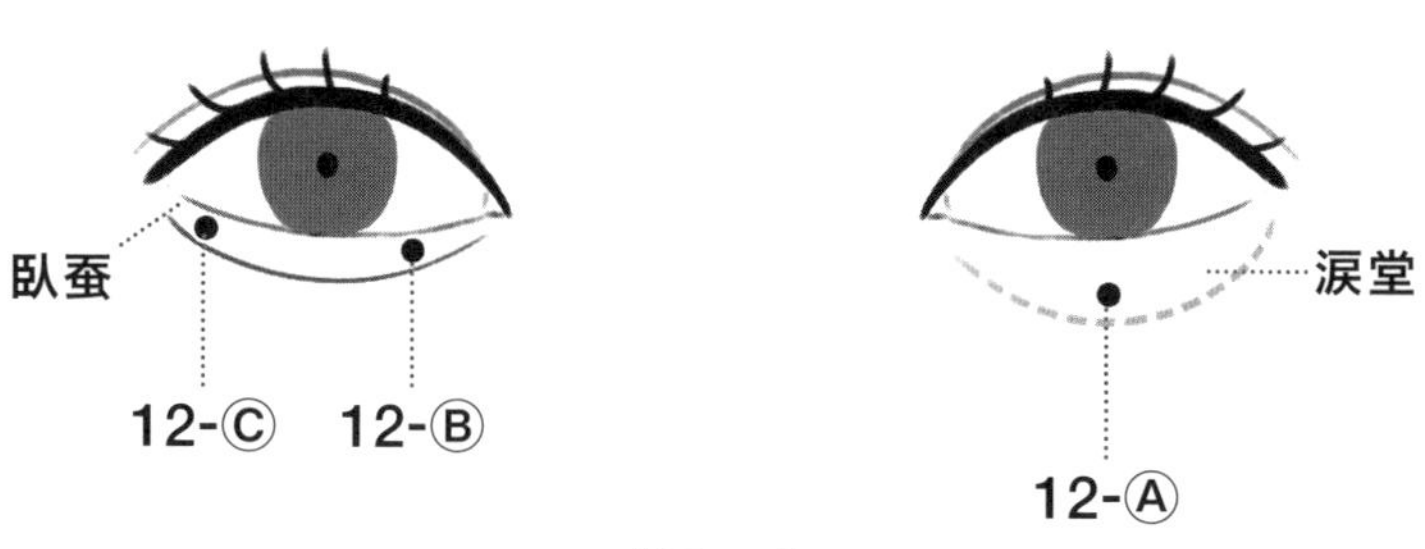

【図188】

臥蚕は、ふっくらとふくらんでいれば、生殖能力があると見ることができます。この部分に生きぼくろがある人は、一人の異性では満足できないタイプです。

ほくろが目頭に近いほうにある12-Ⓑの人は異性に対して積極的です。

12-Ⓒのように目尻に近いほうにある人は消極的な性格なため、誘惑されるとすぐその気になります。

13 妻妾宮《さいしょうきゅう》

目尻の横、【図185】13（198ページ参照）の部分を妻妾宮、別名魚尾《ぎょび》、奸門《かんもん》と言い、この部分に生きぼくろ（色難のほくろ）がある人は異性関係でトラブルがあっても、うまく処理をし、後にそれが経験として人生にプラスに働くタイプです。

この部分に死にぼくろがある人は異性関係がこじれてトラブルが表面化し、問題になることもあります。

14 山根《さんこん》

鼻の付け根、同【図185】14の部分を山根と言い、この部分に生きぼくろ（責任ぼくろ）がある人は故郷を離れて生活し、重い責任を持たされて、精神的、肉体的、経済的に苦労します。身体が丈夫でなく、特に胃腸が弱いでしょう。

女性でこの部分にほくろがある人は、結婚には縁が薄く、自分で生計を立てるタイプです。

この部分に死にぼくろがある人は責任感に乏しく、ルーズな面があります。事故やミスなどで他人から迷惑をかけられないよう注意

その他の部位

が必要です。

15 寿上《じゅじょう》

鼻の真ん中、【図185】15（198ページ参照）の部分を寿上、年上《ねんじょう》と言い、この部分にほくろ（色難のほくろ）がある人は我が強く、負けず嫌いで意地っ張りな性格でしょう。呼吸器や胃腸が弱く、身体も丈夫でない傾向があります。

中年期の異性関係に気をつける必要があるでしょう。

16 香田《こうでん》

鼻の横、同【図185】16の部分を香田、仙舎《せんしゃ》と言い、この部分に生きぼくろがある人は貯金をするより、不動産を持つほうが財産が残り生活も安定します。また、金銭にも恵まれます。

この部分に死にぼくろがある人は呼吸器系が弱く、症状が慢性化しやすいため用心が必要です。

17 準頭《じゅんとう》

鼻の頭、同【図185】17の部分を準頭と言い、この部分に生きぼくろがある男性は、気力にあふれています。

金銭的にも恵まれ多くの財産を手に入れ、生活力が旺盛です。散財することがあっても、お金が自然と入ってきます。この部分に生きぼくろがある女性は、再婚になりやすいでしょう。

この部分にある死にぼくろは散財ぼくろとも言い、このほくろがある人は、お金が入っても散財し異性からも苦労させられるタイプです。精力が弱く持続力に欠けるでしょう。

18 金甲《きんこう》

小鼻、同【図185】18の部分を金甲と言い、この部分に生きぼくろがある人は金運があり、ギャンブルにも強いでしょう。ただ、人生に浮き沈みがあるので、賭け事にはあまり深入りしないほうが賢明です。

お金の出入りにも大きな波があるため、サイドビジネスなどで収入を増やす道を考えるとよいでしょう。

19 人中《じんちゅう》

鼻の下、19の部分を人中と言い、ここにあるほくろ【図189】は以下を表します。

19-Ⓐの部分にほくろがある人は、生殖能力が弱く子どものことでの苦労が多いでしょう。

人中のほくろ

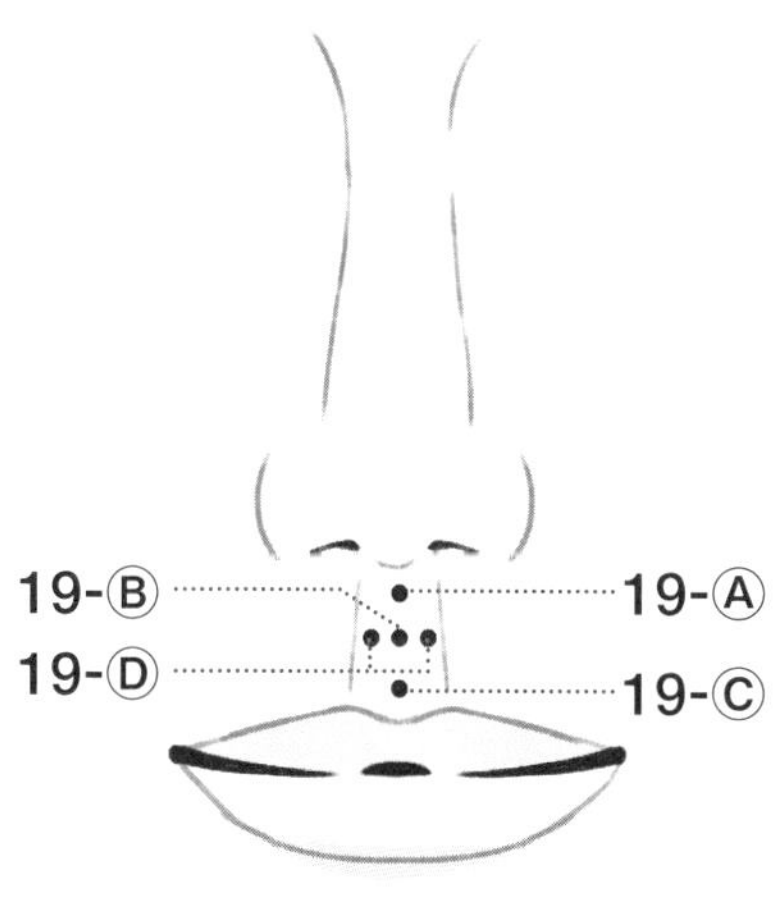

【図189】

19-Ⓑの部分にほくろがある人は子宮や、喉、扁桃腺が弱い傾向にあります。また再婚にいたる場合も多いでしょう。

19-Ⓒの部分にほくろがある人は、異性関係が多いでしょう。19-Ⓓの部分にほくろがある人は、不倫の関係を持ちやすいタイプです。

20 食禄《しょくろく》

法令の内側、小鼻の下、【図185】20（198ページ参照）の部分を食禄と言い、この部分にある生きぼくろは、別名を馳走ぼくろとも言います。このほくろがある人は昔から一生食べることに困らないと言われ、生涯、衣食住に恵まれます。

この部分に死にぼくろがある人は、愚痴が多く、衣食住にもあまり恵まれません。体質的に食べられなくなったり、食事をすることができない病気には気をつけましょう。

21 法令《ほうれい》

口を囲む筋、同【図185】21の部分を法令と言い、ここにあるほくろ【図190】は以下を表

法令のほくろ

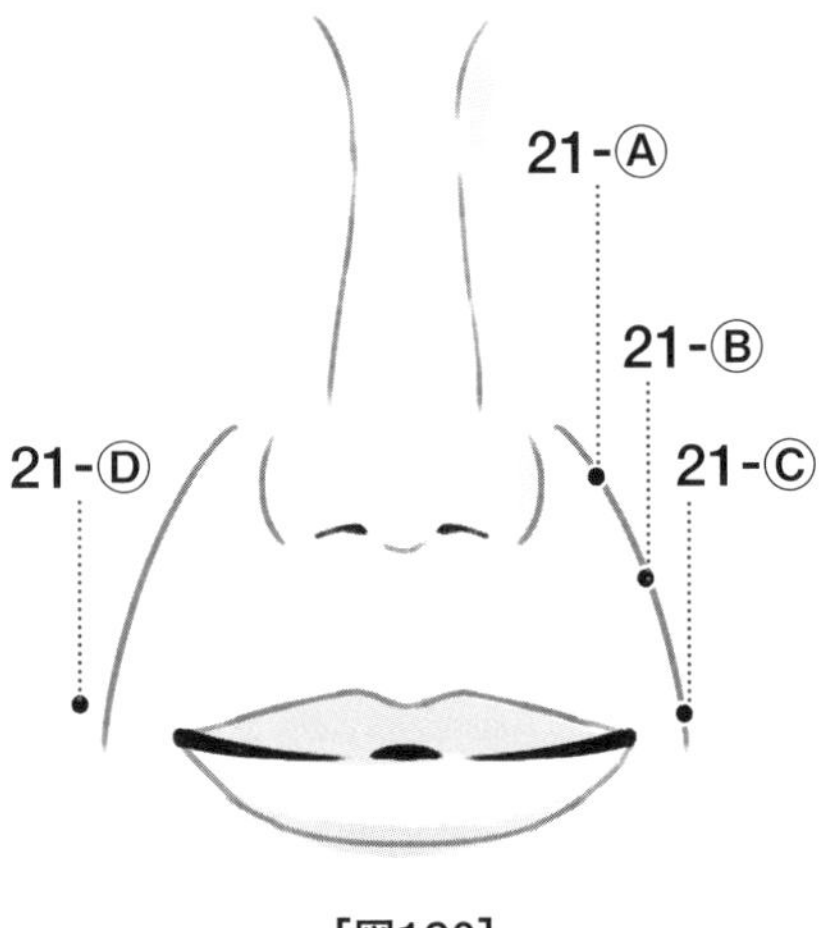

【図190】

します。筋上で鼻に近いところ21-Ⓐにほくろがある人は、腰を痛めたり、持病をかかえたりするでしょう。

法令の筋の真ん中あたり21-Ⓑにほくろがある人は、中年期に財産を作りますが、膝が弱る傾向にあります。

口の近く21-Ⓒにほくろがある人は、アキレス腱やくるぶしを痛めます。

法令の筋の外側21-Ⓓに生きぼくろがある女性は、どこかに隙があり男性から誘惑されやすい雰囲気を持っています。

22 地庫《ちこ》

法令の横、同【図185】22の部分を地庫と言い、この部分に生きぼくろがある人はあまりその影響が出ませんが、死にぼくろがある人は、住宅環境に悩まされます。例えば、日当たりの悪いところや騒音のあるところで暮らすことになるでしょう。

23 唇

同【図185】23の部分、唇にあるほくろ【図191】は異性関係と飲食、水難に影響します。

上唇23-Ⓐに生きぼくろがある人は美食家であり、異性関係も派手なタイプです。

唇のほくろ

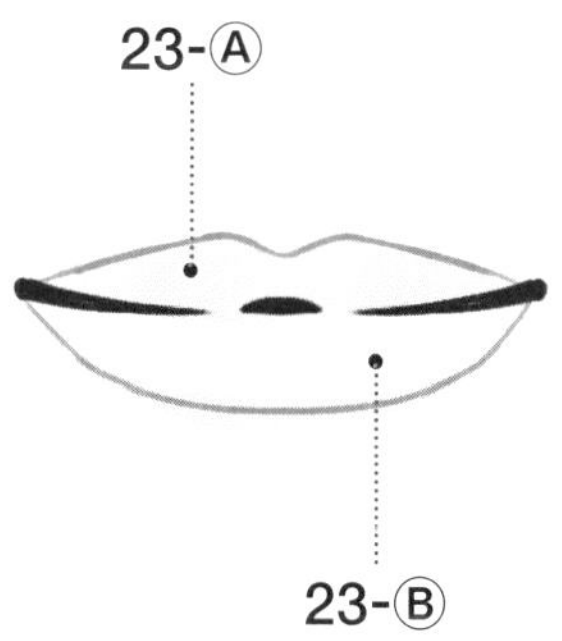

【図191】

下唇23-Ⓑにある人は、消極的ですが、異性との肉体関係を心待ちにする傾向があり、色難の相となります。唇に死にぼくろがある人は、冷え性で気力も衰えがちです。

唇の目立たないところに生きぼくろがある人は、相手に尽くすタイプです。死にぼくろがある人は痔に悩まされます。

また、唇にほくろがある人は水難の相があり、水の事故に注意が必要です。雨男雨女と言われる人も唇にほくろがあります。

飲食に困ることはないと言われています。

24 口角《こうかく》

口の横、【図185】24（198ページ参照）の部分を口角と言い、この部分に生きぼくろがある人は、言葉巧みで説得力に長けています。

死にぼくろがある人は一言多いタイプで人に嫌われやすく、傷つくことも多いでしょう。

25 比隣《ひりん》

口の両隅の下、同【図185】25の部分を比隣と言います。この部分に生きぼくろがある人は、災いを軽く受けます。

しかし、死にぼくろがある人は、人間関係のトラブルが多くなるため、自重することが大切です。

26 耳

耳のほくろ

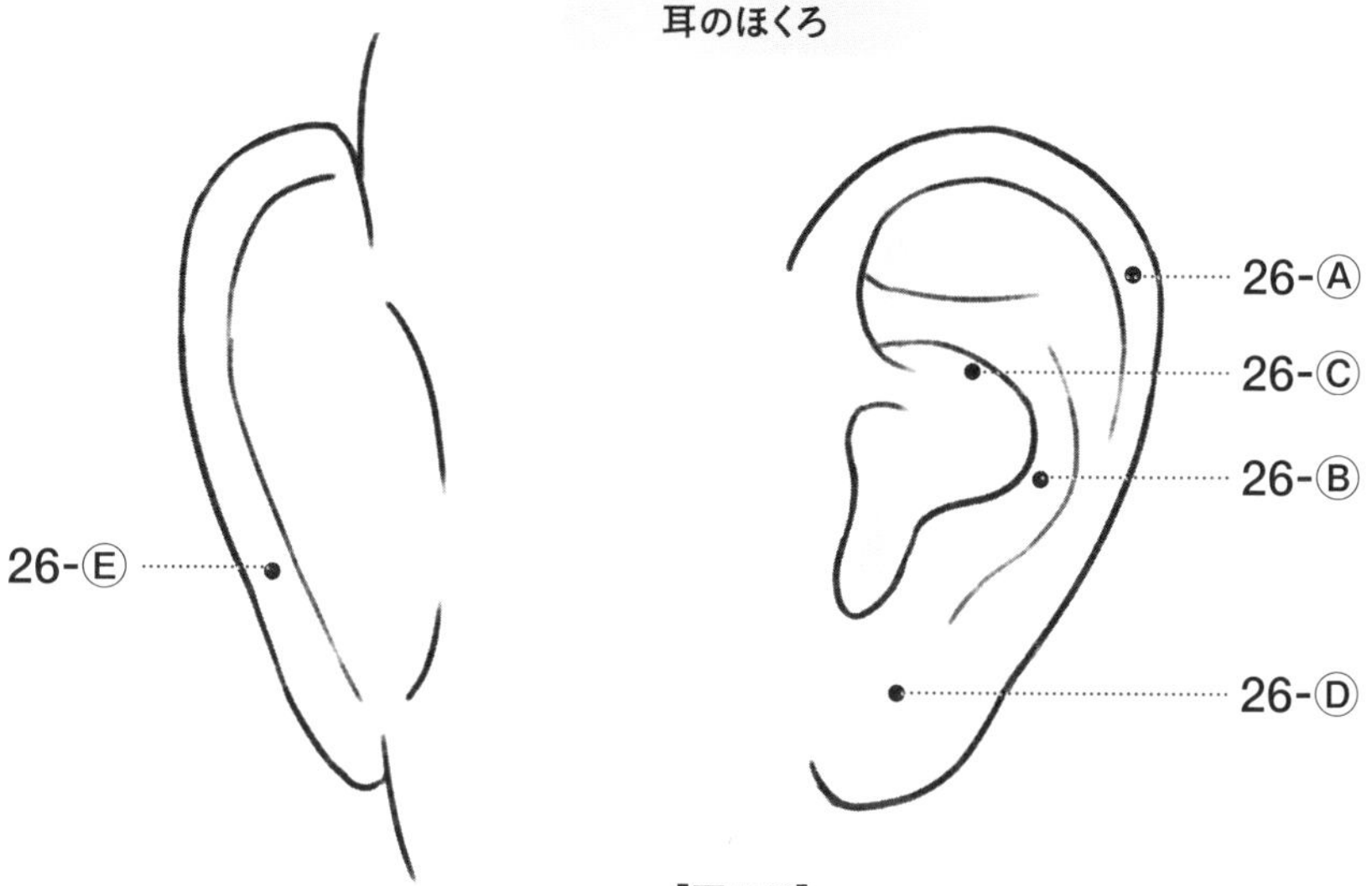

[図192]

耳、同【図185】26の部分にあるほくろ【図192】は以下を表します。

26-Ⓐ耳の縁の内側に生きぼくろがある人は、アイデアが豊かで勘が鋭くひらめきが素晴らしい人です。

耳廓26-Ⓑに生きぼくろがある人は、我が強く利己的な性格でしょう。また、けがをしやすく注意が必要です。死にぼくろがある人は身体が弱い面があります。

耳廓の隠れたところ26-Ⓒに生きぼくろがある人は、異性に人気があってもてるでしょう。

耳たぶ26-Ⓓに生きぼくろがある人は愛情、お金、体力に恵まれています。死にぼくろがある人は情が薄く、体力に欠けがちでお金が残りません。

耳の裏側26-Ⓔに生きほくろがある人は生

涯お金に困りません。

27 妓堂《ぎどう》

頬、【図185】27（213ページ参照）の部分を妓堂と言い、この部分にある生きぼくろのことを人気ぼくろと言います。

このほくろがある人は評判がよく、自然と人気者となります。テレビに出てくる俳優や人気タレントを観察するとよく見かけるほくろです。

男性の左側、女性の右側の生きぼくろは社会的な公の人気を表し、男性の右側、女性の左側の生きぼくろは身近な人間関係においての人気を表しています。

この部分に死にぼくろがある人は、スキャンダルや嫉妬で苦労することが多いでしょう。

28 頬骨

頬骨、同【図185】28の部分の生きぼくろは別名、反骨ぼくろと言い、このほくろがある人は闘争心や権力欲が強く、頑固で反骨精神が強い面があります。

この部分に死にぼくろがある人は、目上の人とのトラブルが多くなりがちです。

また、頬骨の回りにほくろがある人は、高所には注意が必要です。高所での仕事やスポーツは避けるほうがいいでしょう。

29 奴僕《ぬぼく》

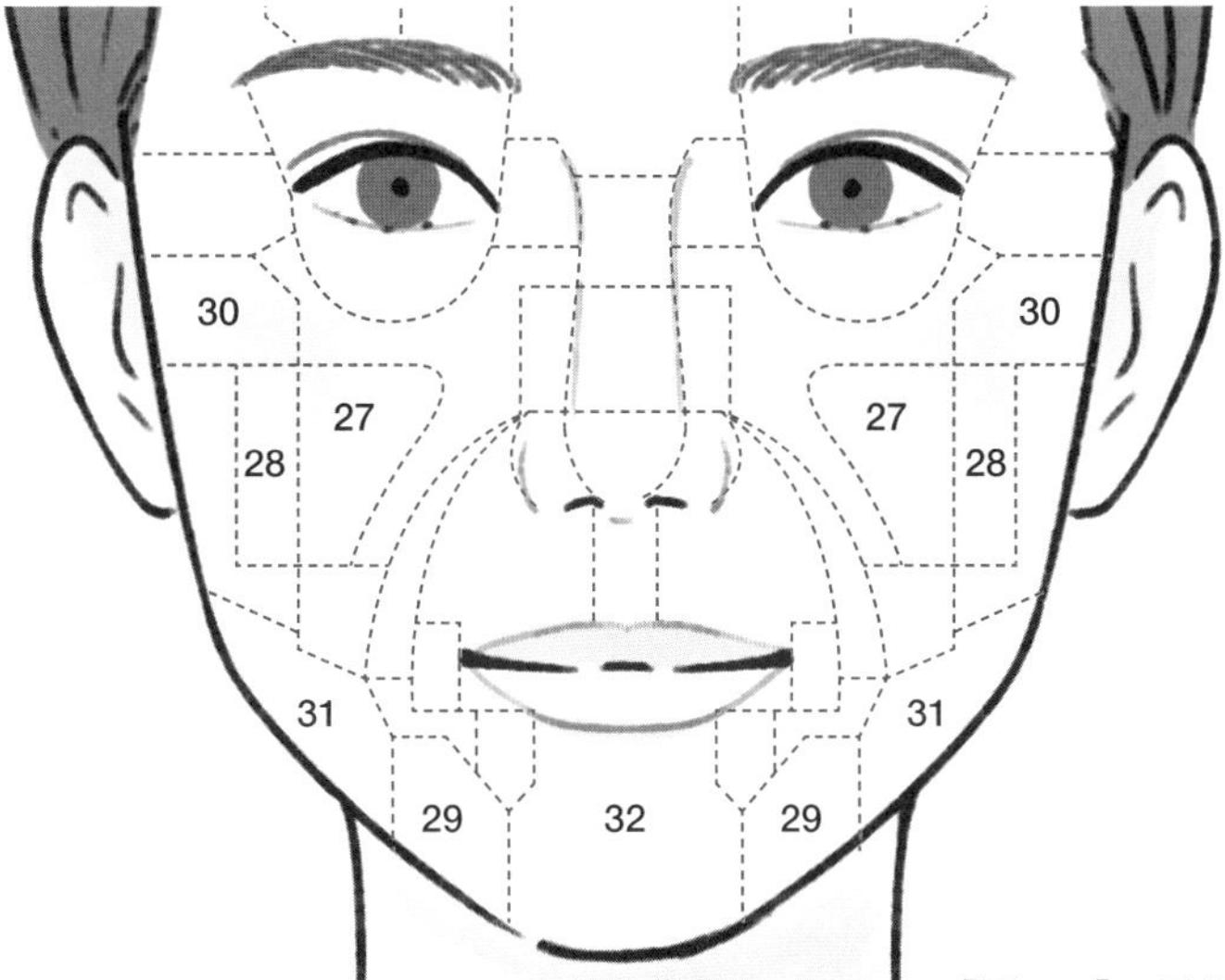

［図185］の下部

あご、同［図185］29の部分を奴僕と言い、この部分に生きぼくろがある人はよい部下に恵まれ、仕事上の応援が得られます。

死にぼくろがある人は役に立たない部下を抱え、迷惑をかけられたり、ミスの責任をとらされたりするでしょう。

30 命《めい》門《もん》

もみ上げの前、同［図185］30の部分を命門と言います。この部分に生きぼくろがある人は、自分は秘密主義ですが、他人のことは詮索し、知りたがる性格です。

この部分に死にぼくろがある人はおしゃべりで、秘密が守れない性格です。呼吸器系、消化器系があまり丈夫ではないと見ます。

ないものの移動しやすい運があります。

死にぼくろがある人は晩年運が悪く移転も多いでしょう。

家の修理費がかさむなど常に不動産や家に関する出費が多く、苦労する傾向にあります。

また、心臓が弱く、体力もあまりない人が多いでしょう。

31 腮骨《さいこつ》

あご、【図185】31（213ページ参照）の部分を腮骨と言い、この部分にある生きぼくろは強情ぼくろとも言います。

このほくろがある人は我が強く意地っ張りで、一筋縄ではいかない強情な性格です。

この部分に死にぼくろがある人は、過食で身体をこわす傾向にあるので注意が必要です。

32 地閣《ちかく》

あごの真ん中、同【図185】32の部分を地閣と言い、この部分に生きぼくろがある人は晩年運がよいでしょう。しかし、引っ越しは少

第十一章

「人相で職業の適性」を見る

業界・職種別に適性のある人相の特徴を紹介します。
ご自身を見るのはもちろん、
友人、知人に合った職業をアドバイスするのもいいでしょう。

製造業界で成功する顔

集中力を持続させ、〝ものづくり〟に励む人は、精神的かつ体力的にもタフなタイプ。冷静な判断力も成功の決め手となります。

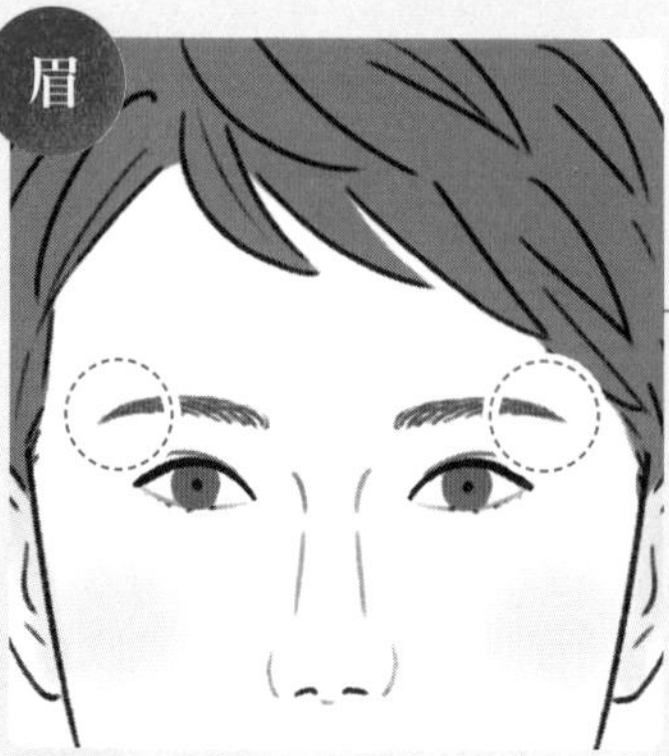

眉

整った眉尻

[140ページ／図107]

毛が細く艶があり整った眉尻の人は、感性が豊かで独特の美的感覚やデザインセンスがあり、仕事にも創造性を追求する頭のよさがあります。

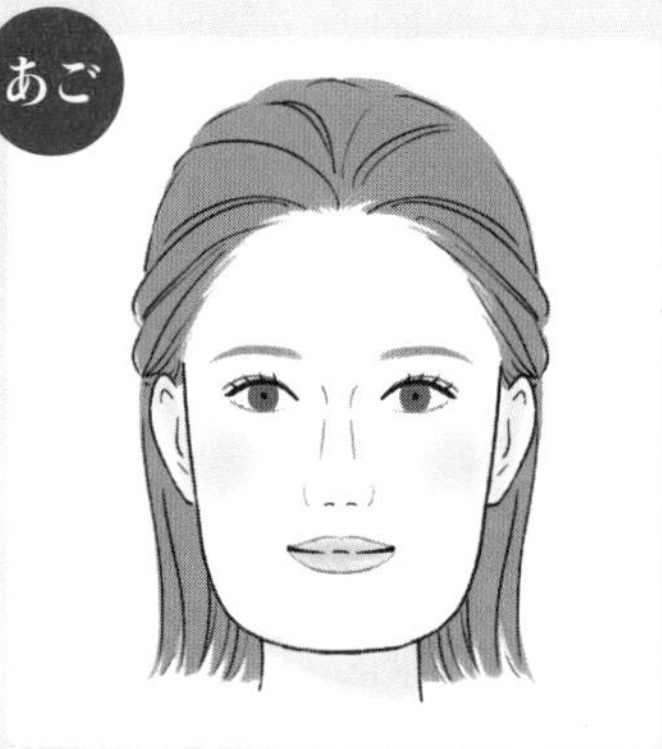

あご

広いあご

[168ページ／図144]

広いあごの人は包容力があり、強い意志で仕事をやり抜くことができます。正義感も強く実践的な人でものづくりに向いています。

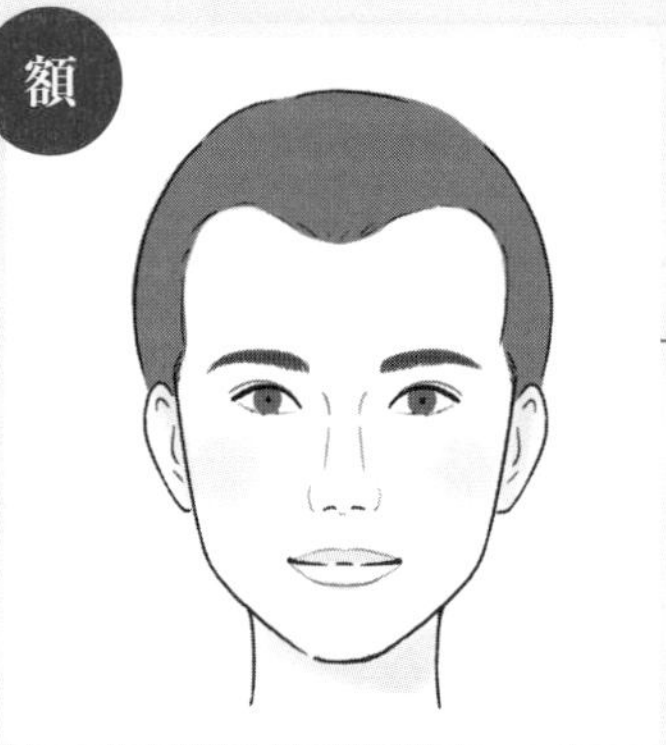

額

M字額

[162ページ／図140]

M字額の人は独創的な発想が得意です。下部が隆起していると集中力が持続し、冷静な判断ができます。

IT／ソフトウェア情報処理業界で成功する顔

思考力が高いため、常に冷静沈着に対処することができます。クールさが持ち味で、問題解決能力にも優れています。

鼻

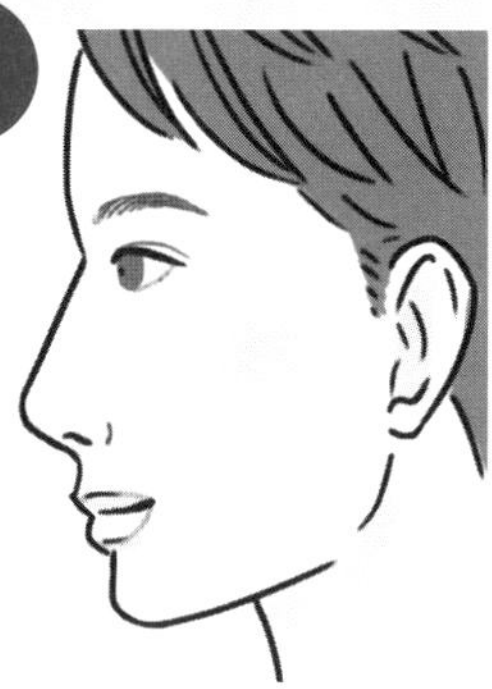

長い鼻

[93ページ／図64-2]

鼻の長い人は、几帳面で真面目なタイプです。腰を据えて課題にじっくりと取り組む姿勢がプラスに働きます。

口

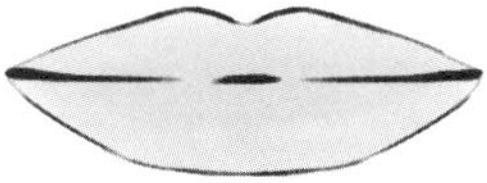

一文字型

[113ページ／図77-3]

一文字型で薄い唇を持つ人は、意志が強く雄弁だが表現が淡泊なタイプです。体力もあり、精神的にもタフな人です。

耳

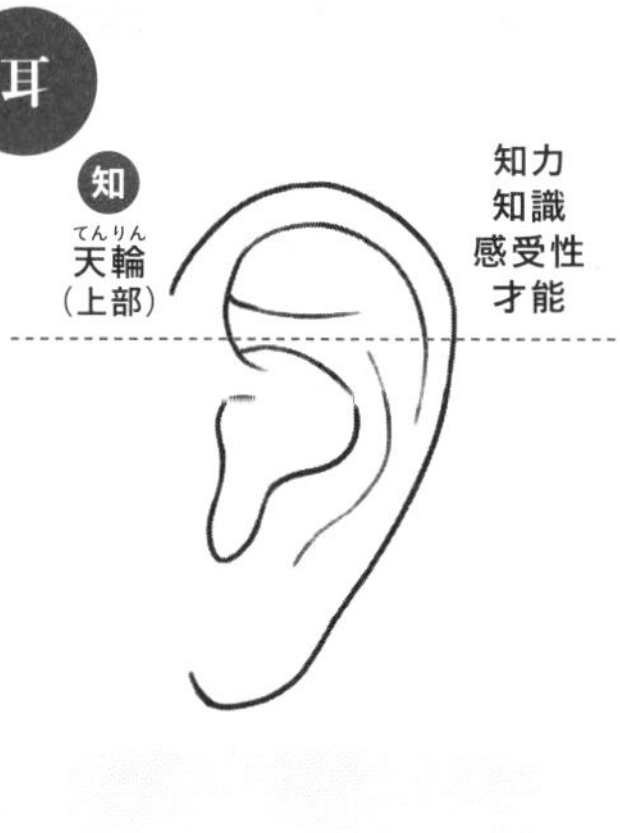

上部が大きい耳

[120ページ／図79-1]

耳の上部が大きく外輪がなめらかな人は、感受性が豊かです。人の話をよく聞く素直さと柔軟さがあります。

商社業界で成功する顔

時代の変化を読み取る能力に優れ、機転がきく人です。愛される人柄をベースに、グローバルな視点で交渉を進めていきます。

額

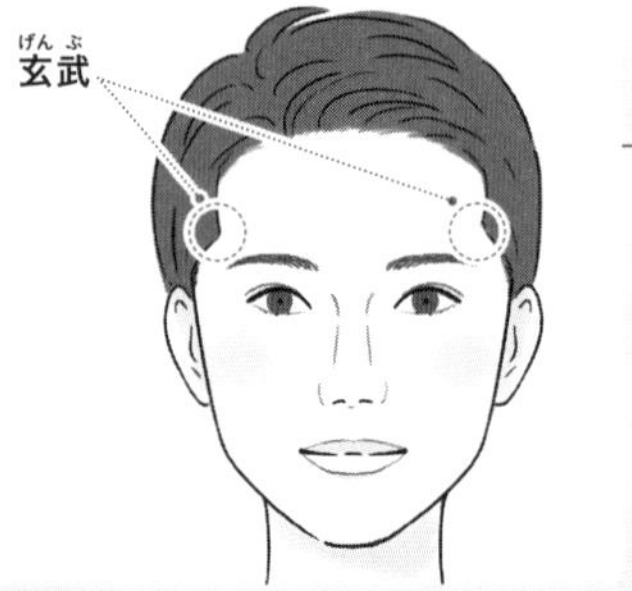

男額

[161ページ／図138]

角張った男額を持つ人は、実行力があり、明るく積極的な性格です。現実的な判断力で変化にも柔軟に対応します。

目

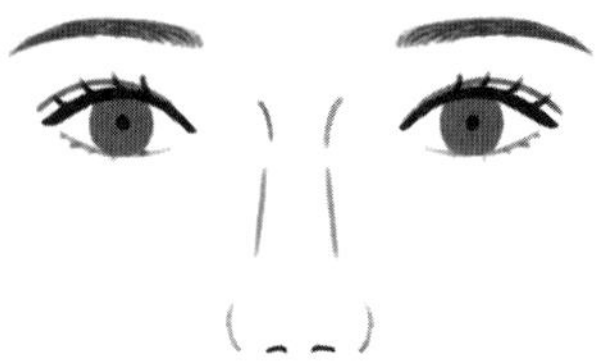

目と目の間が広い

[82ページ／図58-2]

目と目の間が広い人は視野が広くおおらかな性格。現地の体制にとけ込む柔軟性があり、スケールは人一倍大きいタイプです。

耳

耳廓が外に出ている

[121ページ／図81]

耳廓が外に出ている人は、個性が強く革新的です。自由な発想が世界的な活躍につながるでしょう。

銀行／保険 証券業界 で成功する顔

正確で的確な仕事運びをする能力があります。真面目で几帳面な性格で、効率のよさを常に考え実践できる人です。

目

細く小さい目

[72ページ／図47]

細く小さい目の人は、正確で的確な仕事ができます。慎重で観察力もありますが、疑い深さが仕事に生かされます。

口

薄い唇

[108ページ／図74-2]

上唇、下唇ともに薄い人は、情が薄く、冷静に物事を対処します。変な欲を出さないので、安心して任せられます。

眉

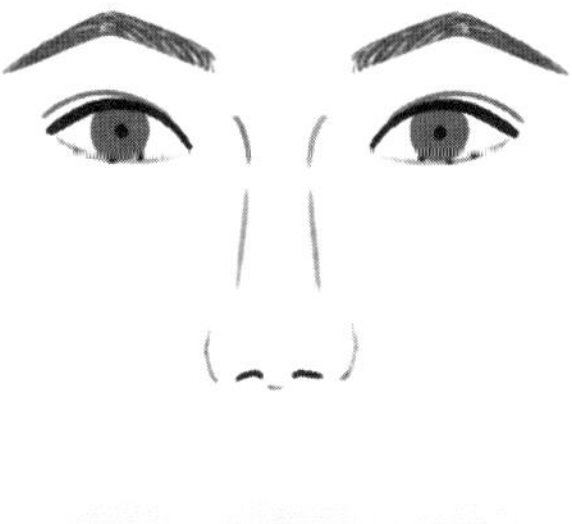

三角眉

[145ページ／図115]

三角眉を持つ人はプライドが高いので不正をしません。打算的ですが決断力、独立心も強くタフな人です。

出版／放送 広告業界

で成功する顔

コミュニケーション能力、発信力に優れ、文字や文章を書くことに喜びを感じます。好奇心旺盛で、フットワークの軽い人です。

額

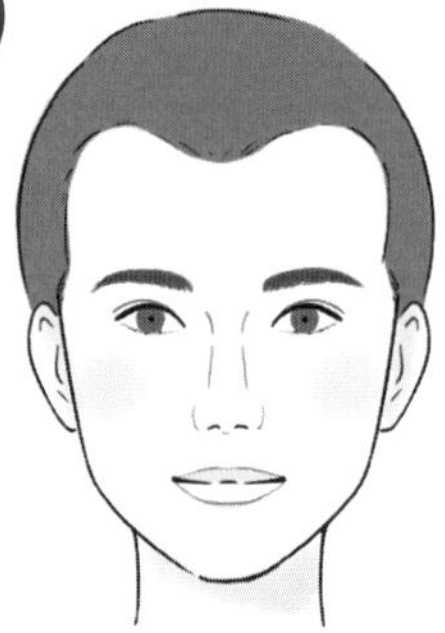

M字額

[162ページ／図140]

M字額の人は想像力豊かで独創的な発想の持ち主です。コミュニケーション能力が高いタイプです。

眉

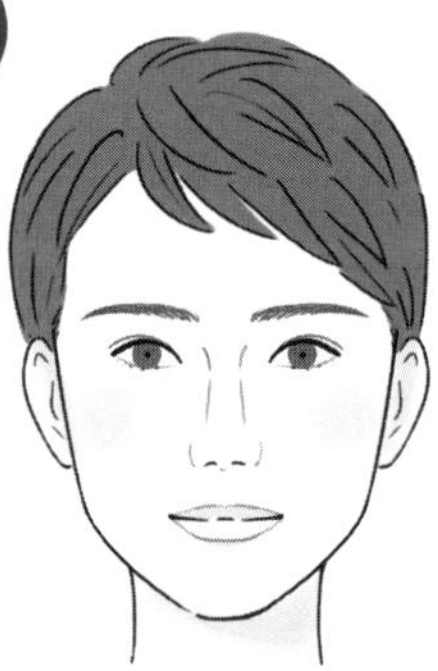

長い眉

[135ページ／図96]

長くて濃い眉の人は、協調性、観察力に優れています。また、他人の援助や協力を得られます。

耳

耳廓が外に出ている

[121ページ／図81]

耳廓が外に出ている人は、マイペースで個性が強く革新的です。固定観念にとらわれず自由な発想ができる人です。

教育業界で成功する顔

頭のよさはもちろん、持って生まれた品格の高さが教育者としての成功の鍵を握ります。精神的な図太さ、人間力も必要です。

あご

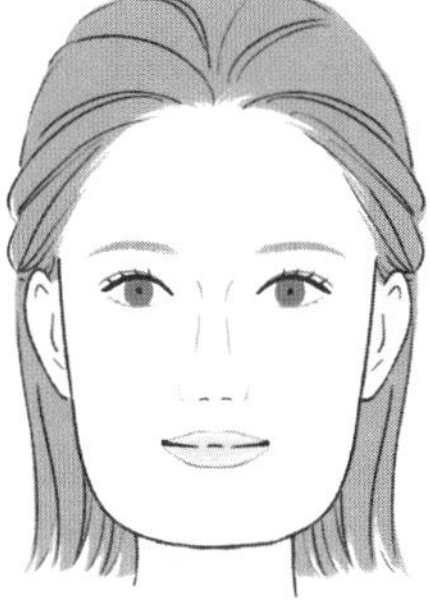

広いあご

[168ページ／図144]

広いあごの人は包容力があり、生徒を豊かな愛情で指導するタイプ。正義感も強く信頼も得られる人です。

耳

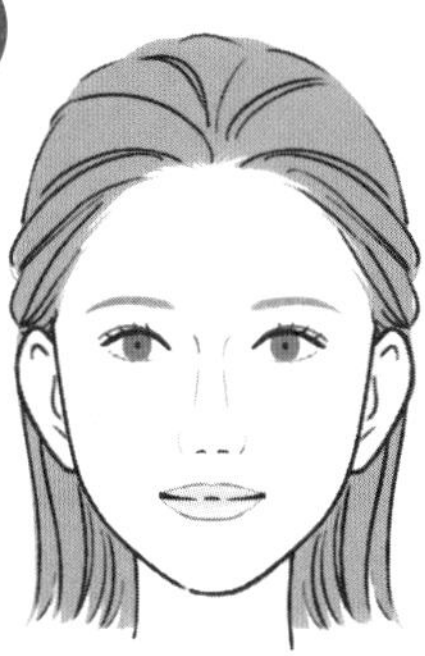

大きい耳

[122ページ／図83-1]

大きい耳の人は、知力、指導力に優れています。神経が細やかで、臨機応変に対応できます。

額

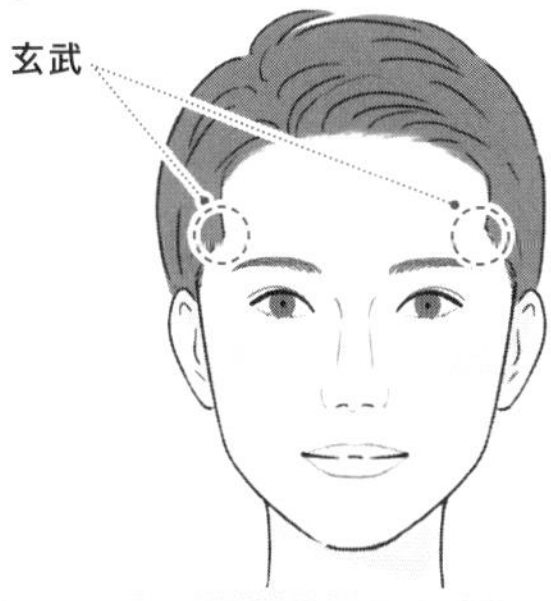

男額

[161ページ／図138]

広くて厚い男額を持つ人は、頭がよく積極的な性格です。常に平常心で変化にも柔軟に対応します。

医療／介護福祉業界で成功する顔

強い知的欲求と謙虚さを兼ね備えたタイプ。思いやりや面倒見のよい性質に加え、情に流されない客観的な判断力が必要です。

額

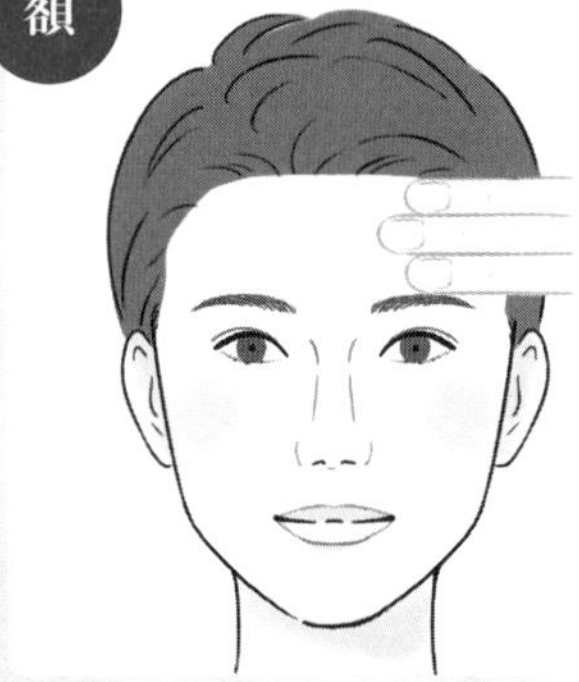

標準の額

[156ページ／図133]

標準より額が広い人は、あらゆる状況に対処できる客観性を有しています。度量も大きく、利他の心が強い人です。

眉

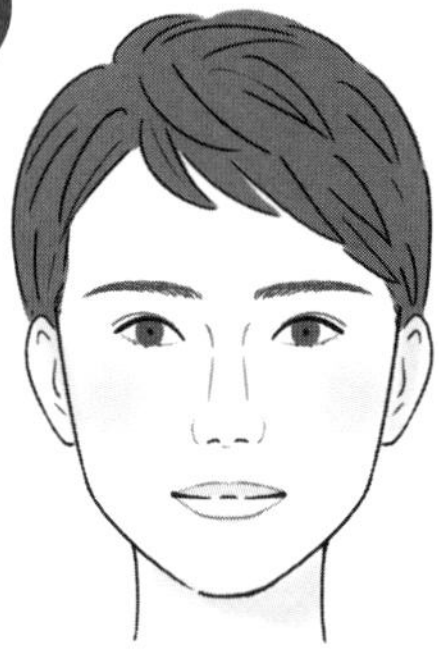

長い眉

[135ページ／図96]

長い眉の人は聞き上手です。協調性、社交性も高く、患者や関係者の話を冷静に聞き、的確な判断ができます。

鼻

思案鼻

[101ページ／図71-2]

思案鼻の人は感受性が強く、思慮深い性格です。人の世話を焼くのが大好きで、気持ちを理解し瞬時に判断できる人です。

ホテル／旅行業界で成功する顔

分野を問わず、豊富な知識を持ち、それを伝えるコミュニケーション能力もピカイチ。フットワークが軽く、チームプレイが得意です。

頬

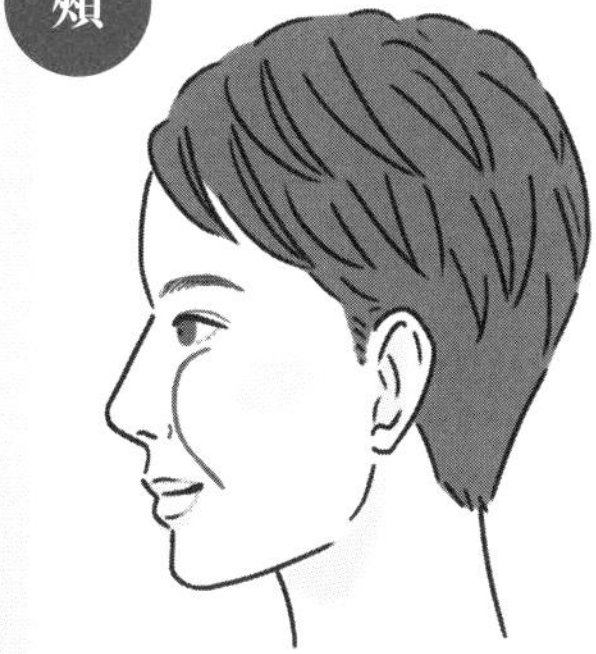

頬の肉付きが豊か

[179ページ／図159]

丸みを帯びた頬の人は、細やかな情で人から好かれます。協調性もあり、人たらしと言われるタイプです。

口

上唇口角に肉

[110ページ／図75-2]

上唇口角の肉付きがいい人は、愛情豊かでサービス精神が旺盛。面倒見もよく、人望を集めます。

あご

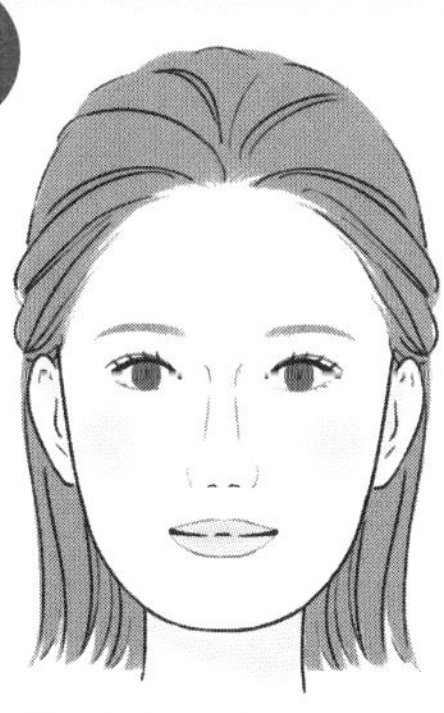

丸いあご

[173ページ／図152]

丸いあごの人は、包容力があり人からも信頼されます。気持ちの切り替えも早く、仕事も家庭もうまくこなします。

外食／フードサービス業界で成功する顔

成功するためには、将来、独立して出店を狙うような野心を持つことも大切。自分自身も飲食に喜びを感じるタイプの人が向いています。

頬

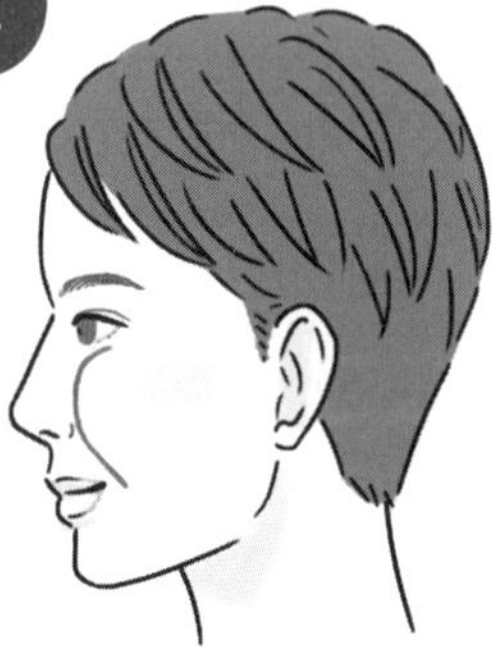

頬の肉付きが豊か

［179ページ／図159］

張りがあって丸みを帯びた頬の人は、明るく元気で人から好かれます。健康で体力にも恵まれています。

口

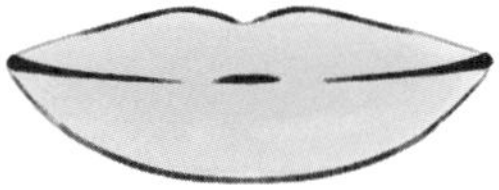

仰《きょう》月《げつ》型

［112ページ／図77-1］

口角が上がっている仰月型の口の人は、明るく愛情が豊かで育ちのよいタイプです。

あご

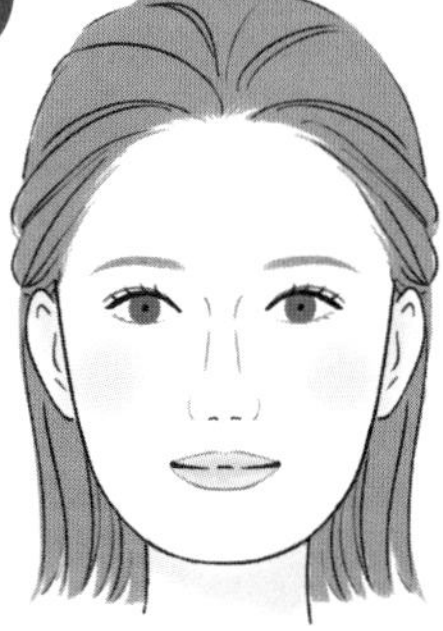

丸いあご

［173ページ／図152］

丸いあごの人は、心が広く協調性もあります。いつもおおらかで落着きがあり、面倒見がよいでしょう。

専門店／小売 百貨店業界で成功する顔

お客さま一人ひとりに合った接客方法を瞬時に組み立てることができるタイプ。機転がきき、同時に二つ以上のことができる人が向いています。

目

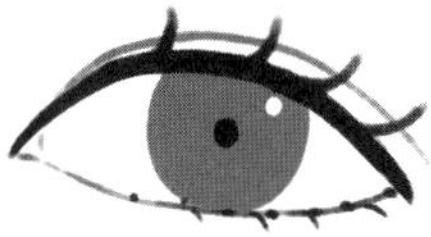

垂れ目

[75ページ／図48]

垂れ目の人は情に厚く、人柄もよいため、お客さんからの信頼も厚くなります。積極性を身につければ鬼に金棒です。

鼻

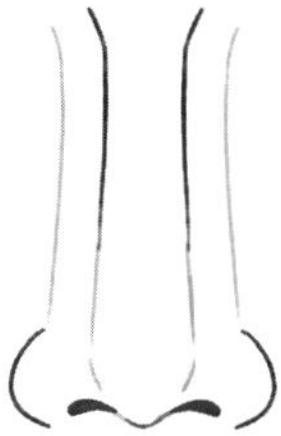

小鼻が張っている

[97ページ／図68-1]

小鼻が張っている人は、他人と交わるのが得意で、人間関係を上手にこなす才能があります。体力があり忍耐強い人です。

耳

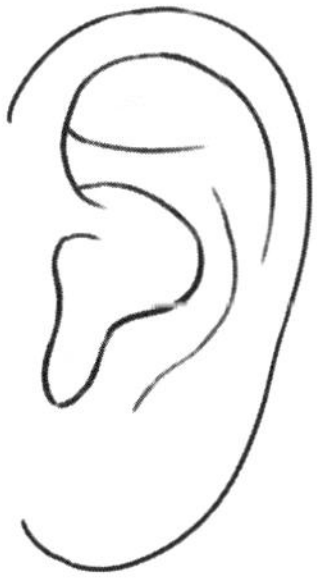

丸耳

[128ページ／図91]

豊かな耳たぶを持つ人は、明るく活動的で社交性があります。人柄もよく、お店を明るくします。

不動産業界

で成功する顔

人と話すのが大好きで、精神的にタフな人。交渉力、説得力に優れ、フットワークも軽く、効率的に仕事を進めていきます。

鼻

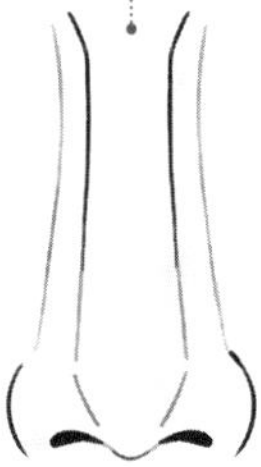

鼻の付け根が高い

[92ページ／図63]

鼻の付け根の山根が盛り上がっている人は、重い責任を負わされることも多く、忍耐力に優れた人です。

目

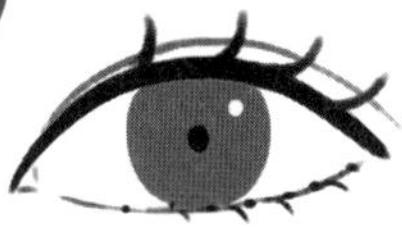

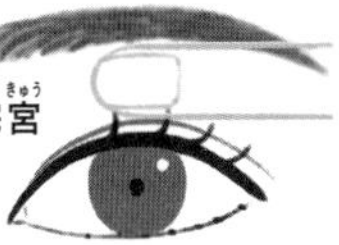

頭脳明晰な目

[70ページ／図45、46]

瞳が大きい目は、頭脳明晰です。眉と目の間の田宅宮が広く、肉付きが豊かな人は心の広いタイプです。

あご

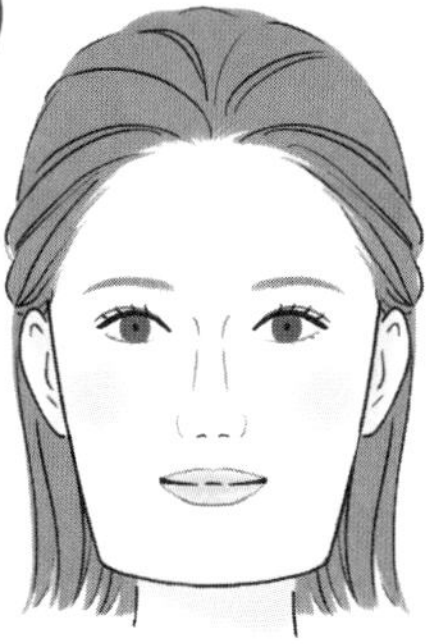

角張ったあご

[174ページ／図153]

角張ったあごで肉付きが豊かな人は、大きな土地を動かす力に優れています。合理的でマイペースな努力家です。

営業で成功する顔

社交的で人当たりがよく、雑談力が優れています。気持ちの切り替えが速いので、マイナスの気持ちを引きずらない人です。

顔

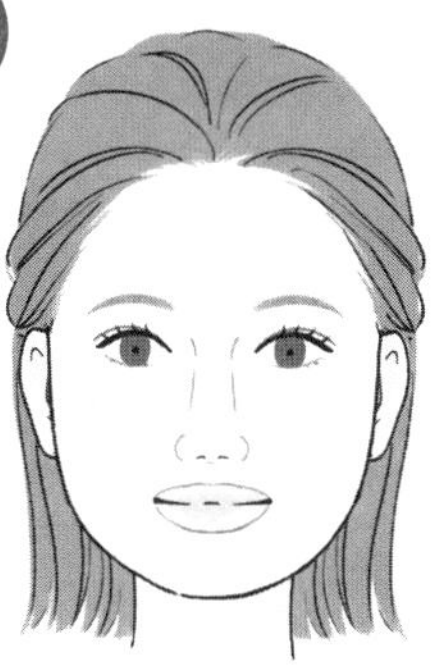

丸顔

[54ページ／図38]

丸顔の人は交際範囲も広く、万人に好かれます。情も細やかで、素早く人の気持ちを読むでしょう。

鼻

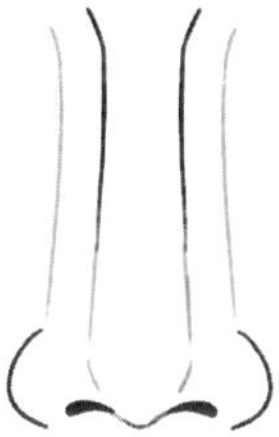

小鼻が張っている

[97ページ／図68-1]

小鼻が張っている人は、他人と交わるのが得意で、人間関係を上手にこなす才能があります。

あご

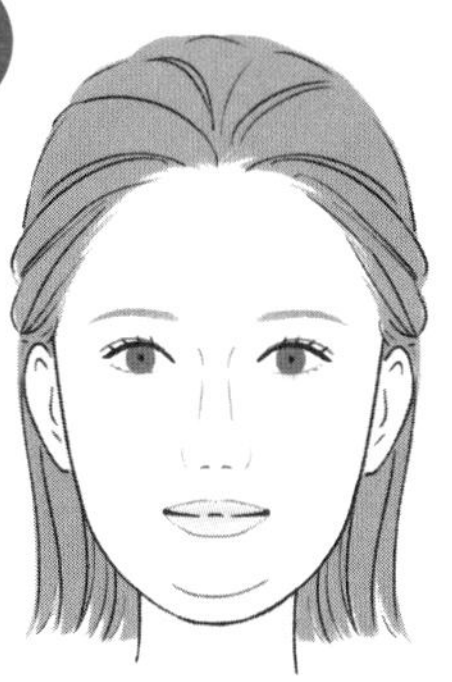

二重あご

[175ページ／図155]

二重あごの人は包容力があります。部下運にも恵まれ、営業成績も常に上位をキープします。

経理で成功する顔

常に冷静で、単調な仕事を黙々と続ける忍耐強い人です。数字に強く、緻密な計画性と大胆な交渉力を持ち合わせています。

眉

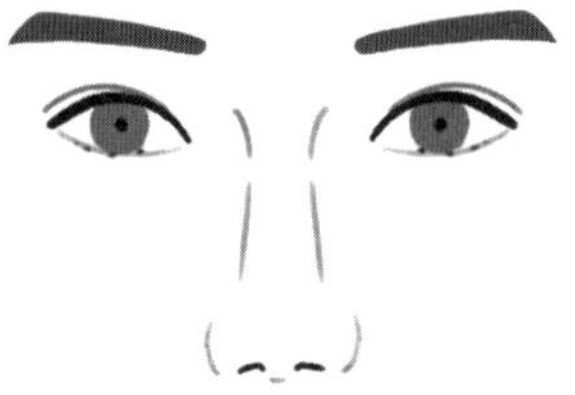

一字眉

[142ページ／図109]

一字眉の人は合理的で、計数関係に強く、素早い決断力があります。意志も強く一本気な性格です。

眉間

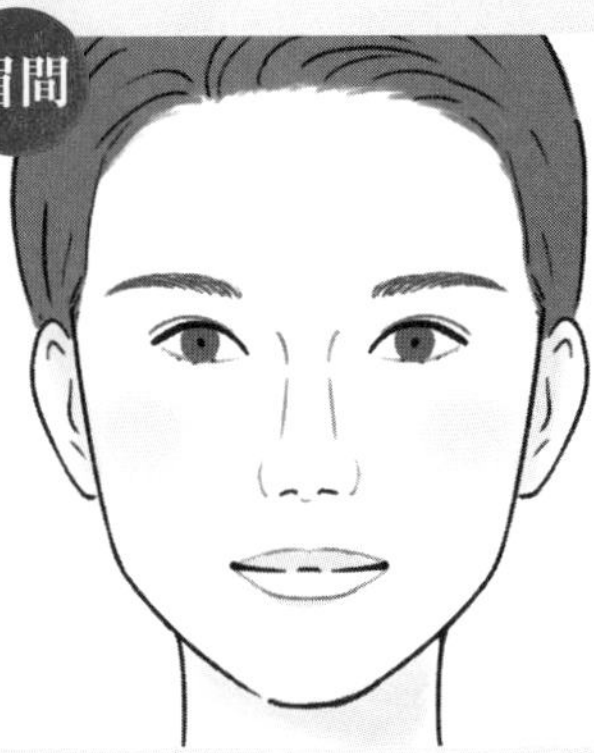

眉間が広い

[149ページ／図123]

眉間が指二本ぐらいか、それより広い人は、上司や目上の引き立てが強い人です。若くして出世コースに乗ることもあります。

目

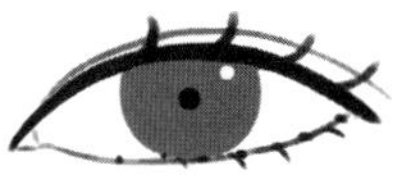

細く小さい目

[72ページ／図47-2]

細く小さい目の人は、マイペースな現実主義者。慎重で観察力もありますが、疑い深くなりすぎるのはかえってマイナスでしょう

企画マーケティングで成功する顔

高い感性を持ち、想像力、発想力に優れています。個性的なひらめきを具現化する構成力、表現力も持ち合わせています。

顔

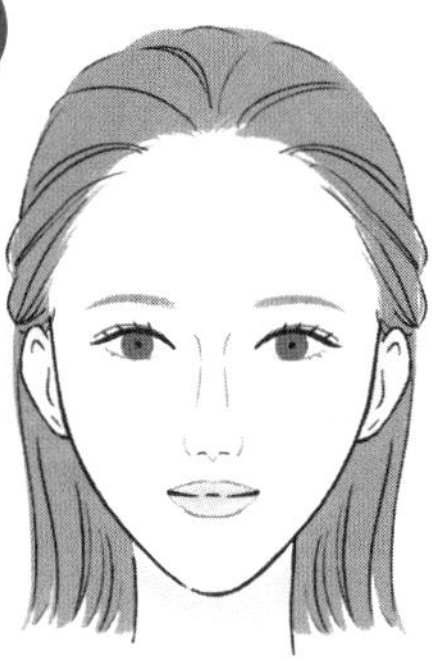

逆三角形顔

[52ページ／図37]

逆三角形顔の人は、知識欲が旺盛で、知的な仕事が向いています。好きな仕事に熱中するタイプです。

額

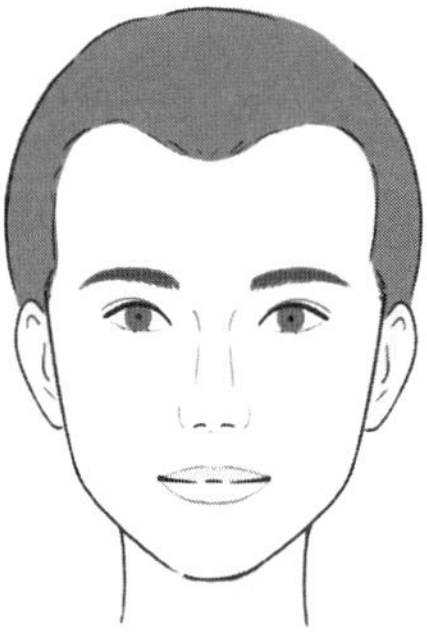

M字額

[162ページ／図140]

M字額の人は独創的な発想が得意です。人の意見を聞かない頑固さが、個性として花開くこともあります。

眉

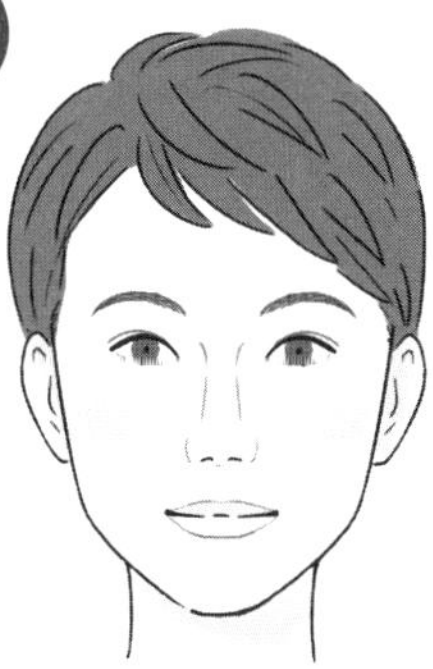

曲線の眉

[137ページ／図100]

曲線の眉を持つ人は、思考に柔軟性があり、物事を多面的にとらえることができます。知識も豊富です。

技術で成功する顔

ひらめきやアイデアを形にしていく、創造力、設計力に優れた人です。長年にわたり研究を続けるためには、忍耐力も必要です。

顔

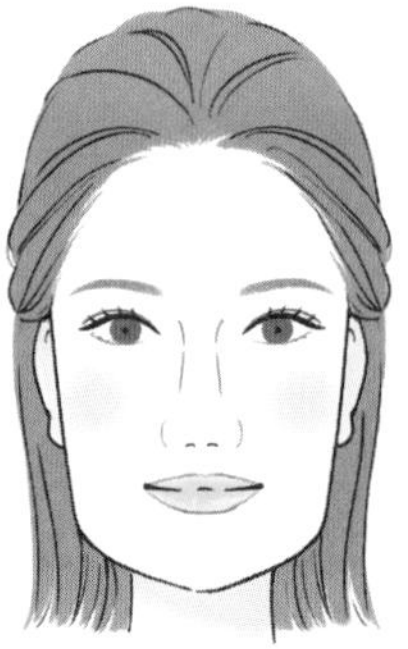

長方形顔

[64ページ／図43]

長方形顔の人は、意志が強いタイプです。確かな実行力もあり、研究成果をきちんと出していきます。

額

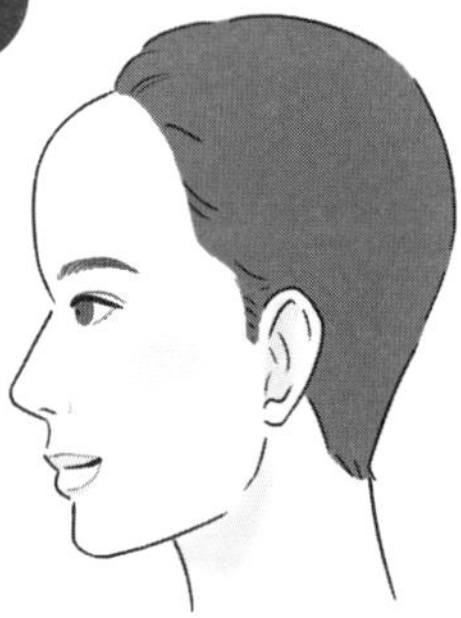

おでこ額

[163ページ／図141]

おでこ額の人は、勘が鋭く記憶力は特に優れています。強運で才能豊かなタイプです。

目

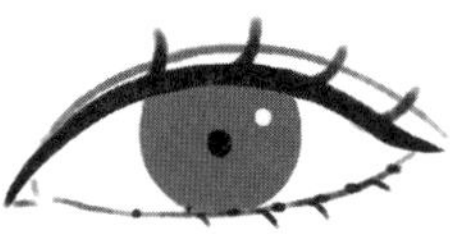

切れ長の目

[73ページ／図48-1]

切れ長の目を持つ人は、思慮深く気が長いタイプ。冷静な判断力で、仕事を地道にこなしていきます。

総務で成功する顔

社内のなんでも屋として、縁の下の力持ちタイプです。礼儀正しく真面目で温厚、高いコミュニケーション能力を持っています。

鼻

鼻の幅が太い

[95ページ／図66-1]

鼻の幅が太い人は、積極的な性格です。強い意志と実行力で、何事も最後までやり抜くタイプです。

目

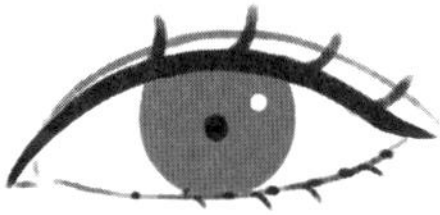

切れ長の目

[73ページ／図48-1]

切れ長の目を持つ人は、思慮深く気が長いタイプ。冷静な判断力で、仕事を地道にこなしていきます。

口

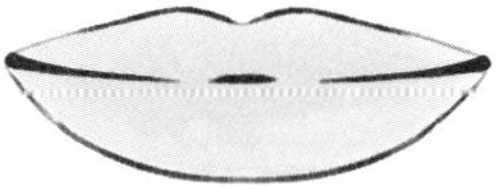

仰月型

[112ページ／図77-1]

仰月型の口を持つ人は、明るく愛情豊か。育ちのよさを感じさせるタイプで、行動力もあります。

人事で成功する顔

社内の守秘義務に忠実で、バランス感覚に優れています。人材育成の意識が高く、人を育てることに喜びを感じるタイプです。

顔

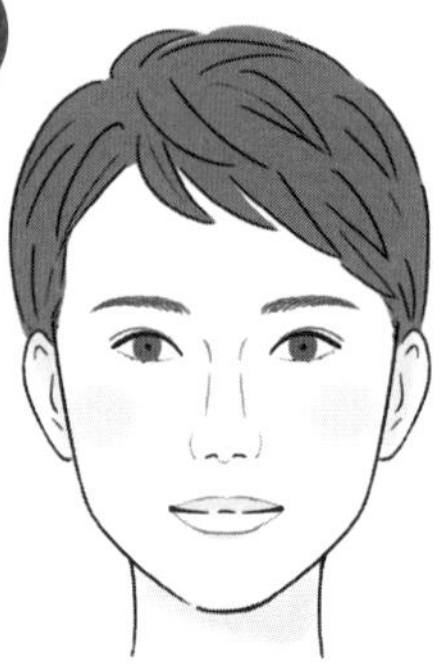

黄金分割

[43ページ／図25]

いわゆる美人、美男子と言われる顔の人は性格も従順で、チームや組織でこそ個性を伸ばします。

額

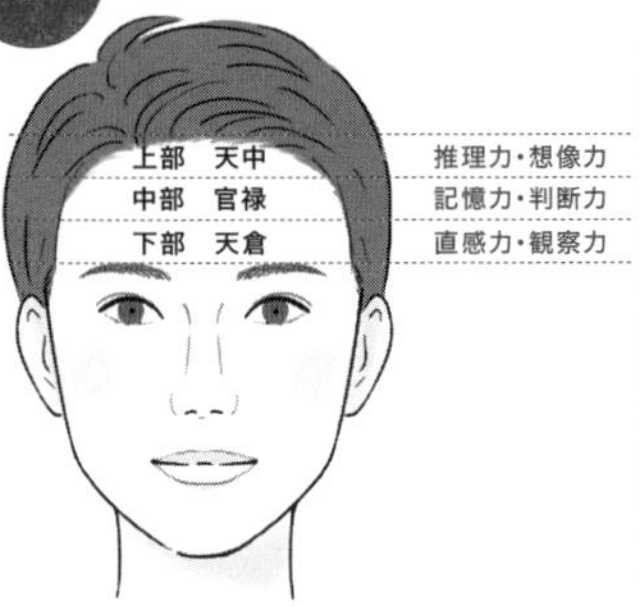

発達した額

[158ページ／図135]

上・中・下部の額が発達した人は、推理力、判断力、直感力に優れています。強運で才能豊かなタイプです。

あご

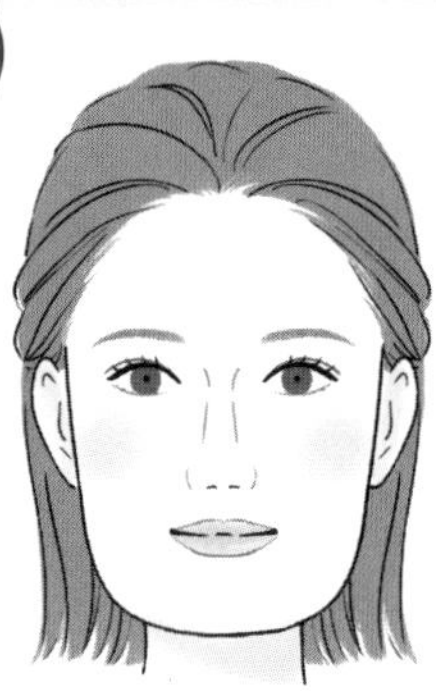

広いあご

[168ページ／図144]

広いあごの人は包容力があり、指導力もあるので人材の育成に最適なタイプ。正義感も強く実践的な人で事務処理能力にも優れています。

広報で成功する顔

発想力、コミュニケーション能力に優れ、知的好奇心が強い人です。柔軟性があり、状況の変化にも臨機応変に対応するタイプです。

口

上唇口角に肉

[110ページ／図75-2]

上唇口角の肉付きがいい人は、愛情豊かでサービス精神が旺盛。面倒見もよく、人望を集めます。

耳

耳廓が外に出ている

[121ページ／図81]

耳廓が外に出ている人は、個性が強く革新的です。好き嫌いの感情を上手にコントロールできるとよいでしょう。

眉

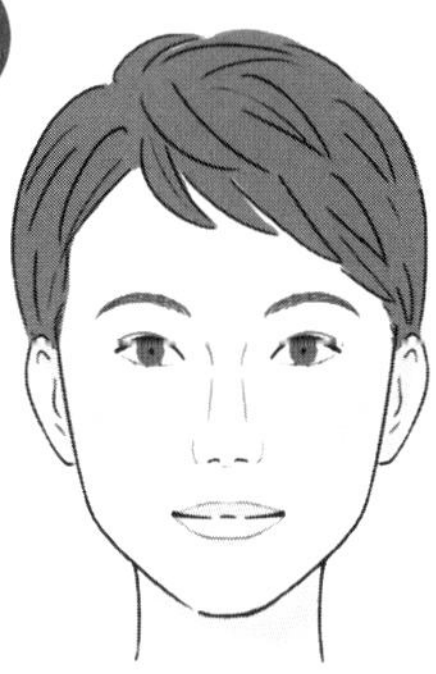

曲線の眉

[137ページ／図100]

曲線の眉を持つ人は、思考に柔軟性があり、物事を多面的にとらえることができます。知識も豊富です。

法務で成功する顔

グローバルな視点を持つ人です。コンプライアンスに対する意識も高く、企業倫理を常に考え実践しようとするタイプです。

目

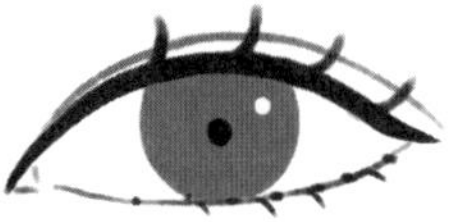

切れ長の目

[73ページ／図48-1]

切れ長の目を持つ人は、思慮深く気が長いタイプ。冷静な判断力で、仕事を地道にこなしていきます。

耳

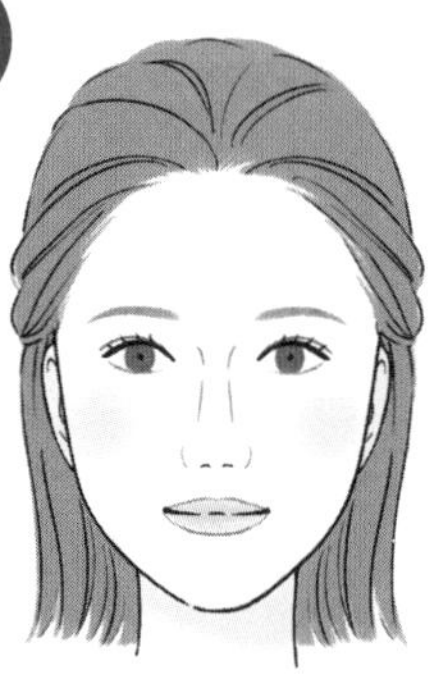

貼り付き耳

[127ページ／図88]

貼り付き耳の人は、度量が大きく、忍耐力もあるため、困難な仕事でも成功する運の強さを持っています。

額

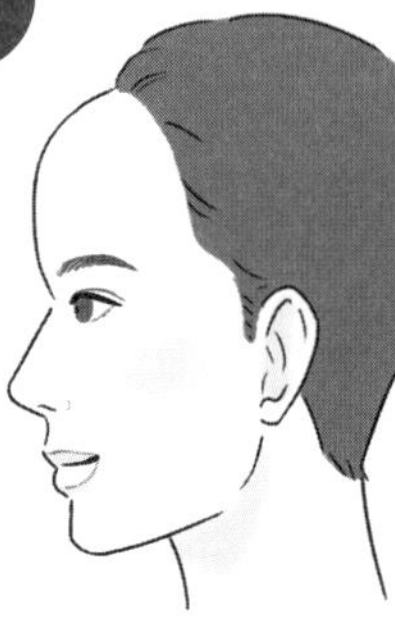

おでこ額

[163ページ／図141]

おでこ額の人は、勘が鋭く記憶力は特に優れています。強運で才能豊かなタイプです。

海外事業

で成功する顔

自立心旺盛で、リスクがあってもチャレンジする人です。どこにいようと、上手に人の力を借りて仕事を進めるタイプです。

額

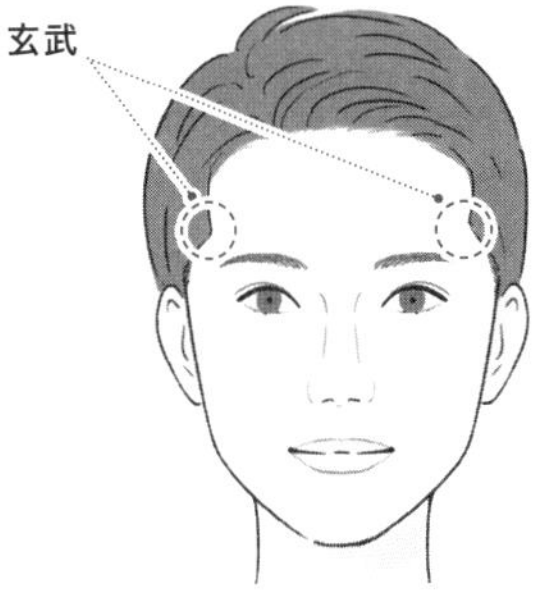

男額

[161ページ／図138]

角張った男額を持つ人は、実行力があり、明るく積極的でミスを恐れない性格です。現実的な判断力で変化にも柔軟に対応できます。

鼻

天《てん》胆《たん》鼻

[102ページ／図71-5]

天胆鼻を持つ人は、度胸も頭もずば抜けてよいタイプ。割り切った思考で大胆な行動をとります。リスクがあってもチャレンジできる人です。

あご

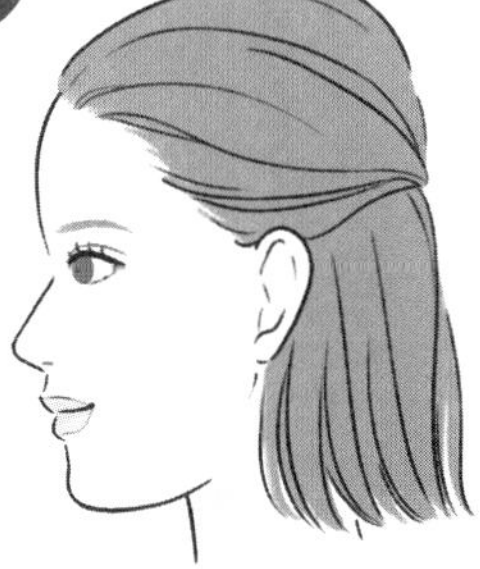

あごの肉が厚い

[172ページ／図150]

あごの肉が厚い人は、愛情豊かで決断力があるタイプ。人徳があり包容力もあるので、部下から慕われます。

人相学における理想の部位バランス

本書に登場した顔の部位の中で、人相学において理想と考えられるものをまとめたのがこちら。顔のサイズは「黄金分割」（43ページ）だと、より理想的です。

目	●両目は水平な位置に並ぶ ●眼球は出すぎず引っ込まない ●黒目と白目の境界が明確 ●黒目が上下のまぶたにかかる、など
鼻	●顔を三等分した長さ ●鼻の幅が太く、鼻頭が丸く、肉付きがよい、など
口	●輪郭が明確 ●口角が上がっている ●口が適度に大きい、など
耳	●大きく肉厚 ●耳の位置が低い、など
眉	●眉頭が太く、眉尻にかけて細くなる ●柔らかい ●左右の眉の高さが水平、など
額	●標準の広さは指が三本入る程度 ●広い額 ●しみ・傷などがない ●肉が厚く包み、少し出っ張る、など
あご	●引き締まっている ●肉厚で広い、など
頬	●肉付きが豊か ●頬骨が前に出ている、など

これが人相学における
理想の部位バランス

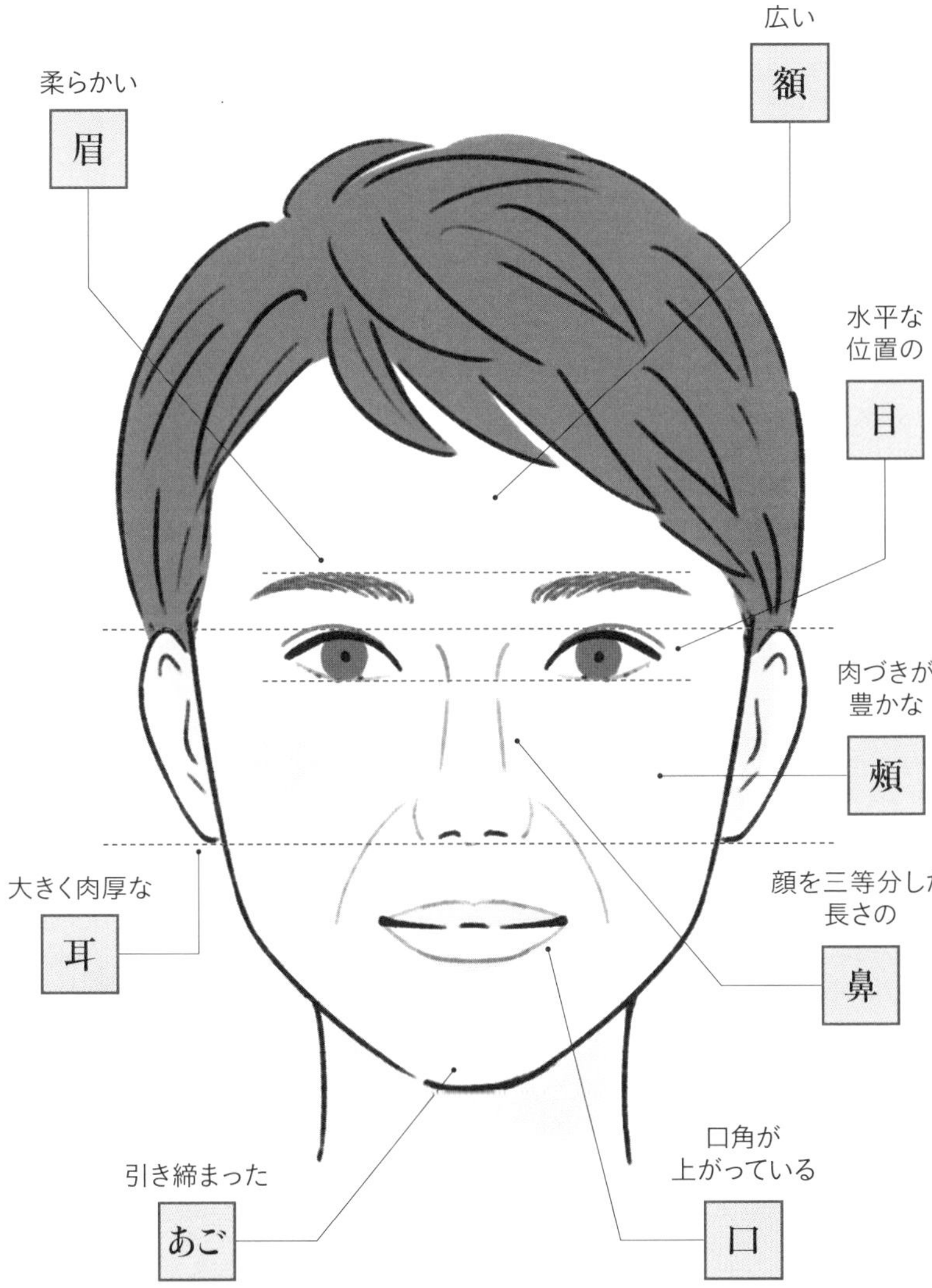

主な部位別の性格一覧

本編で紹介した主な部位から、性格の特徴がわかる一覧を作りました。相手の人の印象が強い顔のパーツから、その人の性格を調べることができます。

目

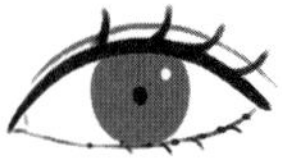	大きい目	p.72	感受性が鋭い、ムードに乗りやすい
	細く小さい目	p.72	慎重で冷静、疑い深い
	切れ長の目	p.73	思慮深い
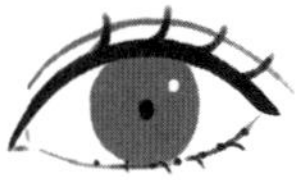	どんぐり目	p.73	直感力に優れる、わがままな傾向
	出目	p.74	多情もしくは冷静
	奥目	p.74	観察力が鋭い、執着心が強い
	上がり目	p.75	負けず嫌い、決断力がある
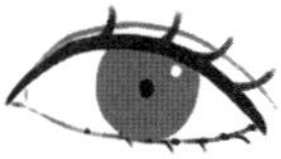	垂れ目	p.75	温厚で人がよい、積極性に欠ける

【 主な部位別の性格一覧 】

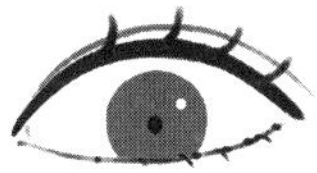	上三白眼	p.76	執念深い、冷静
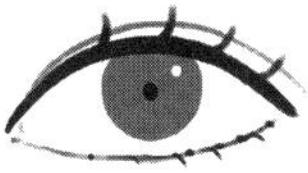	下三白眼	p.76	思い込みが強い
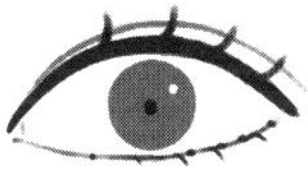	四白眼	p.76	冷酷でずる賢い、頭はずば抜けてよい
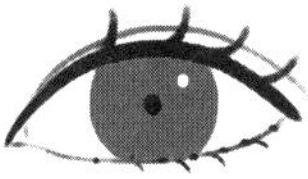	瞳が大きい	p.77	感情豊かで積極的
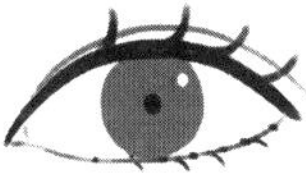	瞳が小さい	p.78	用心深く消極的、意志が強い
	瞳が真ん中	p.79	常識豊かで円満な性格
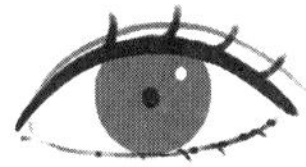	瞳が上まぶたに隠れる	p.79	希望にあふれる心、負けず嫌い
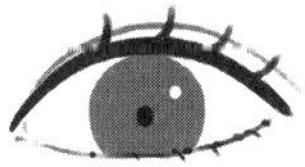	瞳が下まぶたに隠れる	p.79	温和だが、意志が弱い
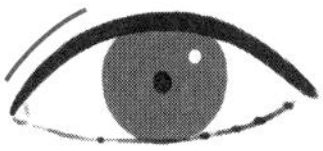	目頭寄りの輪郭が曲線	p.80	明るくさわやか

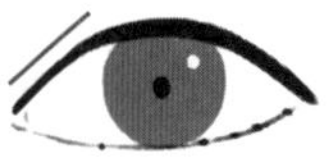	目頭寄りの輪郭が直線	p.80	冷静で打算的
	目の輪郭中央が曲線	p.81	素直で純情
	目の輪郭中央が直線	p.81	金銭感覚に優れる、打算的
	目尻の輪郭が曲線	p.81	わがままで個性的
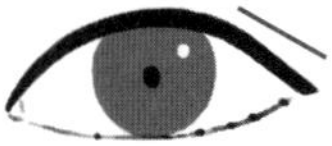	目尻の輪郭が直線	p.81	消極的で成り行き任せ
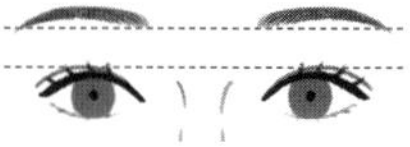	目と眉の間が広い	p.82	おおらかで人気者
	目と眉の間が狭い	p.82	気が短いが、真面目
	目と目の間が広い	p.85	楽天的で協調性あり、大ざっぱ
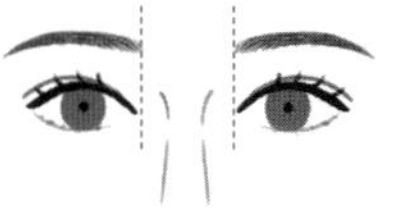	目と目の間が狭い	p.85	世渡り上手、取り越し苦労が多い

	目の下の肉がふくらんでいる	p.86	体力があり精力が強い
	目の下の肉がくぼんでいる	p.86	配偶者に縁が薄い
	一重まぶた	p.89	集中力がある、思慮深い
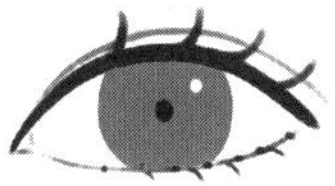	二重まぶた	p.89	直感的、社交性がある

鼻

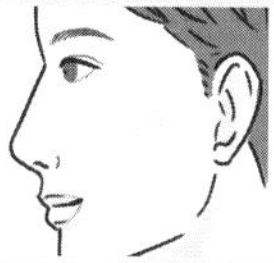	鼻が長い	p.93	几帳面で真面目、頑固
	鼻が短い	p.93	明るく開放的、依頼心が強い
	鼻が高い	p.94	プライドが高い、積極的
	鼻が低い	p.94	主体性に欠ける、実質的

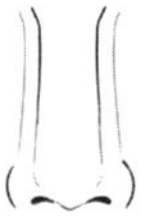	鼻の幅が太い	p.95	温厚で忍耐力あり
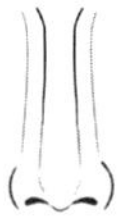	鼻の幅が細い	p.95	わがままで繊細、真面目
	鼻頭が丸い	p.96	温厚、名誉心強い
	鼻頭が尖っている	p.96	真面目、見栄っ張り
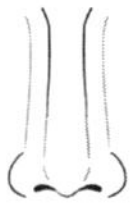	小鼻が張っている	p.97	人間関係をうまくこなす
	小鼻が張っていない	p.97	持久力に欠ける
	鼻の穴が上向き	p.98	社交性あり、自己中心的
	鼻の穴が下向き	p.98	閉鎖的、無駄金は使わない
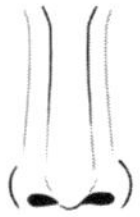	鼻の穴が大きい	p.99	明るい、浪費家

【 主な部位別の性格一覧 】

	鼻の穴が小さい	p.100	器が小さく臆病、貯蓄する
	ローマ鼻(段鼻)	p.100	負けず嫌い、勇気がある
	思案鼻	p.101	義理人情に厚い、おせっかい
	ユダヤ鼻(鉤鼻)	p.101	直感力があり商売上手、打算的
	ギリシャ鼻(君子鼻)	p.102	上品で優雅、プライドが高い
	天胆《てんたん》鼻	p.102	大胆で器用、頑固
	団子鼻	p.103	食欲・物欲が強い、そつのない生き方
	獅子鼻	p.103	明るく野性的、短気
	子ども鼻	p.104	軽薄、人がいい

口

	大きい口	p.107	欲望が強い、 統率力や指導力がある
	小さい口	p.108	素直で誠実、 実行力は弱め
	厚い上唇	p.108	本能が強い、 積極的で献身的
	薄い上唇	p.109	理性的で淡泊、 要領がいい
	厚い下唇	p.109	自己中心的
	薄い下唇	p.109	個性が弱く、 スタミナ少なめ
	上唇が 盛り上がっている	p.110	プライドが高い、 才能に恵まれている
	上唇の口角に 肉がついている	p.110	愛情豊か
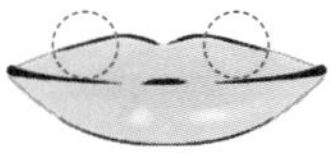	上唇の左右が直線	p.110	素直で常識的

【主な部位別の性格一覧】

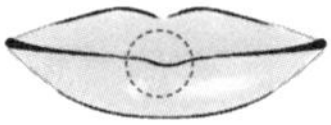	上唇の真ん中が下に向かっている	p.110	合理的でタフ
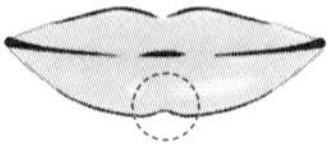	下唇の真ん中が上がり気味	p.111	潔癖な傾向、デリケート
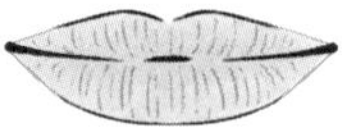	縦じわが多い	p.111	明るく社交性がある
	縦じわが少ない	p.112	打算的で利己的
	仰月型《きゅうげつ》	p.112	明るく楽しい性格
	伏月型《ふくげつ》	p.113	真面目で頑固
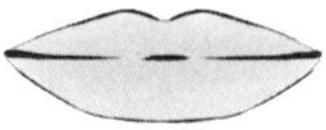	一文字型	p.113	意志が強い努力家
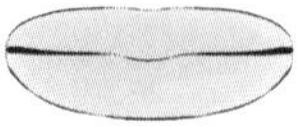	四字型	p.114	義理人情に厚い
	切れ長型	p.114	明るく誠実
	受け口	p.114	理屈っぽい、忍耐力がある

	かぶせ口	p.115	正義感が強い、 理屈好き
	ひょっとこ口	p.115	粗野で直情的
	引っ込んでいる口	p.115	内向的で物静か
	めくれ口	p.116	うぬぼれが強い
	出っ歯で 引き締まった口	p.116	好奇心が強い

耳

	耳の位置が高い	p.119	生活能力が高く、 堅実
	耳の位置が低い	p.119	面倒見がよい、 嫉妬心強め
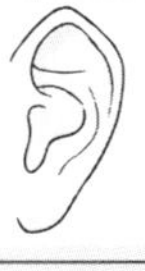	尖った耳	p.121	反省心に欠け、孤独

【主な部位別の性格一覧】

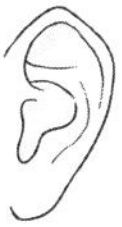	尖った耳で 耳廓が内に納まる	p.121	温厚な性格、優柔不断
	耳廓が外に出る	p.121	個性的で革新的、 好き嫌いが激しい
	耳たぶがない耳	p.122	冷静で短気、 お金に淡泊
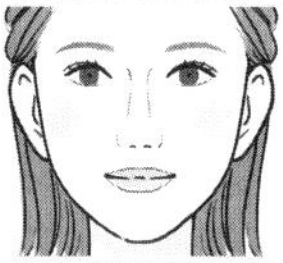	大きな耳	p.122	指導力があり謙虚、 やや神経質
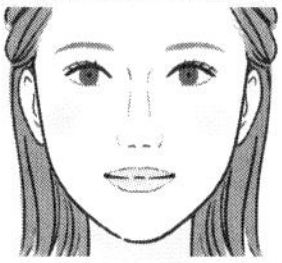	小さな耳	p.123	個性が強く攻撃的
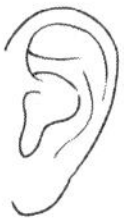	硬く肉厚な耳	p.124	積極的、度量が広い、 鈍感
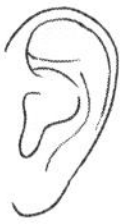	軟らかく肉薄な耳	p.124	消極的、才能を発揮
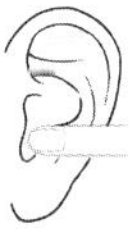	耳の穴が大きい	p.125	心が広く聡明
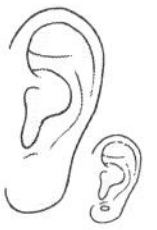	土《ど》耳《じ》 (前に出た耳たぶ)	p.126	意志が強く、スタミナ・ 知力に優れる

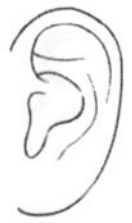	うちわ耳 （大きく薄い耳）	p.126	知識欲が旺盛、神経質
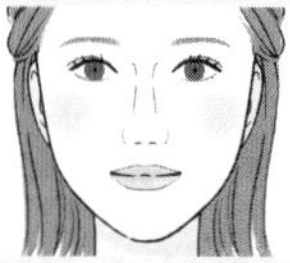	貼り付き耳	p.127	度量がある、 やや猜疑心が強い
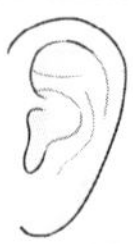	袋耳（耳廓がない耳）	p.128	人の影響を受けやすい
	三角耳	p.128	知的で頭脳明晰、 金銭的には 恵まれない傾向
	丸耳	p.128	協調性、人望がある
	四角耳	p.129	我が強くマイペース、 個性的

眉

	濃い眉	p.134	欲望が強い
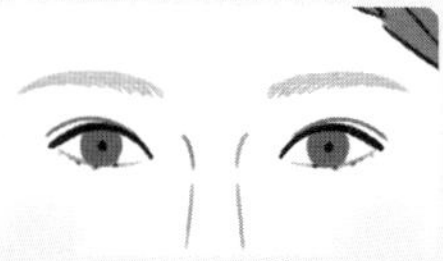	薄い眉	p.134	要領がよく感情的

【主な部位別の性格一覧】

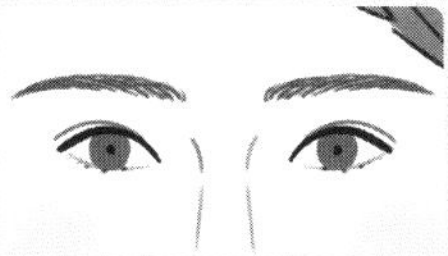	長い眉	p.135	気が長く心豊か
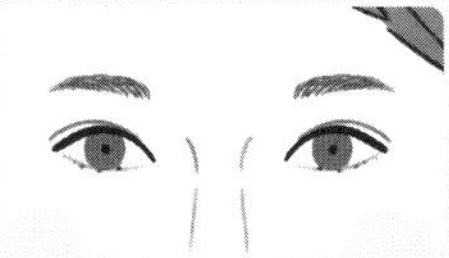	短い眉	p.135	短気で偏屈
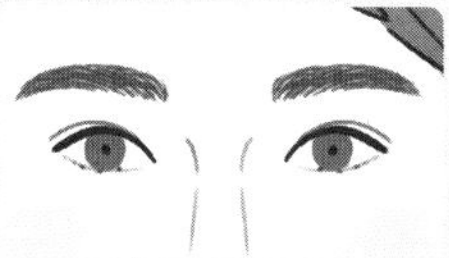	太い眉	p.136	決断力、実行力がある
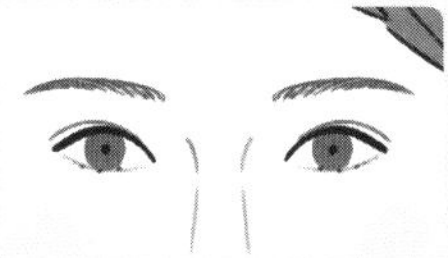	細い眉	p.136	優柔不断で保守的
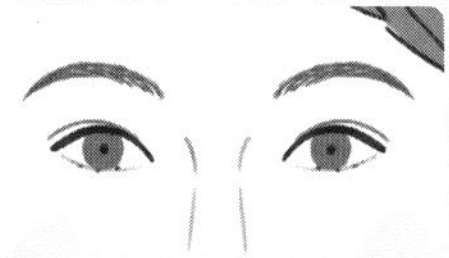	曲線の眉	p.137	柔軟な思考をする
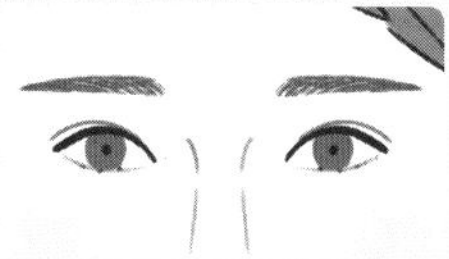	直線の眉	p.137	我が強く頑固
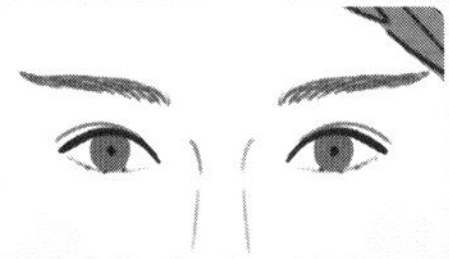	上がった眉尻	p.139	積極的な性格、 気性が激しい
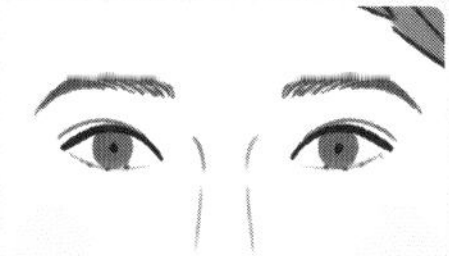	下がった眉尻	p.139	消極的な性格、 人柄がよい
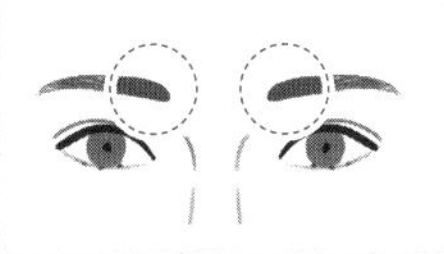	整った眉頭	p.140	勇気、協調性がある

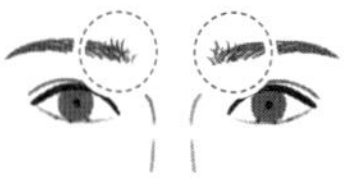	乱れた眉頭	p.140	悩みを抱えがち
	整った眉尻	p.140	感性が豊か
	乱れた眉尻	p.140	お金が貯まらない
	一字眉	p.142	一本気な性格
	柳眉	p.142	美的感覚がある
	三日月眉	p.143	純な心を持ち優しい
	糸眉	p.143	意志が弱い
	八字眉	p.144	度量が広い、 陽気なお調子者
	へ字眉	p.144	職人気質、 情熱的、実行力がある

【主な部位別の性格一覧】

	三角眉	p.145	打算的だが意志が強く、スタミナがある
	剣眉	p.145	利己的で強引
	清秀眉	p.146	清らかな性格で、秀才タイプ
	羅漢眉	p.146	温厚で頭脳明晰
	地蔵眉	p.147	優しく人徳がある
	乱草眉	p.147	粗雑
	逆眉	p.148	凶暴性があり短気
	間断眉	p.148	情が薄い
	眉間が広い	p.149	器が大きい

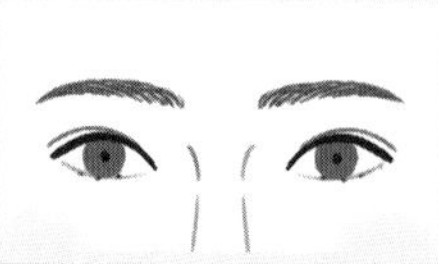	眉間が狭い	p.149	神経質で度量がない
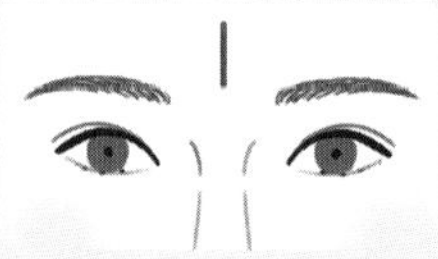	懸針紋《けんしんもん》(中央に筋)	p.152	意志が強い、 協調性に欠ける
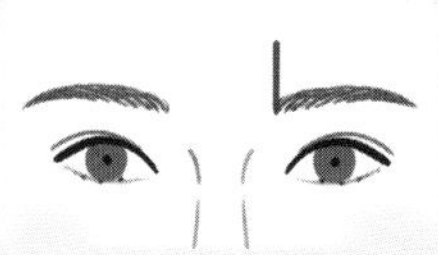	傷害紋(片側に筋)	p.152	短気
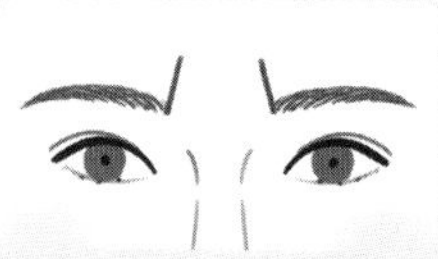	嫉妬紋(ハの字の筋)	p.153	猜疑心が強い
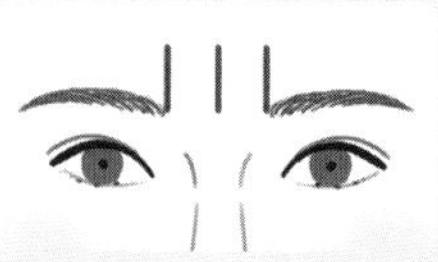	川字紋(3本の筋)	p.153	孤独癖がある
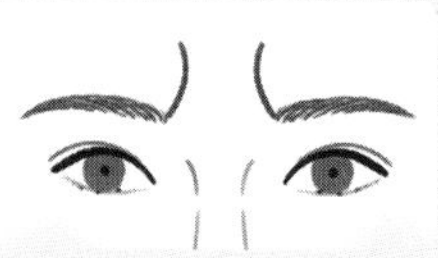	貧窮紋 (三日月型の筋)	p.154	不平不満が多い
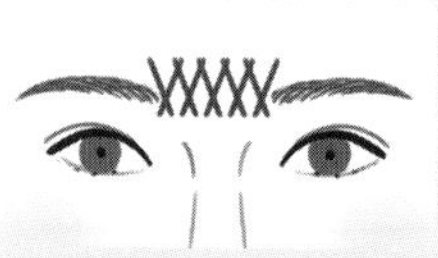	極め紋(格子状の筋)	p.154	専門職で才能発揮

額

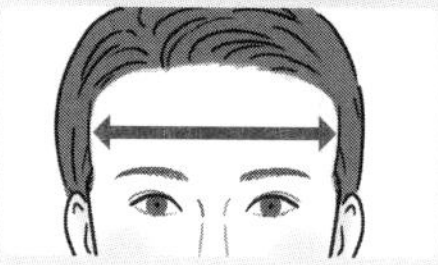	横に広い	p.156	視野が広い

【 主な部位別の性格一覧 】

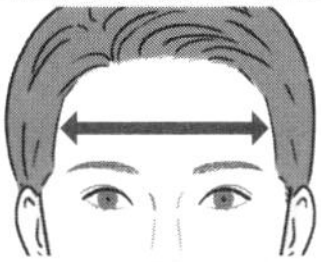	横に狭い	p.156	視野が狭い
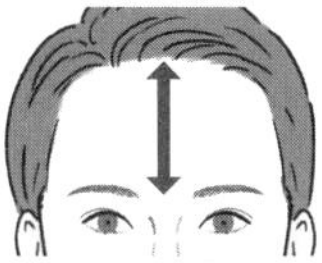	縦に広い	p.156	気長
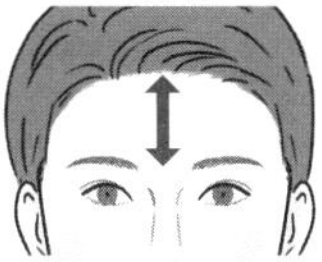	縦に狭い	p.156	短気
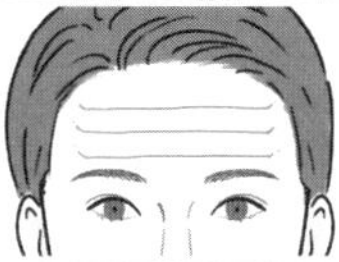	平行な三本の しわの両端が上向き	p.159	積極的
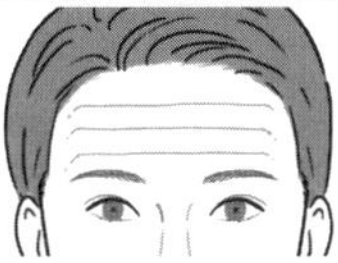	平行な3本の しわの両端が下向き	p.159	消極的
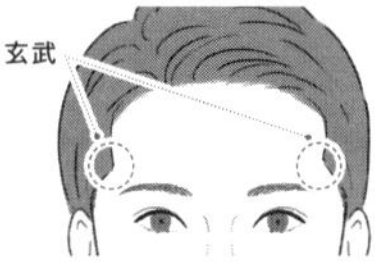	男額(角額)	p.161	明るい性格、 我が強く、実行力がある
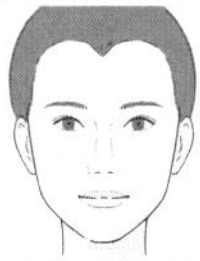	富士額	p.162	女性は素直、 男性は消極的だが 忍耐強い
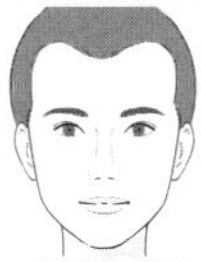	M字額	p.162	独創的で想像力豊か、 頑固で強気だが 面倒見が良い
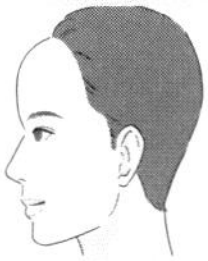	おでこ額	p.163	記憶力に優れ、 活動的で才気がある、 嫉妬心強め

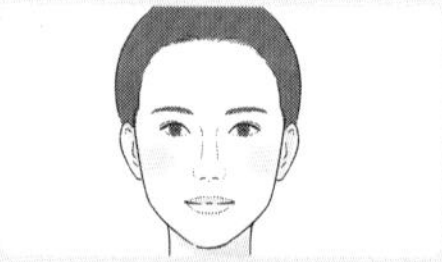	女額	p.164	真面目で温和な努力家
あご			
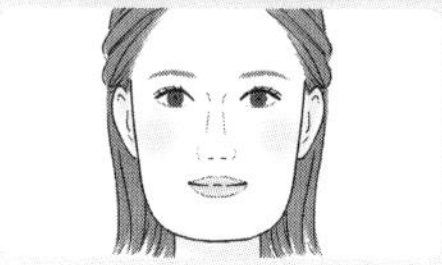	広いあご	p.168	包容力があり愛情豊か
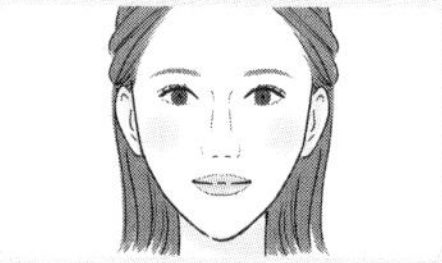	尖ったあご	p.168	感受性が鋭い、 度量が狭い
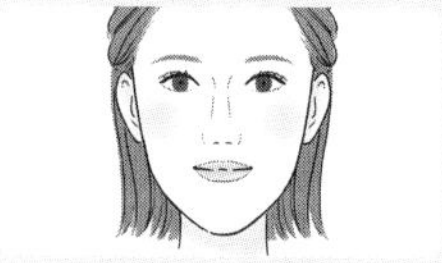	長いあご	p.170	サービス精神旺盛、 やや軽薄
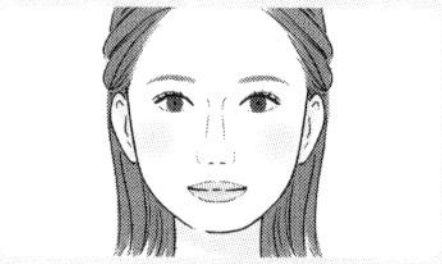	短いあご	p.170	用心深い、利己的
	しゃくれたあご	p.171	情熱的な楽天家、 敵を作りがち
	引っ込んだあご	p.171	心配性、生命力弱め
	肉厚のあご	p.172	決断力がある

	肉薄のあご	p.172	知的、 主体性がなく偏屈
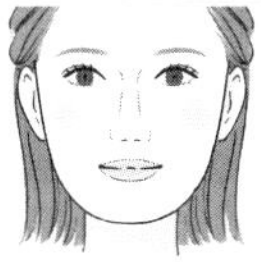	丸いあご	p.173	包容力と信頼性がある
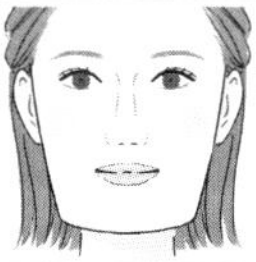	角張ったあご	p.174	現実的で根性がある、 情に欠ける
	細いあご	p.174	真面目で緻密、 人間関係が不得手
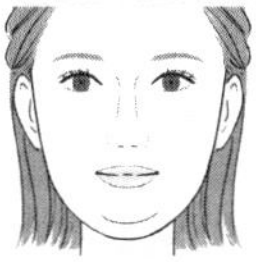	引き締まった 二重あご	p.175	愛情豊かで人徳がある
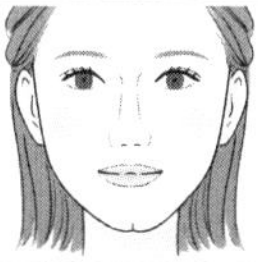	おとがいの 真ん中がくぼんだ あご	p.176	創造的で才能を発揮、 神経質

頬

	頬骨が前に 出ている頬	p.178	攻撃的な性格、 生命力がある
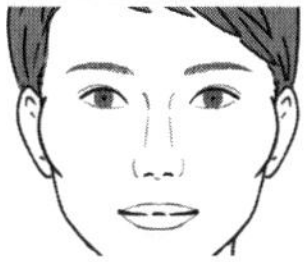	頬骨が横に 出ている頬	p.178	がんばりがきく、 我の強さもある

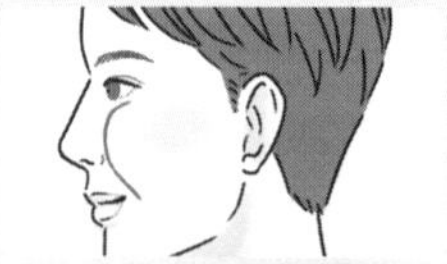	肉付き豊かな頬	p.179	情が細やかで人気者
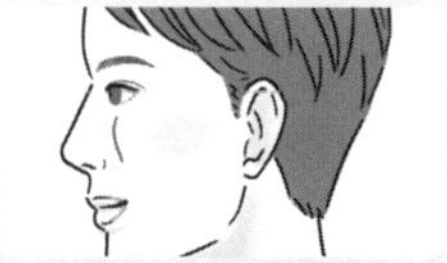	肉付きが薄い頬	p.180	好き嫌いが激しい

歯

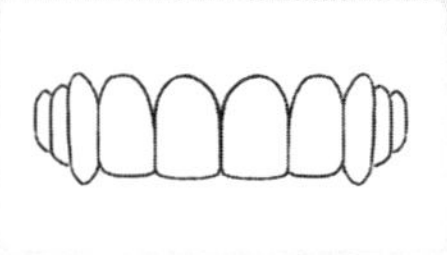	歯並びがよい	p.181	几帳面
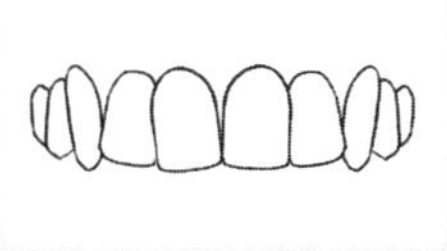	歯並びが悪い	p.182	感情にムラがある
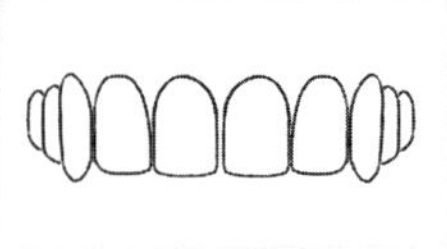	隙っ歯	p.182	雑で飽きっぽい
	出っ歯	p.183	快活だが飽きっぽい
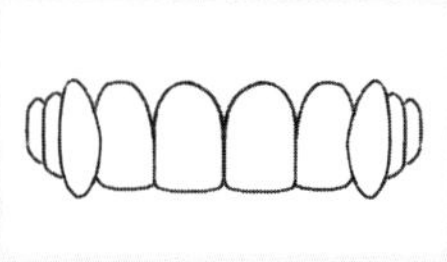	八重歯	p.183	嫉妬心が強い、個性的
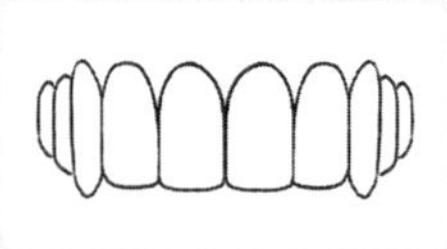	大きな歯	p.184	理性的だが大胆

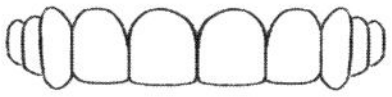	小さな歯	p.184	神経が細やか、論理的

法令

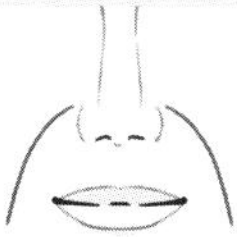	長い法令	p.188	指導力がある、仕切るのが好き
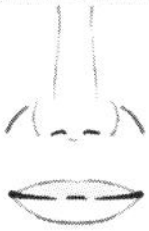	短い法令	p.188	指導力がない
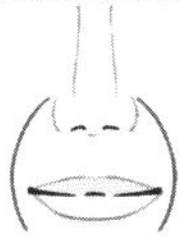	口を囲む法令	p.189	社交性に乏しい
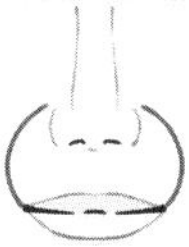	口に入る法令	p.189	神経質
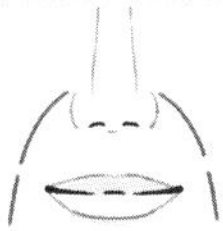	切れた法令	p.189	無責任
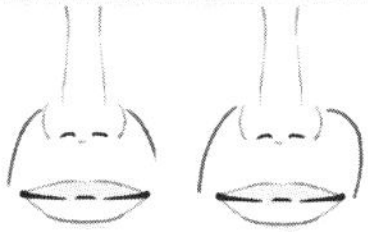	バランスが悪い法令	p.191	偏った考え方をする
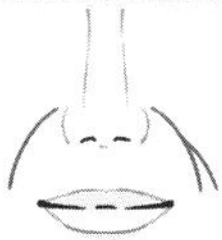	二本の法令	p.190	個性がとても強い

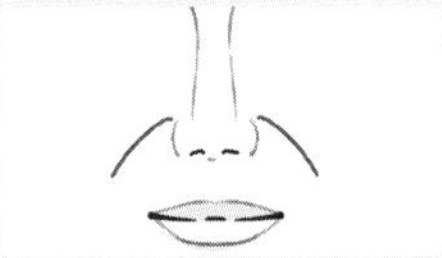	ハの字の法令	p.190	独立心が強く 度量がある
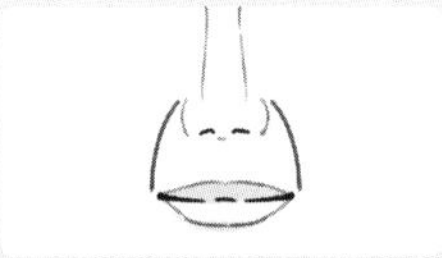	狭い法令	p.190	協調性に欠ける

人中

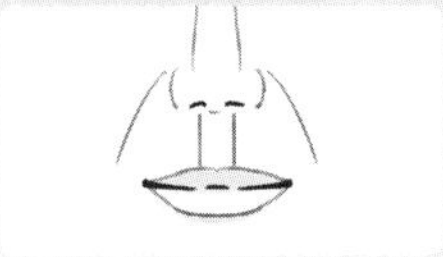	広く長く深い人中	p.192	円満な人柄
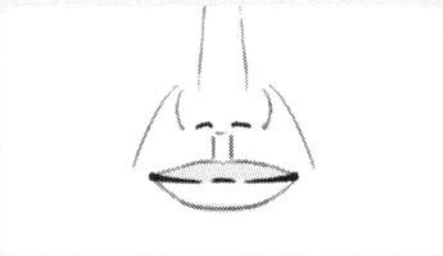	狭く短く浅い人中	p.193	生命力が弱い、 偏屈、意志が弱い
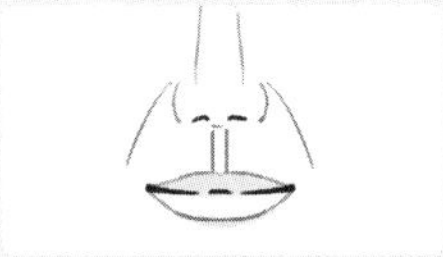	特に狭い人中	p.193	神経質で気が短い

髭

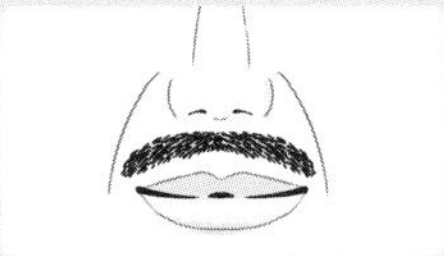	濃い髭	p.194	陽気で活発
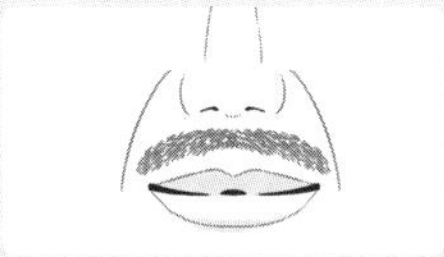	薄い髭	p.195	消極的で気が小さい

付録

日本人相能力検定

模擬問題

4級・3級・2級・1級

各級に問1から問20までの問題があります。
その中から答えの数字を選び、
□に記入してください。
※1級の問10〜問20は記述問題です。

日本人相能力検定の概要

人相を見る上で大切なことは、基本的な人相学の知識とテクニックを身につけることです。当検定では、基礎的な人相学知識を判定する4級から、プロの人相占い師として力を発揮できるレベルの1級まで、幅広いレベルに応じて受験可能です。人相能力検定を通じ、プロ、アマチュアを問わず、多くの方が人相を見る知識を身に付け、生活で役立てていただきたいと思います。

詳しくは、info_kentei@nippan.co.jpにお問い合わせください。

4級

模擬問題　解答314ページ

問1

大きい顔の人の特徴について、次の中から最も適当と思われるものを一つ選んでください。

① 依頼心が強い
② 自己主張が強い
③ 内向的である
④ 迎合主義である

答え

問2

丸顔の人の特徴について、次の中から最も適当と思われるものを一つ選んでください。

① 現実的で意志が強い
② 真面目で知識欲がある
③ 頑固で粘着力がある
④ 社交的で円満な人柄である

答え

問3

大きい目の人の特徴について、次の中から最も適当と思われるものを一つ選んでください。

①思慮深く洞察力がある
②視野は狭いが観察力がある
③感受性が鋭く楽天的である
④創造力が豊かで忍耐力がある

答え

問4

垂れ目の人の特徴について、次の中から最も適当と思われるものを一つ選んでください。

①勘が鋭い
②執着心が強い
③温厚である
④忍耐強い

答え

問5

上がり目の人の特徴について、次の中から最も適当と思われるものを一つ選んでください。

① 人情味がある
② 負けず嫌いである
③ 意志が弱い
④ 優柔不断である

答え

問6

瞳の大きさと色の特徴について、次の中から最も適当と思われるものを一つ選んでください。

① 大きくて黒い瞳は用心深い
② 茶色の瞳は真面目で思慮深い
③ 小さくて黒い瞳は執念深い
④ 茶色の瞳より黒い瞳の方が色彩感覚はよい

答え

問7

鼻が高い人の特徴について、次の中から最も適当と思われるものを一つ選んでください。

①現実主義である
②お金に執着する
③感情的である
④プライドが高い

答え

問8

小鼻が張っている人の特徴について、次の中から最も適当と思われるものを一つ選んでください。

①世情にうとい
②理想主義者である
③体力がない
④人間関係に秀でている

答え

問9

鼻の穴が上を向いている人の特徴について、次の中から最も適当と思われるものを一つ選んでください。

①冷静沈着である
②用心深い
③自己中心的である
④閉鎖的である

答え

問10

鼻の穴が大きい人の特徴について、次の中から最も適当と思われるものを一つ選んでください。

①臆病である
②愚痴が多い
③お金に細かい
④スタミナがある

答え

問11

口が大きい人の特徴について、次の中から最も適当と思われるものを一つ選んでください。

① 生活力がない
② 実行力がない
③ 知的欲求が強い
④ 欲望が強い

答え

問12

上唇が厚い人の特徴について、次の中から最も適当と思われるものを一つ選んでください。

① 献身的である
② 思いやりに欠ける
③ 知識欲がある
④ 愛情表現が下手である

答え

問13

下唇が厚い人の特徴について、次の中から最も適当と思われるものを一つ選んでください。

①他人の思惑を気にする
②生活力がない
③自己中心的である
④優れた味覚を持つ

答え

問14

歯並びがよい人の特徴について、次の中から最も適当と思われるものを一つ選んでください。

①節操がない
②利己的である
③几帳面である
④短気である

答え

問15

耳が大きい人の特徴について、次の中から最も適当と思われるものを一つ選んでください。

①個性が強い
②長寿である
③大胆である
④人の話を聞かない

答え

問16

硬く肉厚な耳の人の特徴について、次の中から最も適当と思われるものを一つ選んでください。

①意志が弱い
②体力に恵まれている
③感受性が鋭く敏感である
④知的な仕事に向いている

答え

問17

えらが左右に張っている人の特徴について、次の中から最も適当と思われるものを一つ選んでください。

①意地っ張りである
②理性的である
③他人に影響されやすい
④自分の感情に振り回される

答え

問18

眉が長い人の特徴について、次の中から最も適当と思われるものを一つ選んでください。

①才能に偏りがある
②頑固である
③男性的な性格である
④気が長い

答え

問19

眉が細い人の特徴について、次の中から最も適当と思われるものを一つ選んでください。

①決断力がある
②革新的である
③強引である
④優柔不断である

答え

問20

眉が曲線の人の特徴について、次の中から最も適当と思われるものを一つ選んでください。

①マイペースである
②割り切りがよい
③柔軟な思考をする
④単純なところがある

答え

解答314ページ

問1

顔の大きさについて、次の中から最も適当と思われるものを一つ選んでください。

①顔が大きい人は社会のルールを守り調和を重んじる

②顔が大きい人は内にエネルギーを溜め、ここぞという時に自己主張する

③顔が小さい人は消極的だが自己充実感が強い

④顔が小さい人は依頼心が強く人を仕切りたがる

答え

問2

丸顔の特徴について、次の中から最も適当と思われるものを一つ選んでください。

①丸顔の人は理論性があり頭脳明晰な努力家である

②丸顔の人は気分屋で感情的になりやすいが、円満な性格である

③丸顔の人は本能的な生き方をするタイプでありながら、実行力のある現実主義者である

④丸顔の人は人当たりがよく社交性もあるが、頑固で少し短気である

答え

問3

四角顔の特徴について、次の中から最も適当と思われるものを一つ選んでください。

① 四角顔の人は社交性があり人間としての器が大きい

② 四角顔の人は思慮が深く目先のことでは物事を判断しない

③ 四角顔の人は企画力に優れ頭を使う仕事にむいている

④ 四角顔の人はどんな困難も乗り越える不屈の闘志を持っている

答え

問4

目の特徴について、次の中から最も適当と思われるものを一つ選んでください。

①小さい目の人は慎重で観察力に優れている

②小さい目の人は感受性が鋭く心が豊かである

③小さい目の人は目先のことに心を奪われムードに乗りやすい

④小さい目の人はすぐに他人を信用してしまいだまされやすい

答え

問5

目の特徴について、次の中から最も適当と思われるものを一つ選んでください。

① 切れ長の目の人は短気で慎重さに欠ける

② 切れ長の目の人は創造力は優れているが洞察力に欠ける

③ 切れ長の目の人は思慮は浅いが包容力はある

④ 切れ長の目の人は寛大で忍耐強く思慮が深い

答え

問6

瞳の特徴について、次の中から最も適当と思われるものを一つ選んでください。

①瞳が上まぶたに隠れている人は意志が弱く向上心に欠ける

②瞳が上まぶたに隠れている人は負けず嫌いで野心がある

③瞳が上まぶたに隠れている人は温和で心根のやさしい人である

④瞳が上まぶたに隠れている人は消極的で他人に振り回されやすい

答え

問7

目と目の間が狭い人の特徴について、次の中から最も適当と思われるものを一つ選んでください。

① 目と目の間が狭い人は明るく派手好きな性格である

② 目と目の間が狭い人は協調性があり楽天家である

③ 目と目の間が狭い人は神経質だが時代感覚を読むことに優れている

④ 目と目の間が狭い人は大局的見地に立ち大きな仕事ができる

答え

問8

一重まぶたの人の特徴について、次の中から最も適当と思われるものを一つ選んでください。

①一重まぶたの人は行動が機敏で積極性がある

②一重まぶたの人は冷静で論理的である

③一重まぶたの人は大ざっぱで思慮深さに欠ける

④一重まぶたの人は情熱的で口も達者である

答え

問9

鼻頭の特徴について、次の中から最も適当と思われるものを一つ選んでください。

① 鼻頭が丸く肉付きが厚い人は気力、体力、実行力があるので財産運に恵まれる

② 鼻頭が丸く肉付きが厚い人は持久力がなく人間関係もぎくしゃくして下手である

③ 鼻頭が丸く肉付きが厚い人は名誉心がなく情にも欠ける

④ 鼻頭が丸く肉付きが厚い人は知性的で美的センスがある

答え

問10

口の特徴について、次の中から最も適当と思われるものを一つ選んでください。

①大きい口の人は神経質で用心深い

②大きい口の人は夢や希望や志が大きい

③大きい口の人は礼儀正しく几帳面である

④大きい口の人は素直で誠実な人柄である

答え

問11

上唇の特徴について、次の中から最も適当と思われるものを一つ選んでください。

① 上唇が薄い人は味覚に優れている

② 上唇が薄い人は淡白な人柄で愛情表現が下手である

③ 上唇が薄い人は要領が悪く損をすることが多い

④ 上唇が薄い人は向こうっ気は強いが他人に献身的である

答え

問12

耳について、次の中から最も適当と思われるものを一つ選んでください。

① 耳の形は一生を通して変化しない

② 耳の形は人格の形成によって変化する

③ 耳の形は成長と共に変化する

④ 耳の形は職業柄によって変化する

答え

問13 耳の位置が低い人の特徴について、次の中から最も適当と思われるものを一つ選んでください。

① 耳の位置が低い人は育ちがよい
② 耳の位置が低い人は生命力が強い
③ 耳の位置が低い人は義理人情に厚い
④ 耳の位置が低い人はお金に恵まれる

答え

問14 額について、次の中から最も適当と思われるものを一つ選んでください。

① 額で体力と寿命を見る
② 額で愛情と生命力を見る
③ 額で自我と金運を見る
④ 額で知力と目上の人との人間関係を見る

答え

問15

男額の特徴について、次の中から最も適当と思われるものを一つ選んでください。

①男額の人は理論的で強気である

②男額の人は活動的で生活力がある

③男額の人は消極的だが忍耐強い

④男額の人は我が強く実行力がある

答え

問16

あごの特徴について、次の中から最も適当と思われるものを一つ選んでください。

①あごが長い人は疑い深い

②あごが長い人はサービス精神が旺盛である

③あごが長い人は多趣味である

④あごが長い人は忍耐力に欠ける

答え

問17

眉の特徴について、次の中から最も適当と思われるものを一つ選んでください。

① 眉が濃い人は感情に流されやすい
② 眉が濃い人は物事に対するこだわりが少ない
③ 眉が濃い人は独りよがりの偏った性格をしている
④ 眉が濃い人は理性と意志の強さを持っている

答え

問18

眉の特徴について、次の中から最も適当と思われるものを一つ選んでください。

① 眉が直線の人は融通性に欠ける
② 眉が直線の人はわかりにくい性格である
③ 眉が直線の人は知識が豊富である
④ 眉が直線の人は協調性がある

答え

問19

眉間が広い人の特徴について、次の中から最も適当と思われるものを一つ選んでください。

① 眉間が広い人は楽天家でのんびりした性格である
② 眉間が広い人は晩年になると運が開ける
③ 眉間が広い人は決断力がある
④ 眉間が広い人はきめ細かな対応ができる

答え

問20

法令の特徴について、次の中から最も適当と思われるものを一つ選んでください。

① 法令の先が口に入る人は社交性に乏しい
② 法令の先が口に入る人は生活苦になる
③ 法令の先が口に入る人は胃腸が丈夫である
④ 法令の先が口に入る人は神経が図太い

答え

問1

顔の第一印象で人を見抜く力をつける要件として、次の中から不適当と思われるものを一つ選んでください。

①人間が好きである
②人間に興味がある
③おしゃべりが好きである
④人を見抜くことができないと困る仕事をしている

答え

問2

横顔について、次の中から最も適当と思われるものを一つ選んでください。

①横顔はその人の隠れた一面を表している
②横顔はその人の知性や感情を表している
③横顔が満ち足りた表情でも本当の幸せではない
④横顔はその人の人気、名声、地位などを見ることができる

答え

問3

逆三角形顔の特徴について、次の中から最も適当と思われるものを一つ選んでください。

①逆三角形顔の人は意志が強く実行力がある

②逆三角形顔の人は社交性がなく頑固なタイプ

③逆三角形顔の人は気配りがきくので、万人に好かれる

④逆三角形顔の人は知的な感じで、地位や名誉に関心が強い

答え

問4

目尻で見る運勢について、次の中から最も適当と思われるものを一つ選んでください。

① 目尻の部分で家族運の有無を見る
② 目尻の部分で配偶者との関係を見る
③ 目尻の部分で出世運を見る
④ 目尻の部分で兄弟運を見る

答え

問5

鼻の特徴について、次の中から最も適当と思われるものを一つ選んでください。

① 鼻が短い人は思慮深く責任感が強い
② 鼻が短い人は頑固で融通性に欠ける
③ 鼻が短い人はじっくり物事に取り組む
④ 鼻が短い人は自尊心に欠け依頼心が強い

答え

問6

鼻の特徴について、次の中から最も適当と思われるものを一つ選んでください。

① 鼻の幅が太い人は知的で常に理性的である

② 鼻の幅が太い人は人柄が穏やかで思いやりが深い

③ 鼻の幅が太い人はプライドの高い理想主義者である

④ 鼻の幅が太い人はお金に執着がなく縁もない

答え

問7

口の形について、次の中から不適当と思われるものを一つ選んでください。

① 仰月型は円満な性格で仕事やお金に恵まれる

② 一文字型は意志が強く真面目な努力家である

③ 四字型は個性が強く義理人情に厚い長寿の人

④ 伏月型は明るく社交性があり誠実な人柄である

答え

問8

唇の特徴について、次の中から最も適当と思われるものを一つ選んでください。

① 下唇が薄い人は知識欲が旺盛である

② 下唇が薄い人は他人の思惑を気にする

③ 下唇が薄い人は個性が強く自己中心的な性格である

④ 下唇が薄い人は食欲旺盛で持久力がある

答え

問9

耳廓の特徴について、次の中から最も適当と思われるものを一つ選んでください。

① 耳廓が外に出た耳の人は個性が強く革新的である
② 耳廓が外に出た耳の人は円満で温厚な性格である
③ 耳廓が外に出た耳の人は常識的で保守性が強い
④ 耳廓が外に出た耳の人は慎重な性格で決断力に乏しい

答え

問10

耳たぶの特徴について、次の中から最も適当と思われるものを一つ選んでください。

① 耳たぶが豊かな人は体力がある
② 耳たぶが豊かな人は直感的である
③ 耳たぶが豊かな人は内向的である
④ 耳たぶが豊かな人は冷静である

答え

問11

額を三分した上部の特徴について、次の中から最も適当と思われるものを一つ選んでください。

①額を三分した上部が隆起している人は推理力に優れている

②額を三分した上部が隆起している人は記憶力に優れている

③額を三分した上部が隆起している人は直感力に優れている

④額を三分した上部が隆起している人は判断力に優れている

答え

問12

額のしわについて、次の中から最も適当と思われるものを一つ選んでください。

①額のしわ天紋では感情、愛情、包容力を見る

②額のしわ天紋では健康状態や実行力、意志力を見る

③額のしわ天紋では目上の人からの引き立てのよさを見る

④額のしわ天紋では目下の人からの協力や情的な面を見る

答え

問13

M字額の特徴について、次の中から最も適当と思われるものを一つ選んでください。

① M字額の人は意志が強く行動力もある
② M字額の人は嫉妬心が少し強い傾向がある
③ M字額の人は現実的で状況判断が速い
④ M字額の人は独創的な発想をする

答え

問14

あごについて、次の中から最も適当と思われるものを一つ選んでください。

① あごで初年運を見ることができる
② あごで中年運を見ることができる
③ あごで晩年運を見ることができる
④ あごで一生の運を見ることができる

答え

問15

剣眉の特徴について、次の中から最も適当と思われるものを一つ選んでください。

①剣眉の人は協調性がある

②剣眉の人は強引な性格である

③剣眉の人は信念がない

④剣眉の人は器が大きく度量もある

答え

問16

眉間の紋について、次の中から最も適当と思われるものを一つ選んでください。

①眉間の眉頭を起点に上に向かっている一本の筋を懸針紋という

②眉間の両方の眉頭から三日月のように刻まれている筋を三日月紋という

③眉間に格子状に交錯している筋を傷害紋という

④眉間にあるハの字の筋を嫉妬紋という

答え

問17

歯の特徴について、次の中から最も適当と思われるものを一つ選んでください。

①隙っ歯の人は雑で飽きっぽい性格である
②出っ歯の人はわがままで嫉妬心が強い
③八重歯の人は利己的で感情にムラがある
④歯並びの悪い人は快活で性的関心が強い

答え

問18

人中の特徴について、次の中から最も適当と思われるものを一つ選んでください。

①人中が広く長く深い人は根気がない
②人中が広く長く深い人はおとなしい性格である
③人中が広く長く深い人は神経質である
④人中が広く長く深い人は道徳観がある

答え

問19 法令の特徴について、次の中から最も適当と思われるものを一つ選んでください。

① 法令が途中で切れている人は他人に厳しい
② 法令が途中で切れている人は指導力がない
③ 法令が途中で切れている人は無責任である
④ 法令が途中で切れている人は神経質である

答え

問20 歯の特徴について、次の中から最も適当と思われるものを一つ選んでください。

① 歯が大きい人は体力がある
② 歯が大きい人は理論的である
③ 歯が大きい人は忍耐力がある
④ 歯が大きい人は人気がある

答え

1級

模擬問題

解答315~317ページ

問1

顔の表情から運の強さを見る要件として、次の中から不適当と思われるものを一つ選んでください。

① 顔の色艶がよく、目が生き生きと輝いている

② カーブした眉で、切れ長の優しい目をしている

③ ふっくらとした頰で、小鼻が張った肉付きのよい高い鼻をしている

④ 口角が上がった小さい口で、豊かな引き締まったあごをしている

答え

問2

頭蓋の特徴について、次の中から最も適当と思われるものを一つ選んでください。

① 高頭の人は精神力が強く保守的である
② 短頭の人は我が強く短気である
③ 広頭の人は高尚な精神性を持っている
④ 狭頭の人は物質的で実質主義である

答え

問3

顔の三停について、次の中から最も適当と思われるものを一つ選んでください。

① 髪の生え際から眉の上までを上停と言い意志力を見る
② 髪の生え際から眉の上までを上停と言い感情を見る
③ 鼻先からあごまでを下停と言い知力を見る
④ 鼻先からあごまでを下停と言い生命力を見る

答え

問4

顔のバランスについて、次の中から最も適当と思われるものを一つ選んでください。

① 目だけが異様に大きい人は非常に冷静な性格である
② 鼻だけが異様に高い人は金銭欲が強い
③ 口だけが異様に大きい人は生活力に恵まれていて丈夫である
④ 耳が縦に異様に長い人は神経質である

答え

問5

顔の左半面が表しているものについて、次の中から最も適当と思われるものを一つ選んでください。

① 女性は先天運を表し、母方の遺伝子を受ける
② 女性は後天運を表し、父方の遺伝子を受ける
③ 男性は先天運を表し、父方の遺伝子を受ける
④ 男性は後天運を表し、母方の遺伝子を受ける

答え

問6

顔の正面について、次の中から最も適当と思われるものを一つ選んでください。

①正面の顔は心に秘めた苦労や寂しさが表れている

②正面の顔は社会に向けた顔を表し、その人の生き方が表れている

③正面の顔は複雑なので心の動きは読み取れない

④正面の顔は人相学では陰面という

答え

問7

鼻の形について、最も適当と思われるものを左の□から一つ選んでください。

・攻撃的な性格で個性が強く負けず嫌い

・明るく開放的な性格で依頼心が強い

・骨格が太く、健康、財力に恵まれる

答え

答え

答え

①ローマ鼻の人　②ギリシャ鼻の人　③獅子鼻の人
④思案鼻の人　⑤団子鼻の人　⑥鼻が長い人
⑦鼻が短い人　⑧鼻が高い人　⑨鼻の幅が太い人

問8

耳の上部について、次の中から最も適当と思われるものを一つ選んでください。

①耳の上部は意を表し、意志力を見る

②耳の上部は意を表し、実行力を見る

③耳の上部は知を表し、感受性を見る

④耳の上部は情を表し、感情を見る

答え

問9

眉の特徴について、次の中から最も適当と思われるものを一つ選んでください。

①柳眉の男性は依頼心が強く生活力に欠け、女性は貞操観念が強く素直な性格

②八字眉の男性は働くことに情熱を傾け、女性は気が強く家庭において主導権を握る

③剣眉の男性はスタミナがあり、女性は頭の回転が速い

④へ字眉の男性は浮き沈みの多い人生、女性は身体が弱い人が多い

答え

問10

丸顔の基本の型とパーセンテージ、性格を簡単に記入してください。

答え

型	
%	

問11

垂れ目の人の性格を簡単に記入してください。

答え

問12

小鼻の張っている人の性格を簡単に記入してください。

答え

問13

唇が上下ともに厚い人の性格を簡単に記入してください。

答え

問14

貼り付き耳を持つ人の性格を簡単に記入してください。

答え

問15

額の三部について、それぞれの①名称と②何を見るかを簡単に記入してください。

答え

①【上部の名称】	①【中部の名称】	①【下部の名称】
②【上部で見るもの】	②【中部で見るもの】	②【下部で見るもの】

問16

えらが張っていない人の性格を簡単に記入してください。

答え

問17

歯が大きい人の性格を簡単に記入してください。

答え

問18

法令の長さが左右違う人の性格を簡単に記入してください。

答え

問19

人中が狭く短く浅い人の性格を簡単に記入してください。

答え

問20

次の特徴を持つ女性の性格を総合的に判断して記入してください。

［特徴］丸顔、富士額、眉毛が細く軟らかい、切れ長の目、小鼻が張っている、上下の唇が厚い、丸耳。

答え

3級の解答

問題	解答
問1	③
問2	②
問3	④
問4	①
問5	④
問6	②
問7	③
問8	②
問9	①
問10	②
問11	②
問12	①
問13	①
問14	④
問15	④
問16	②
問17	④
問18	①
問19	①
問20	②

4級の解答

問題	解答
問1	②
問2	④
問3	③
問4	③
問5	②
問6	③
問7	④
問8	④
問9	③
問10	④
問11	④
問12	①
問13	③
問14	③
問15	②
問16	②
問17	①
問18	④
問19	④
問20	③

1級の解答

問1	問2	問3	問4	問5
④	②	④	③	③

問6	問7	問8	問9
②	①⑦⑨	③	①

問10

脂肪型　100％

社交的で円満な人柄ではあるが食欲、性欲、物欲が強く本能的な生き方で人生を楽しむタイプ。

2級の解答

問1	問2	問3	問4	問5
③	①	④	②	④

問6	問7	問8	問9	問10
②	④	②	①	①

問11	問12	問13	問14	問15
①	③	④	③	②

問16	問17	問18	問19	問20
④	①	④	③	①

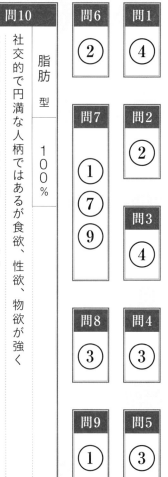

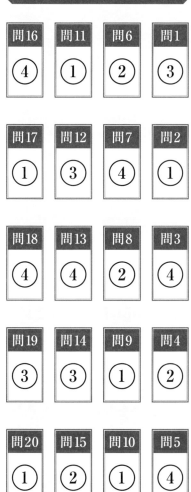

問11

温厚で人柄がよく誰からも好かれる。積極性には欠けるが協調性を持ち、ユーモアにあふれ社交性もある。

問12

他人と親しく交わることが好きで、世情にも通じ人間関係を上手にこなす。実務能力に優れ実利的な生き方をする。体力がありよく働くので他人に助けられて、お金にも恵まれる。

問13

積極的な性格で向こうっ気は強いが、情が深く他人に尽くす献身的な面と、個性が強く自己中心的な両面を持ち合わせている。

問14

忍耐力、指導力、行動力、直感力と勇気があり、度量も大きく、知力、体力、才能に恵まれ、何をやっても成功する強運の持ち主。やや猜疑心が強いのが欠点。

問15

①上部の名称	天中
②上部で見るもの	想像力、推理力、創造力、反応力
①中部の名称	官禄
②中部で見るもの	判断力、記憶力、責任感
①下部の名称	天倉
②下部で見るもの	観察力、直感力、決断力

問16

神経質で度量が狭く意志が弱いため、主体性に欠け他人の考えに影響されやすい。

自分の感情にも振り回されやすい面がある。

問17

直感力が鋭く理性的だが情緒に欠ける。体力に恵まれ誠実で図太い性格。

問18

性格に二面性があり、思考に偏りがある。片親に縁が薄い傾向にある。

問19

意志が弱く道徳観に欠ける。器が小さく、偏屈な性格で根気がない。

生命力が弱いため、子どもにも恵まれにくい。

問20

情が豊かで、社交性があり人の気持ちを読むのが速い。

協調性があり、思いやりもあるので人に好かれる。

素直で優しく柔軟性があるため、聡明だ。思慮深い上に気が長く、忍耐力、包容力、

決断力、創造力、洞察力等に優れている。

世情に通じていて、人間関係を上手にこなし、実務能力に優れ体力、お金にも恵まれる。

義理人情に厚く個性的で人望があり、意志が強く長寿。

おわりに

筆者は人相見であるため、「人相をどのように見ているのですか」と、よく聞かれることがあります。

まず、一つひとつのパーツを見るよりも、第一印象で顔が明るいか、暗いかや、品があるかどうかを見ます。次に目と口を見ます。「目は心の窓」と言うように、その人の人間性が表れるところです。穏やかで落ち着きのある目であるか、そこに優しさがあるかを見ます。生き生きと輝いていることも重要なポイントです。口は口角が上がっているか、下がっているかを見ます。いつも口角が上がって笑顔でいると幸せそうに見え、他人にも感じのよい印象を与えます。逆に口角が下がっていると、不平不満が多い印象を与え、他人に幸福感は伝わりません。「笑う門には福来たる」で笑顔が大切です。

人相を見抜くためには、このようなことを念頭に置き、本書で紹介したパターンを覚えていただくことで、人を見抜く技術も格段にアップすることと思います。若い時に美男美女と言われた人が、年を重ねていくうちに普通の人相になることがあります。逆に、若い時には普通の顔だった人が、年を重ねるうちにどんどん人相がよくなり、魅力的な人物になることもあります。

人の顔が魅力的に見えるのは、パーツの形のよさや、顔の美しさではありません。もちろん、年齢も関係ありません。心の明るさや、感情の豊かさだと筆者は思います。感情が豊かな人は、表情も豊かになり、その人の内面である心が変化することによってよい人相となり、運命を変えてゆくものです。法華経に身口意《しんくい》の三業《さんごう》という教えがあります。心で思う思慮分別を意業といい、その心が動作や振る舞いに表れるのが身業で、言語に表れるのが口業です。つまり、心がまっすぐ豊かで人格ができていれば、立ち振る舞いや、言葉遣いや、話す内容も間違いのないものになるということです。

心が外に最もよく表れてくるのが顔であり人相です。努力して人格を形成し、人間力を高めて、立派な人間になることで、人相はますますよくなります。「まえがき」でも触れましたが、人を見抜くとは、まず自分が無欲になって、初めてできることなのです。自分自身の内面を見つめ、自己を磨くことがとても大切です。

そうすれば「人を見抜く」ことだけでなく、自分自身を知ることにもなり、ひいては幸運を呼び込むことができるのです。そして、あなたの人相もより輝きのあるものに変わってくるはずです。

黒川　兼弘

著者：黒川兼弘（くろかわ・かねひろ）

1942年生まれ。日本占い総合能力検定協会会長。日本人相能力検定協会会長。日本占い総合塾塾長。占い鑑定士として、人相のほかに、手相、九星、四柱推命、紫微斗数などで、企業の新入社員面接、適職の選定から、政治家、弁護士、税理士、大学教授、会社社長、文化人、芸能人の鑑定にあたる。主な著書は『決定版　恐いほどよく当たる手相幸運百科』『決定版　恐いほどよく当たる四柱推命』『完全版 人生で起こることがすべてわかる 四柱推命（上・下巻）』（以上、新星出版社）など多数。

日本占い総合塾
電話　047-333-2198　FAX　047-336-3728
E–mail kurokawa@navi-kuro.com
HPアドレス　http://www.navi-kuro.com/

STAFF
デザイン：田辺宏美
イラスト：miya
編集協力：岩原順子
校正：有限会社かんがり舎

本書は2018年小社刊行の『基礎からわかる 人相学の完全独習』を再編集したものです。

改訂版《かいていばん》
基礎《きそ》からわかる
人相学《にんそうがく》の完全独習《かんぜんどくしゅう》

2024年2月20日　第1刷発行

著　者　黒川兼弘《くろかわかねひろ》
発行者　吉田芳史
印刷所　図書印刷株式会社
製本所　図書印刷株式会社
発行所　株式会社日本文芸社
〒100-0003　東京都千代田区一ツ橋1-1-1　パレスサイドビル 8F
TEL　03-5224-6460（代表）

Printed in Japan　112240209-112240209Ⓝ01（310099）
ISBN978-4-537-22185-5

編集担当：河合